Zu diesem Buch

Der Autor des berühmten Buches „Wie die Macht schmeckt" (rororo Nr. 1118) läßt uns hier Zeugen eines nächtlichen Gesprächs werden, das in Dresden zwanzig Jahre nach der Zerstörung der Stadt geführt wird. Das Schicksal der Gesprächspartner ist eng mit dem der geschundenen Stadt verknüpft. Der seinerzeit verfemte Ausländer geht den Spuren einer Liebe nach, die stärker war als rassisches Vorurteil und blinder Völkerhaß. Er trifft die neunzehnjährige Tochter eines hingerichteten Kriegsverbrechers, die nach Dresden gekommen ist, um Antwort auf die Frage nach Schuld und Recht von Siegern und Besiegten zu finden. Dieser erregende Roman bezieht seine Glaubwürdigkeit aus der kompromißlosen Haltung eines von dem Wunsch nach Wahrheit besessenen Autors.

Ladislav Mňačko, 1919 im mährisch-slowakischen Grenzgebiet geboren, wuchs in ärmlichen Verhältnissen auf. Er begann als Hilfsarbeiter, wurde später Journalist, Redakteur der Partei-Zeitung „Rudé Právo" und Chefredakteur der Zeitschrift „Kulturny Život". Die ihm adäquate Ausdrucksform fand er in der literarischen Reportage. Sein Roman „Der Tod heißt Engelchen" wurde in sechzehn Sprachen übersetzt. Großen Erfolg hatten auch die 1962 und 1963 veröffentlichten Bücher „Wo die staubigen Straßen enden" und „Verspätete Reportagen", in denen Mňačko vom Standpunkt des überzeugten Kommunisten Mißstände in Verwaltung und Justiz vor allem in der Epoche des Personenkults anprangert. 1967 folgte der Erfahrungsbericht „Wie die Macht schmeckt", in dem er dem System die Vertrauensfrage stellte. Mňačko wurde mit diesem Roman zu einem der Wegbereiter jener Erneuerung, die bald nach Erscheinen seines Buches die Augen der Welt auf die Tschechoslowakei lenkte. Später erschienen unter anderem die vergleichende Studie über den Abwehrkampf Israels und Nordvietnams „Die Aggressoren" und der leidenschaftliche Erlebnisbericht von den dramatischen Ereignissen beim Einmarsch der Truppen des Warschauer Paktes in die ČSSR „Die siebente Nacht. Erkenntnis und Anklage eines Kommunisten." Mehrere seiner Romane wurden auch verfilmt. Mňačko lebt in Österreich.

Ladislav Mňačko

Die Nacht
von Dresden

Roman

Deutsch von
Erich Bertleff

Rowohlt

Die Originalausgabe erschien im Verlag
Vydavatelstvo politickej literatúry, Bratislava,
unter dem Titel „Nočný rozhovor"
Umschlagentwurf Manfred Waller

19.–30. Tausend Januar 1985

Ungekürzte Ausgabe
Veröffentlicht im Rowohlt Taschenbuch Verlag GmbH,
Reinbek bei Hamburg, März 1972
Copyright © 1969 by Ladislav Mňačko
Gesamtherstellung Clausen & Bosse, Leck
Printed in Germany
780-ISBN 3 499 15522 2

1

„Es ist ein Brief für Sie da", sagte mir das junge Mädchen in der Hotelrezeption, als ich das Anmeldeformular ausfüllte. Der Brief war von meinem Freund, den ich in diese deutsche Stadt besuchen gekommen war. Der Freund teilte mir mit Bedauern mit, er habe unvorhergesehen für ein paar Tage verreisen müssen, werde jedoch ganz bestimmt am Mittwoch zurück sein, und ich möge inzwischen die Stadt besichtigen, es gebe hier allerlei Sehenswertes, ich solle unbedingt auf ihn warten ...

Was blieb mir also übrig? Die Aussicht, die Stadt zu besichtigen, schien mir äußerst wenig verlockend, doch ich würde mich durchschlagen, ich hatte schon ärgere drei Tage überstanden, und zum Glück hatte ich ein paar Kriminalromane mit: Kriminalromane sind ein ausgezeichnetes Mittel gegen das Gefühl der Vereinsamung und Verlorenheit in einer fremden Stadt.

Ich bezog mein Zimmer. Ich duschte mich. Ich ging in den Speisesaal zum Mittagessen, Beefsteak und so. Nach dem Essen legte ich mich auf ein Stündchen nieder; ich wollte ein Nickerchen machen, bis zur Dämmerung lesen, in irgendein Kino gehen, wenn man etwas Passables spielte, oder in eine Weinstube, falls hier überhaupt so etwas Ähnliches existierte.

Ich schlief nicht. Ich konnte nicht einschlafen. Es passiert mir selten, daß ich nicht einschlafe. Ich wälzte mich von einer Seite auf die andere, aber der Schlaf wollte und wollte nicht kommen. Nach dem Mittagessen fallen mir sonst immer sofort die Augen zu, das ist eine alte und schlechte Eigenschaft von mir, manchmal passiert es, daß ich mich nach Tisch nicht auf ein Stündchen niederlegen kann, dann bin ich für den Rest des Tages mißmutig, zu nichts zu gebrauchen. Das geschieht immer, wenn ich zu einer Konferenz muß oder wenn ein Gast kommt, dem ich mich zu widmen habe, aber daß ich mich niederlege und nicht einschlafen kann, das gab es sonst nie.

Ich konnte nicht einschlafen. Ich wälzte mich umher, schließlich steckte ich den Kopf unter die Bettdecke. Nichts half. Ich griff nach dem Buch. Philip Marlowe, den ich sehr mag, fesselte mich diesmal nicht. Er vermochte mich weder einzuschläfern noch zu interessieren. Sonderbar. Lesen, das kann man doch, man kann es immer, überall, weiß der Teufel, weshalb man an einem Sonntagnachmittag im Hotelbett einer deutschen Stadt nicht lesen kann.

Der Sonntag geht einem auf die Nerven. Überall. Auch daheim ist das so. Er unterscheidet sich durch irgend etwas Undefinierbares, Spezifisches von den übrigen Tagen. Ich muß auch sonst nicht um acht da und dann um zehn wieder dort sein, meine Arbeitszeit bestimme ich selbst, meistens sind es die Abende, die Nachtstunden; ich muß nicht für den nächsten Morgen den Wecker stellen, ich muß nicht pünktlich aufstehen, und dennoch stehe ich immer vor acht auf, gehe in die Stadt, klappere meine Stationen ab, halte mich hier auf, lungere dort ein bißchen herum, überall kriege ich Kaffee, ich erfahre die neuesten Klatschgeschichten, und die kolportiere ich dann zwei Häuserblocks weiter, ich warte bis mittag, gehe in ein Restaurant, am Nachmittag schlafe ich ein wenig, und gegen Abend, falls ich Lust habe, setze ich mich zur Arbeit, die ich, falls ich Lust habe, beende oder unterbreche oder irgendwann gegen Morgen in den Papierkorb werfe.

Am Sonntag ist alles anders, man kann nirgends hingehen,

nicht auf einen Kaffee und nicht auf einen Klatsch, die Bekannten schlafen noch, oder sie haben die Stadt verlassen, in einem Restaurant zu Mittag essen kann man nicht, die Leute sind in den letzten Jahren davon abgekommen, daheim zu essen, Eßlokale gibt es wenige, überall muß man warten, bis ein Platz frei wird, und mir ist nichts so zuwider, wie auf irgend etwas zu warten. Später leeren sich die Lokale allerdings, aber da ist dann die Speisekarte bereits kreuz und quer durchgestrichen, am Sonntag braue ich mir lieber zu Hause selbst etwas zusammen, und am Nachmittag greife ich nach dem Kriminalroman, am Sonntag ist es stets ein Kriminalroman, eine Begegnung mit Pery Mason oder Marlowe oder Poirot. Manchmal, aber nur sehr, sehr selten, gehe ich zum Fußball.

Ein Sonntag in einer fremden Stadt ist noch schlimmer. Unendlich lang, er zieht sich dahin, die Zeit will und will nicht vergehen. Was in einer fremden Stadt beginnen, wo ich niemanden kenne und wo niemand mich kennt? In den Gassen umherirren? Ich habe schon längst zu hoffen aufgehört, ich würde *der* Frau begegnen oder *dem* Abenteuer. Ich glaube nicht daran, daß am Sonntag Züge karambolieren können, daß jemand jemanden erschlägt, daß jemand zur Welt kommt, daß jemand begraben wird. Den Sonntag kann man nur irgendwie überstehen, egal wie überstehen, eher mies denn gut, eher fad denn interessant. Besonders, wenn sich der Mensch ganz unvermutet allein in einer fremden deutschen Stadt befindet, und vor allem in dieser Stadt...

Wenn Max hier wäre, der Freund, könnte alles anders sein. Wir säßen auf der Terrasse, falls er eine hat, wir tränken Schnaps, falls er einen hat, wir würden über irgend etwas sprechen, oder wir schwiegen, aber Max ist nicht da, er hat mir in der Hotelrezeption die Nachricht hinterlassen, daß er plötzlich verreisen mußte, daß er erst in drei Tagen zurückkäme, und ich konnte weder schlafen noch lesen, vielleicht hatte mir das Max absichtlich eingebrockt, vielleicht mußte er überhaupt nicht verreisen, und falls er doch mußte, dann nicht so dringend. Vielleicht war ihm eingefallen, daß ich einst alle heiligen Eide geschworen hatte, nie wieder das Pflaster dieser deutschen Stadt zu betreten, und jetzt lachte er sich irgendwo ins Fäustchen, kicherte schadenfroh: so, Freundchen, genieße sie nur, genieße diese deutsche Stadt bis zur Neige!

Das Liegen ging mir auf die Nerven, und das Allerschlimmste daran ist immer, daß man nie die Energie aufbringt, aus dem Bett zu springen. Natürlich würde ich es tun, es blieb mir nichts anderes übrig, natürlich würde ich auf den Boulevard gehen, ich würde mich umhertummeln zwischen den Deutschen mit ihrer widerlichen sonntäglichen Biederkeit, Wichtigkeit, Ziellosigkeit und Langeweile. Und ich würde mich über mich selbst ärgern und mich immer wieder fragen — wozu bist du hier, was suchst du hier, was willst du hier? Und ich würde sehnsüchtig an meine durchgelegene Couch zu Hause denken ...

Natürlich sprang ich aus dem Bett. Das freundliche Mädchen in der Rezeption fragte mich:

„Haben Sie irgendeinen Wunsch? Brauchen Sie etwas? Vielleicht möchten Sie ein Karte für die Oper? Oder für das Museum? Wollen Sie wirklich nichts?"

Ich schüttelte den Kopf — ich brauche nichts, ich will nichts.

„Der Herr Professor hat uns ersucht, uns gut um Sie zu kümmern."

„Das ist nett von Ihnen, aber trotzdem, danke ..."

Ich schleppte mich zum Ausgang. Im Spiegel, der an einer Säule der Halle angebracht war, sah ich, wie mir das Mädchen prüfend, vielleicht neugierig, vielleicht sogar interessiert nachblickte. Da fiel mir etwas Besseres ein als der Bummel durch den miserablen frühen Sonntagabend.

„Wie lange haben Sie heute Dienst?" überfiel ich das Mädchen in der Rezeption mit meiner unerwarteten Frage.

„Bis sechs. Heute ausnahmsweise bis sechs...", antwortete sie lächelnd. Es wurmte mich ein wenig, daß sie lächelte, daß sie bei der Frage nicht einmal ein bißchen zusammengezuckt war, daß sie so bereitwillig und selbstverständlich geantwortet hatte, und ebenso ärgerte mich dieses „ausnahmsweise", denn der Schichtwechsel in jeder Hotelrezeption auf der Welt erfolgt um zehn Uhr abends, wenn also ausnahmsweise, hatte sie sicherlich etwas vor, sie hatte ihren Kollegen vom Nachtdienst gebeten, sie heute ausnahmsweise um sechs abzulösen...

„Schade...", sagte ich. Ich merkte, wie in ihren Augen spitzbübische Flämmchen zu flackern begannen, wie sie sich im stillen sagte — was sonst hast du denn erwartet, du alter Kater du?

„Warum schade?" fragte sie mit gezierter Naivität.

„So. In Hotelrezeptionen wird der Dienst um zehn gewechselt. Wenn Sie um sechs Schluß machen, haben Sie bestimmt etwas vor."

„Ich habe nichts vor. Ich hatte heute Frühdienst, und eine Kollegin hat mich gebeten, sie bis zum Abend zu vertreten. Bis sechs."

Sie machte sich über mich lustig, und ich hatte mir nichts anderes verdient. Sicherlich konnte sich das alles so verhalten, die Kollegin hatte ihr gesagt — ich brauche einen freien Nachmittag, vertritt mich, nächstens tue ich es für dich, das ist ganz normal, natürlich, aber man kann das auf hunderterlei Art sagen. Sachlich, so nebenbei, gelangweilt, auch spöttisch.

„Und nach sechs?"

„Was nach sechs?"

„Nun, nach sechs. Sie müssen nach dem Dienst doch etwas machen. Nach Hause gehen, zu Abend essen, ins Kino gehen, sich hinlegen und lesen, oder mit Ihrem Freund ausgehen... Sie haben doch einen Freund..."

Sie nickte. Ja, einen Freund habe sie.

„Schade. Ich wollte Sie nämlich zum Abendessen einladen. Ich habe gehofft, daß Sie vielleicht Zeit haben, vielleicht Interesse, vielleicht Lust ..."

„Sehr gerne ...", sagte sie. Wieder ärgerte ich mich. Dieses Spiel hat seine alten, banalen, aber relativ genauen Regeln. Ein blutjunges Mädchen, das von einem unbekannten älteren Herrn zum Abendessen eingeladen wird, sollte sich wenigstens ein bißchen zieren. Allerdings, diese hier dürfte schon viele solche Angebote erhalten haben, sicherlich weiß sie längst, was das bedeutet, ein Sonntag in einem internationalen Hotel, sie sieht, sie beobachtet das viele Male im Jahr, ein älterer Gast kommt herunter, beginnt mit ihr ein Gespräch über das Wetter, geht hinaus, in fünf Minuten kehrt er zurück, gelangweilt und völlig verloren lungert er in der Halle umher, nimmt den Flugplan der Sabena aus dem Regal, fragt sich im Geiste, warum er hier ist und nicht irgendwo in Montevideo; in Montevideo ist der Sonntag bestimmt eine großartige Sache, überall auf der Welt ist der Sonntag eine großartige Sache, überall außer an dem Ort, wo man sich gerade befindet ... er seufzt, er läßt sich mit dem Lift in sein Stockwerk fahren, taucht wieder in der Halle auf, langweilt sich bis in die Nacht durch und geht schlafen ... oder er steht ein Weilchen bei der Rezeption herum, und nach fünf Minuten lädt er die Dame aus der Rezeption zum Abendessen ein ... und, schließlich, was war schon daran, daß sie nicht gezögert, daß sie die Spielregeln verletzt hatte, die heute vielleicht gar nicht mehr gelten, die vielleicht früher einmal gegolten haben, aber heute nicht mehr, sie ist nett, sie ist hübsch, sie ist lieb ...

„Ist das Ihr Ernst?" fragte ich.

Sie schaute mich verwundert an.

„Was? Ich verstehe nicht, was Sie meinen ..."

„Nun ... das mit dem Abendessen. Mit meiner Einladung zum Abendessen ..."

„Warum nicht?"

„Aber ... da gibt es doch diesen Burschen ... Sie haben gesagt, daß Sie einen Freund haben ..."

Ihr spitzbübisches Lächeln verschwand. Sie wurde ernst.

„Der ist weit."

Natürlich, daran hatte ich nicht gedacht. Es kommt vor, daß Ehegatten, Liebhaber, Freunde manchmal weit sind. Und wenn sie weit sind ...

„Also ... wenn Sie wirklich nichts Besseres vorhaben ..."

„Ich habe nichts Besseres vor ... aber, bitte, nicht hier ... Sie wissen ja, die Hotelleitung sieht nicht gern ..."

Es schien mir, als stimme sie nicht nur zu, sondern als dränge sie sich geradezu auf. Vielleicht wäre es besser, die Einladung zu widerrufen, sie in einen Scherz umzumodeln. Aber weshalb? Warum? Sie ist nett, sie ist hübsch, sie ist lieb, jung ... und schließlich und endlich ist sie die Dame aus der Rezeption, es gibt Menschen, für die bedeutet die Dame aus der Rezeption einen ganz bestimmten Typ, etwas Fixiertes, die Dame aus der Rezeption ist die Dame aus der Rezeption, ich denke nicht so simplifiziert von ihnen, aber das bedeutet nicht, daß eine Dame aus der Rezeption nicht so eine Dame aus der Rezeption sein kann ... hier ist die Versuchung oft stärker und die Gelegenheit häufiger ...

„Wissen Sie ...", sagte ich erklärend, „ich esse nicht gern allein zu Abend."

Ihr spöttischer Blick fragte — wozu die vielen Worte?

„Wo also?"

„Auf dem Boulevard ist ein neues Kaffeehaus ..."

„Um halb sieben?"

„Um halb sieben ..."

Ich hatte das Gefühl, ein Tolpatsch zu sein, unmöglich zu sein, sie hatte mich durchschaut, auch meine Unschlüssigkeit hatte sie durchschaut, wahrscheinlich kommt sie nicht, wahrscheinlich habe ich aufgehört, sie zu interessieren.

In der Tür drehte ich mich um.

„Wissen Sie vielleicht, was hier früher gewesen ist?"

11

„Ich verstehe Sie nicht . . ."

„Nun ja, hier, an dieser Stelle, wo jetzt das Hotel steht . . ."

„Keine Ahnung. Ich glaube, hier war immer ein Hotel."

Sie wird nicht kommen. Es ist so gut wie sicher, daß sie nicht kommt.

„Wenn ich mich nicht irre, stand hier früher einmal eine recht kleine, alte Kirche."

„Ich weiß es nicht. Ich bin nicht von hier . . ."

„Dann also um halb sieben?"

„Um halb sieben."

Sie sagte es nicht gerade begeistert. Sie kommt nicht. Wahrscheinlich hat sie gefühlt, daß ich über die Unterschiedlichkeit der Damen aus der Rezeption nachgedacht hatte.

„Heutzutage wissen nicht einmal jene, die von hier sind, was wo früher stand", sagte sie. Ich nickte und ging hinaus, in den kalten, düsteren, feuchten Sonntag.

Ich schritt durch die breite, moderne Straße, durch die neue, moderne Verkehrsader, durch den neuen Stadtkern. Auf beiden Seiten ragten sechsstöckige Häuser in die Höhe, Ämter und Handelszentren, ein Reisebüro, Café im ersten Stock, ein weiteres neues Hotel, Warenhäuser, Beton, Glas, Asphalt, Aluminium, große, spiegelnde Schaufenster . . . und auf der Straße kein Mensch. Hie und da ein vereinsamter Fußgänger, weiß Gott woher, weiß Gott wohin eilend. Und ein junger Vater mit einem Kindlein in den Armen. Und zwei Gruppen müdegelaufener Touristen, die schnell in einen Autobus kletterten. Es war Sonntag, und ich befand mich in der Hauptstraße der Stadt.

Ich verirrte mich in den alten, historischen Teil. Viel war davon nicht übriggeblieben. Das Königliche Schloß, früher eines der bekanntesten und berühmtesten in Europa, hatte man mit Ach und Krach erneuert, geflickt. Stein um Stein hatte man zu der ursprünglichen Form zusammengelegt. Früher stellte es verschwenderisch üppige barocke Formen zur Schau. In seiner heutigen Form wirkte es schäbig, düster, schwarz. Barock darf nicht schwer sein, Barock braucht Gleiß, Licht, frohe Farben.

An der Basilika gegenüber arbeitete eine Gruppe Steinmetzen. Hier ruhte die Arbeit weder bei Nacht noch an Sonntagen. Ich sah zu, wie sie riesengroße Sandsteinquader auf das hohe, kühne Gerüst hinaufzogen. Das Metallskelett der Riesenkuppel war neu gespannt worden, geschweißt, man hatte sie ganz erneuern müssen, von der alten war nichts übriggeblieben. Noch hatte man sie nicht mit Kupferblech bedeckt, aber auf ihrer Spitze stand schon wieder der riesengroße vergoldete Engel, nicht ein Kreuz, ein Engel mit ausgebreiteten Flügeln, er stand auf einem Bein, das andere ragte nach hinten in die Luft, als schwebte, als segelte er über der Stadt, als wollte er sie verdecken, beschützen mit seinen riesengroßen goldenen Flügeln. Früher, es war nicht so lange her, war dieser Engel auf der Spitze der Basilika das Kennzeichen der Stadt gewesen, das, was für Paris der Eiffelturm, für Prag der Hradschin, für Leningrad die Nadel der Admiralität ist, das Parlament für Budapest und das Riesenrad im Prater für Wien. Die Aufnahmen, die von der Stelle aus gemacht worden waren, von der aus ich den Renovierungsarbeiten zusah, gingen in die Hunderte Millionen, wenn nicht Milliarden. Der Engel auf der unvollendeten Kuppel dürfte nicht der ursprüngliche sein, es schien undenkbar, daß es der ursprüngliche war, es dürfte ein Abguß nach der alten Kopie sein, die in irgendeinem der vielen Lagerräume für Kunstgegenstände erhalten geblieben war. Vielleicht hatte man den Engel nur nach alten Zeichnungen, Skizzen oder Photographien erneuert.

Mein Blick streifte die andere Seite des Platzes, wo früher eine prunkvolle Bank gestanden hatte, von der nichts übriggeblieben war. Dort wuchs jetzt ein neues Hochhaus empor.

Es war eine Bank von berühmtem Namen und von alter Tradition gewesen, bis zum Dach mit schwarzem Marmor belegt. Auch über der Bank hatte ein Turm in die Höhe geragt, und auf diesem hatte eine Statue gestanden, nicht die eines Engels, sondern jene der Fortuna, der Göttin des Glücks und des Erfolges, mit dem nach unten gekehrten Füllhorn, dem Symbol des Überflusses.

Die Bank gab es nicht mehr, und auch das Gebäude der Assicurazioni Generali daneben stand nicht mehr. Auch dort wurde irgend etwas montiert, konstruiert, vorläufig konnte man nicht sagen, was es war. Auch die Assicurazioni hatten einen Turm gehabt, auch auf diesem Turm war eine Statue, die Gestalt eines Riesen, der eine Erdkugel mit seinen muskulösen Armen in die Höhe stemmte, zu sehen gewesen, eine Statue, für deren Proportionen sich kein Freistilringer schämen müßte.

Es hatte hier viele Statuen gegeben, auf dem Kaufhaus, auf dem spitzen Turm des alten Domes, auf dem Rathaus ... wie einem das alles einfiel, wenn man den vergoldeten Engel auf der unvollendeten Kuppel der Basilika betrachtete! War er damals überhaupt vergoldet gewesen? War er nicht kupfergrün? Nein, er war vergoldet, kupfergrün war die Reiterstatue des Königs mitten auf dem Platz, die Rokokostatue, das Rokokoroß, der Rokokokönig, fett, mit der mächtigen Perücke auf dem Kopf, in engen Hosen und dem spitzenbesetzten Rock, an Stelle eines Säbels hielt er irgendeine Pergamentrolle in der Hand, vielleicht eine Charta, vielleicht einen Vertrag, vielleicht irgendeine Deklaration. Der Grünspan hatte mit der Zeit in die Oberfläche der Statue bizarre Ornamente gefressen, das Roß, auf dem der König saß, hatte grüne Augen und grüne Ohren und grüne Hufe und grüne Flecken auf der Kruppe. Das Standbild gab es nicht mehr. Auch der Sockel aus schwarzem Marmor, auf dem es gestanden hatte, war nicht erhalten geblieben. Umstürze, Revolutionen und Kriege sind Standbildern nicht hold. Sie sind eines der Hauptobjekte menschlicher Vernichtungswut und mörderischer Gelüste. Die Augen und Nasen von Herrschern, die dicken Pferdeleiber, die Brüste und runden Hintern nackter bronzener Najaden sind ein willkommenes Ziel für betrunkene Soldaten und ein billiges Objekt revolutionärer Rachsucht. An den massiven Postamenten kann man sehr gut die Brisanz moderner Sprengstoffe ausprobieren; rasende Menschenmengen vernichten mit bloßen Händen Reliefs, ein Panzer mit einem Stahlseil, das sich um einen Hals schlingt, vor einen berühmten Feldherrn oder einen humanistischen Denker gespannt, ist ein häufiges Bild in der modernen Geschichte europäischer Hauptplätze. Ho ruck! Der bronzene Prophet neigt sich, zuerst langsam, dann schneller, er stürzt, auf dem Granitpflaster klirrt der abgebrochene Bronzekopf, er rollt ein Stückchen vom Körper fort... ein geschickter Säbelhieb, und weg ist der zierliche Bronzefinger der Rokokoschönen, mit einer Kugel schießt ihr der Meisterschütze ein Auge aus, mit einem Bajonett wird ihr ein Loch in den Schoß gestochen... kopflose Marschälle auf dreibeinigen Rössern weisen mit zerbrochenem Säbel auf den Feind, Dichter mit abgehauenen Ohren lauschen dem Gesang der Vögel in stillen Parkwinkeln. Wo weder ein Projektil etwas nützt noch eine Granate noch Ekrasit, dort hilft die Technik, die umstürzlerische Technik des zwanzigsten Jahrhunderts; da schneidet man mit einer Ultraschallfräse die granitene Statue des verhaßten Tyrannen, dessen ewiges Angedenken ein Jahrzehnt nicht überlebt hat, in Stücke. Europa ist die Heimat vergewaltigter Marmorvenusse, armloser Speerwerfer, entmannter Putti. Nur der Manneken Pis steht sorglos auf seinem uralten Platz, ohne zu befürchten, daß ihm ein betrunkener Soldat sein Röhrchen wegschießt.

Hier allerdings hat sich das alles anders abgespielt. Als das Militär herkam, fand es nichts mehr, was man hätte treffen können, man hatte nichts mehr abzuschlagen, es gab nichts, was man in die Luft sprengen hätte können. Hier, im zweiten Stock der heute nicht mehr existierenden Assicurazioni Generali, hat es sich im Büro des Generaldirektors ein Straßenbahnwaggon bequem gemacht. Hier brannten Bronze und Marmor und Granit, und Dinge wie Menschen verloren ihre Form und Substanz ...

Ich kehrte auf den Boulevard zurück. Ich legte einen Kilometer zurück, und plötzlich war alles zu Ende, der Boulevard, die Stadt, alles. Hinter dem letzten modernen Haus breitete sich einst die eigentliche Stadtmitte aus, der lebendigste, exklusivste, repräsentativste und reichste Teil der Stadt. Die Geschäftsstraße mit dem fünfzehnstöckigen Hotel Handelshof, das die Höhendominante bildete. Auf seinem Dach hatte man eine Flakbatterie postiert, sechs Geschütze mit langen, beweglichen Läufen. Gegenüber, in der Mitte des runden Platzes, protzte majestätisch das Gebäude der Oper, neben der Mailänder Scala die berühmteste Europas. Dicht hinter dem Opernplatz duckte sich das alte Viertel, ein Wirrwarr aus winkligen, schmalen Gäßchen, der älteste Teil der Stadt.

Es war nach wie vor das geometrische, natürliche, wirkliche Zentrum der Stadt, von allen Seiten von Randbezirken umringt. Aber dort war nichts. Absolut nichts. Erst irgendwo ganz im Hintergrund gab es den hohen, gemauerten Eisenbahndamm. Und noch etwas stand in der Mitte, aus der Ferne konnte man nicht unterscheiden, was das gewesen war und was das heute sein sollte.

Sonst gab es hier nichts. Eine leere, öde Fläche, von drei Asphaltadern durchkreuzt, über die von Zeit zu Zeit ein einsames Auto dahinjagte. Sonst nichts, absolut nichts, kein Hotel Handelshof, keinen Opernplatz, keine winkligen, schmalen Gäßchen. Nur die Geometer hätten heute auf Grund alter Pläne noch zu bestimmen vermocht, was wo gewesen war, wo was gestanden hatte.

Ich ging los, überquerte die leere Öde, näherte mich dem

schwarzen, schäbigen, gesichtslosen Block in der Mitte. Man hatte das hier gründlich gesäubert, hatte Schotter und Erde aufgefahren, hatte alles mit Bulldozern eingeebnet, Schotter und Erde hatten sich im Laufe der Zeit gesetzt, waren hart geworden, man hätte hier Fußball spielen und Flugzeuge landen lassen können, es wäre ein einmaliger Flugplatz gewesen, sicherlich der einzige auf der Welt in der Mitte einer Stadt. Das Terrain war eben und glatt, mit verbranntem und welkem Gras bewachsen, nicht mit Unkraut, mit Gras, im Frühling mochte das nicht so trostlos aussehen, aber jetzt war die ganze Öde gelb, rostig. Überall auf der Welt wüchsen auf so einer Trümmerstätte Kamille, Beifuß, gut einen Meter hohe Brennesseln, wilde Stachelbeeren, große, wilde Hollunderstauden... hier gab es nichts Derartiges, hier war nur verbranntes Gras, das Unkraut war mit Vertilgungsmitteln ausgerottet worden, und offensichtlich besäte man im Frühling die ganze Fläche immer wieder mit Gras. Oft war ich hier mit Charly gegangen, mit verbissener Hartnäckigkeit blieb er immer vor den leeren Schaufenstern stehen, in denen lediglich Aufschriften versprachen, daß Agfa nach dem Sieg den zufriedenen Photoamateuren seine weltbekannte Qualität gewährleiste, daß die weltbekannte Rolleiflex wieder vollkommen sein werde, daß man die Pelze für den Winterkrieg in Rußland abgegeben hatte, daß heute die Soldaten Scharlachberg in unveränderter Qualität tränken, es waren trostlose Schaufenster mit verschossenen, verstaubten Attrappen, Persil hat es gegeben, Persil wird es geben.

Charly empfand ob dieser Leere eine Art perverser Freude, er konnte sich daran ganze Stunden delektieren: Omegas aus Pappe, leere Ampullen von Bayers Aspirin, gläserne Ananas im Schaufenster einer Feinkosthandlung, Fanfarenparolen auf verschossenem Kreppapier, Zitate von Hitler und Goebbels, Verlautbarungen über die Herabsetzung der Fleischzuteilungen, Versprechungen, Parolen, Phrasen... Charly kommentierte das alles mit beißenden Bemerkungen, mit Ausbrüchen der Freude und des Zornes, mit Ausdauer wiederholte er immer wieder: Wir siegen, wir siegen, wir siegen uns kaputt ...

Ich ging über Plätze, durch Straßen, Passagen, Gebäude, Räume einer imaginären Stadt, die nur noch sehr unklar in meiner Erinnerung existierte. Von den Palästen, Läden, Galerien, Bankhallen war nichts geblieben. Nach dem Krieg planierte man das hier, Gruben und abgedeckte Keller voll stinkender Leichen wurden mit einem wahnsinnigen Gemengsel aus Ziegeln, Beton, Putz, Asche, Schrott, Lebensmitteln, Textilien, Stein, Glas, Knochen, Blechen, Leder und allem möglichen zugeschüttet, was in seiner Gesamtheit von Lebendem und Totem eine Stadt eine Stadt sein läßt. Einmal werden sich die Zähne der Erdmaschinen in diese Masse bohren, in diesen hartgewordenen Brei, und man wird phantastische Sachen entdecken, kostbare und grauenhafte. Die öde Fläche hier war nun ein einziges Massengrab, unter ihrer eingeebneten Oberfläche konnte man ein Labyrinth von erhaltenen und verschütteten Räumen, Garagen, unterirdischen Lagerräumen, Kellern, Kanälen, Bunkern ahnen. Die Bagger werden einst aus den Tiefen die zertrümmerten Skelette von Menschen ans Licht bringen, von Menschen, denen damals, als sie umkamen, niemand nachtrauerte, weil niemand von jenen, denen sie teuer waren, am Leben geblieben war. An manch einer Stelle würde die Stahlmaschine die Decke eines unversehrten Kellers abreißen und den schrecklichen Anblick auf die Überreste Erstickter, Verhungerter freilegen, auf die Skelette, die in vermoderte Kleider gehüllt sein werden, auf die Überreste einer jungen Frau, die auf verfaulten Matratzen liegt und die bis zuletzt gehofft hatte, die Rettungstrupps würden sie ausgraben. Hinter mir ragten schwarz die Mauern des wiedererrichteten Königsschlosses in die Höhe, auf der noch unvollendeten Kuppel der Basilika glitzerte der Engel dieser Stadt, ich sah den Beginn eines neuen, breiten Boulevards, der nirgends beginnt und vielleicht nirgends endet. Eine Stadt kann man in einer Nacht vernichten. Heute kann man in einer Nacht, in einer einzigen Minute viel mehr vernichten als irgendeine Stadt der Welt. Eine Stadt aufbauen, ob nun eine ganz neue oder eine vernichtete, das dauert Jahrhunderte.

Eine Ratte huschte dicht an meinen Füßen vorbei, eine Ratte, fett wie ein Kalb. Ich begann zu zittern. Die öde Fläche war nicht so tot, wie es einem erscheinen mochte. Unter ihr gab es eine Welt von Feuchtigkeit und Finsternis, die Welt der Fledermäuse, Mäuse, Würmer, Nachtmotten, aber vor allem der Ratten. Millionen Ratten, die keine Zivilisation der Welt je ausrotten kann. Sie mußten hier unfaßbare Freßgelage veranstaltet haben. Sie hatten alle erhaltenen und verschütteten unterirdischen Räume durchstöbert, Löcher, Keller, Bunker, Lagerräume. Ihre Jahre des Überflusses waren dahin, sie hatten alles abgenagt, was abzunagen war, nun mußten sie an die Oberfläche kommen, in Höfen und Kanälen suchen, bei Nacht um die Schlachthöfe streifen, sich in die Lebensmittellager einschleichen, Säcke durchnagen, aber damals muß das hier für sie ein unbeschreibliches Paradies gewesen sein und sie mußten sich unglaublich rasch vermehrt haben.

Es schüttelte mich. Ich beschleunigte meine Schritte. Aber ich vermochte nicht mehr zu entrinnen, man konnte nicht entrinnen, in mein Bewußtsein begann sich — zuerst undeutlich, aber dann immer konkreter und konkreter — eine Gestalt zu drängen, ein Antlitz, das konkrete Antlitz einer konkreten Frau, an die ich nicht hatte denken wollen, der ich in meinen Erinnerungen stets auszuweichen gewußt hatte, deren Vorstellung ich in mir stets, wenn auch erst im allerletzten Augenblick, zu unterdrücken vermocht hatte. Und das rief in mir eine unerwartete Erregung und Verwirrung hervor. Und diese Erregung wurde noch durch den Anblick des düsteren schwarzen Blocks in der Mitte der öden Fläche gesteigert, durch die von Flammen geschwärzte, unförmige

19

Ruine. Als ich näher herankam, erkannte ich, was das war, ich erkannte es, ein Irrtum war ausgeschlossen. Die Decken waren eingestürzt, aber die mächtigen Mauern waren stehengeblieben, sie ragten in die Höhe, diese über vier Meter dicken Mauern. Statt Fenstern gähnten dunkle Löcher aus ihnen, in der Abenddämmerung kamen sie mir vor wie ausgestochene Augen. Die Gitter hatte man offenbar herausgeschnitten, hier war jedes Stück Eisen, jedes Stück Schrott kostbar.

Man hatte die Ruine von allen Seiten mit Stacheldraht umgeben, aber überall auf der Welt gibt es Knaben, auch in dieser Stadt gab es Knaben, und dieser düstere Quader regte sicherlich ihre romantischen Vorstellungen, ihre Phantasie an. Was gab es dort an Gelegenheiten für Knabenspiele, wie viele Verstecke! Das Loch im Stacheldraht konnte nur von Knaben herrühren. Durch dieses Loch, durch das mächtige flügellose Tor trat ich in den Hof. Es überraschte mich, daß auch er von allem Unrat gesäubert war, in dem er einst versank, er war peinlich sauber, unglaublich sauber. Er wirkte bizarr, dieser große, saubere Hof inmitten ausgebrannter Gemäuer. Hier, ich weiß nicht genau an welcher Stelle, aber hier auf diesem Hof schlugen die Henker jeden Tag mit Beilen den zum Tode Verurteilten die Köpfe ab. Mit dem Beil. Nicht überall richteten die Deutschen mit dem Beil hin, dieses Gefängnis war dadurch berühmt, daß man hier die Köpfe mit dem Beil vom Rumpf trennte.

Weshalb hatte man nach dem Krieg, beim Planieren der ganzen Fläche, nicht auch diese Ruinen beseitigt? Sicherlich wäre das nicht leicht gewesen, aber im Verhältnis zum Gesamtumfang der Aufräumungsarbeiten hätte das doch eine Kleinigkeit sein müssen. Wollten sie das hier als Denkmal erhalten? Zufällig? Zur Orientierung? Oder als Warnung? Es schien, als vermittelten diese erhalten gebliebenen Mauern dem Menschen eine Vorstellung von der Größe und vom Umfang der vernichteten Stadt. Hier wurden damals Hunderte Menschen zu Tode geröstet, jene Menschen, die die Polizisten dem Phosphorbrand überließen...

Ich eilte fort, fort, zum Hotel, es war mir, als müßte ich etwas machen, etwas Unaufschiebbares, was jetzt passieren mußte, auf dem Parkplatz sprang ich in meinen Wagen, ich jagte über eine der Asphaltfahrbahnen über die ganze öde Fläche dorthin, wo die Gartenstadt gelegen hatte und noch immer lag; als es mir schien, als wäre ich an Ort und Stelle, hielt ich an und suchte jenes Haus. Ich fand es nicht...

Ich fand nicht die Straße und nicht das Haus. Die Finsternis wurde rasch dichter, die Straßen in Gartenvierteln sehen alle gleich aus, Villen in der Tiefe der Gärten, gemauerte Zäune oder Zäune aus Draht, mit Stechpalmen, Flieder, umwachsen mit Schlingrosen oder mit Goldregen, mächtige Bäume, Blumenbeete, in der Dunkelheit konnte man nicht einmal die Architektur erkennen, auch nicht die Größe, auch nicht die charakteristischen Eigenheiten der Gebäude. Ich ging systematisch um das ganze Viertel herum, Straße um Straße, ich las ihre Namen, es konnte jede beliebige Straße und jedes beliebige Haus sein, in so vielen Jahren schwinden dem Menschen viele Details aus dem Gedächtnis, ich wußte nur, daß es ein großes Haus gewesen war, eine große Villa, daß der Zaun aus Flieder war und daß vor dem Haus eine große, gesunde Pinie gestanden hatte — aber Fliederhecken gab es hier viele, und man vermag das in der Dunkelheit gar nicht mehr richtig zu erkennen; es konnte die Hölderlingasse sein und die Rilkestraße und die Klopstockstraße und die Herdergasse, aber es konnte ebenso die Hollundergasse und die Pfirsichstraße und die Veilchengasse und die Rosenstraße sein, und es konnte auch die Lützowstraße und die Blücherstraße sein, jede von ihnen konnte es sein, in der schlechten Beleuchtung sah jede gleich aus, und die Häuser weit hinten in den Gärten sahen gleich aus, und die Bäume sahen ebenfalls gleich aus...

Dort war es Flieder gewesen. Ganz bestimmt war es Flie-

21

der gewesen. Und eine alte mediterrane Pinie mit langen, schütteren Nadeln. Aber wie viele Jahre lebt Flieder? Schon damals mochte er recht alt gewesen sein. Vielleicht hatte man ihn abgeholzt, vielleicht neu gepflanzt, aber vielleicht hatte man als Zaun etwas anderes gesetzt, und in der Dunkelheit vermag man schwer ein Haus zu finden, wenn man weder den Namen der Straße noch die Hausnummer kennt.

Ich konnte mich lediglich an die Tatsache erinnern, daß es eine Querstraße gewesen war, daß sie in eine der Hauptadern der Stadt mündete und daß an der Ecke eine Straßenbahnhaltestelle war und eine Schenke, und es war gegenüber der Zigarettenfabrik, in der Charly arbeitete.

Die Hauptverkehrsader, die Hauptstraße, fand ich sofort. Auch Charlys Fabrik erkannte ich gleich, obwohl sie nicht mehr von dem Minarett überragt wurde, über das ich mich mit Charly so lustig gemacht hatte. Das Minarett verschandelte nicht länger die Stadt, aber es war zweifellos Charlys Fabrik. Ich ging auf die andere Seite, durchquerte die Eisenbahnunterführung. Gleich hinter dem Damm begann die Kolonie von Eisenbahnerhäuschen, hier hatte ich mit Charly gewohnt, im dritten Haus; das Gebäude erkannte ich sofort, auch im Lichte der fernen Straßenlampe konnte man feststellen, daß es gut instand gehalten wurde, es war frisch verputzt, sauber ... nun, wer mochte dort heute wohnen? Die Eisenbahnerwitwe, Charlys Wirtin, lebte wohl längst nicht mehr. Sicherlich wohnten dort völlig unbekannte Leute, die weder von Charly noch von mir etwas wußten, ja vielleicht nicht einmal von der Eisenbahnerwitwe, der das Häuschen einst gehört hatte. Die Witwe lebte wohl nicht mehr, und Charly lebte ebenfalls nicht mehr, er war vor unendlich langer Zeit unendlich dumm und unendlich sinnlos gestorben, und außer mir gab es auf der ganzen Welt kaum zehn Leute mehr, die von Zeit zu Zeit an ihn dachten.

Während der kurzen Zeit, die ich dort stand, ging mir mein ganzes Dasein mit Charly durch den Sinn, jene paar

Monate, die man mit keinerlei Zeiteinheit messen kann, wo weder die Ewigkeit noch die Minute etwas gilt. Es war eine schicksalhafte Begegnung, die über Leben und Tod entschied. Das sind jene Augenblicke des Menschen — begegnest du so einem, überlebst du; begegnest du so einem nicht, überlebst du nicht die eigene Einsamkeit, diese totale, absolute, weltraumweite Einsamkeit, wo es keine Erde mehr unter dir und keinen Himmel über dir gibt, wo es nichts mehr gibt, nur Hilflosigkeit, die Beine wollen nicht mehr, die Hände wollen nicht mehr, und das Hirn verwandelt sich in Angst, für nichts anderes ist mehr Platz in ihm. Die Angst der Ratte, deren Selbsterhaltungstrieb durch den geahnten Schlag mit dem Prügel gelähmt wurde, die Angst des in eine Falle gegangenen Luchses, wenn er die nahenden Schritte des Jägers hört. Die Angst des Menschen, der an Einsamkeit krepiert, eines total fertiggemachten Menschen, eines Menschen in seiner Stunde Null.

Der alte Zorn packte mich, die alte Bitternis und der alte Zorn, jener, der mich damals in jenem Augenblick gepackt hatte, als ich erfuhr, warum und wie Charly gestorben war. Recht war es ihr geschehen, dieser Stadt...

Ich sah auf die Uhr. Ich hatte noch Zeit. Die Kleine aus der Rezeption würde ohnehin nicht kommen. Und ich wollte, ich mußte jenes Haus finden, und ich glaubte, das wäre ziemlich einfach, ich würde auf die Hauptstraße zurückkehren, würde geradeaus weitergehen, dann mußte ich darauf stoßen.

Doch es geschah etwas, womit ich nicht gerechnet hatte. Die Erinnerung simplifiziert. Die Erinnerung reproduziert alles verzeichnet, ungenau. Wie oft war ich diesen Weg gegangen, aber die Straße, die in meiner Erinnerung als schnurgerade lebte, gabelte sich plötzlich. Welche? Schillerstraße? Klopstockstraße? Ich ging die eine bis ans Ende. Ich durchquerte die zweite vom Anfang bis zum Ende. Jenes Haus fand ich nicht. Es mußte hier sein, irgendwo ganz in der Nähe, aber in irgendeiner anderen Straße...

2

Ich ging in das Café. Ich ging nur hin, um mich zu überzeugen, daß sie nicht kommen würde. Weshalb sollte sie auch? Und was hätte ich davon, wenn sie käme? Sie kommt nicht, und es ist gut so . . .

Sie saß in einer Ecke, sie blätterte in irgendeiner Illustrierten. Sie stand auf und reichte mir die Hand. Sie lächelte, so halb und halb, es war ein Ja wie ein Nein. Ich setzte mich zu ihr. Ich kam mir lächerlich und unsicher vor. Ich hätte ihr Vater sein können, aber selbst wenn ich ihr Vater gewesen wäre, hätten es die Leute rundherum anders gedeutet. Nicht daß es darauf angekommen wäre, was sich diese unbekannten Leute rundherum dachten. Ich wußte aber, was ich mir beim Beobachten einer solchen Begegnung in einem Kaffeehaus gedacht hätte. So was sah ich oft. Ich kommentierte es stets mit dem Wort — alter Kater. Es soll biologisch bedingt sein. Aber gehöre auch ich bereits zu jenen, bei denen das biologisch bedingt zu sein beginnt? Ich ärgerte mich über mich selbst, und offenbar war mir das anzumerken. Nach ein paar konventionellen Worten stockte das Gespräch, ich überlegte, ob ich es neu anknüpfen, ob ich es beleben sollte, ob es überhaupt einen Sinn hatte, oder ob es nicht besser wäre, sich mit Müdigkeit zu entschuldigen, mit einem Bekannten, dem ich begegnet war und der mich eingeladen hatte — mit irgend etwas.

Nicht daß es schwer wäre, das Interesse eines blutjungen

Mädchens zu fesseln. Es ist sogar sehr leicht, dafür gibt es ein altes, uraltes, stets bewährtes Rezept... Erinnerungen an weite Reisen mit einem Akzent auf eine latente Weltmüdigkeit. Der Strand von Alexandrien, Seemanöver in Singapur... ein Dorf in der Taiga... Strip-tease in Paris... die chinesische Küche... wie man Wodka trinken muß... Bergmans neuester Film. Die persönliche Bekanntschaft mit jemandem, mit irgend jemandem, mit einem Existierenden, oder mit einem in diesem Augenblick Erdachten... und Sie haben so schöne Hände, so edle, schmale, lange Hände... haben Sie schon einmal Calvados getrunken? Nein? Da haben Sie nichts versäumt, es ist eine Schweinerei, nur Remarque hat es Millionen Köpfen suggeriert, daß das etwas Hervorragendes sei... Sie haben wirklich seltsame Augen, ganz, ganz seltsame Augen haben Sie...

Das hätte ich können. Es ist ein altes, bewährtes, nur selten versagendes Ritual, mit seinen Gesetzmäßigkeiten, mit seinem Beginn, seiner Fortsetzung — und seinem Abschluß. Ich hätte es können, aber wozu? Zwanzigundeine Nacht? Hundertundeine Nacht? Tausendundzwei Nächte?

„Haben Sie sich in der Stadt umgesehen?" fragte sie im verzweifelten Bemühen, die peinliche Situation zu überspielen. Ich nickte. Ja, ich hatte mich in der Stadt umgesehen

„Mir kommt es vor, als würde das nie mehr eine Stadt werden. So eine richtige, wissen Sie? So eine wie Hamburg."

„Weshalb gerade Hamburg?"

„Ich bin von dort. Dort bin ich zur Welt gekommen, dort bin ich aufgewachsen. Auch Hamburg war sehr zerstört, aber heute ist das eine große, moderne Stadt."

„Und da sind Sie aus Hamburg hierhergekommen?"

Sie nickte. Dabei lächelte sie, wie zur Rechtfertigung. Du großer Gott im Himmel, auch so etwas kommt vor? In der umgekehrten Richtung — von hier nach Hamburg ziehen viele solche junge Leute, das weiß ich. Aber kommt wirklich auch so etwas vor?

„Könnten Sie mir den Grund sagen?"

„Ich weiß nicht. Wahrscheinlich war es ein Blödsinn von mir. Ich wollte hier etwas feststellen, etwas finden ..."

„Haben Sie es gefunden?"

Verzweifelt schüttelte sie den Kopf: Nein.

„Das Glück?"

Nein, das Glück nicht, schüttelte sie wieder ihr Köpfchen.

„Die Liebe?"

Auch die Liebe nicht.

„Einen Sinn? Einen neuen, tieferen Sinn?"

Nein. Ach, nein. Das sind doch nur Worte.

„Was denn sonst?"

„Ich weiß nicht, wie ich Ihnen das sagen soll. Und ich kann es nicht. Das ist meine, einzig und allein meine persönliche Angelegenheit. Da kann mir niemand helfen. Und ich bin wohl sehr dumm."

Natürlich. Auch dieses Spiel kannte ich. Ich konnte ihr Alexandrien und Singapur bieten. Eine Begegnung mit der Lollobrigida, als sie noch nicht ganz berühmt war. Ein chinesisches Gastmahl und eine Wodkasauferei in Moskau. Sie, die Kleine da, war dafür viel zu jung, aber das bedeutete nicht, daß sie hilflos war. Sie hatte ihre unlösbaren Probleme. Ihr Verzweifeln über sich selbst. Ihr Motiv, weshalb sie aus Hamburg hierhergekommen war, in diese Stadt. Ihre Geheimnisse, die nur ihre, allein ihre Sache waren. Ihre Hilflosigkeit, die herausforderte — rate mir, rette mich, birg mich in deiner Sicherheit ... du bist erfahren und selbstsicher, du bist fabelhaft, und ich bin so verloren in dieser Welt ... ich bin dumm, ich habe nichts gesehen, ich habe nichts erlebt, ich habe nichts kennengelernt ...

Ich hörte auf, in sie zu dringen. Nicht aus Gleichgültigkeit, nicht aus Interesselosigkeit. Diese Kleine hier war aus Hamburg hierhergekommen, und das genügte schon, um den Grund erfahren zu wollen. Doch sie würde es selbst sagen, sie würde es sagen, wenn ich aufhörte, in sie zu dringen.

„Aber jetzt wäre es wirklich höchste Zeit, zum Abendessen zu gehen...", schweifte ich ab. Ich sah, daß sie enttäuscht war. Sicherlich, ich hätte sie bitten, sie bestürmen, nicht lockerlassen sollen. Ihr ihre winzig kleinen Geheimnisse entlocken, falls überhaupt welche da waren.

Sie war beleidigt. Sie stand auf, es sah eher aus, als wäre sie aufgesprungen. Als ich hinter ihr herging, während sie quer durch das ganze Café trippelte, bemächtigte sich meiner wieder dieses Gefühl der eigenen Lächerlichkeit. Ich half ihr in den Mantel. Wir traten hinaus auf den hell erleuchteten Boulevard.

„Wohin gehen wir?" provozierte ich sie weiter.

„Mir ist das egal..."

„Sie kennen sich in der Stadt aus. Ich bin hier zum ersten Male... das heißt zum ersten Male seit jener Stunde, da diese Stadt aufgehört hat, eine Stadt zu sein."

„Wir könnten... wir könnten meinetwegen zum Elefanten gehen..."

Warum nicht. Wir konnten zum Elefanten gehen. Ich hatte schon gehört, daß man dieses berühmte Abendrestaurant wieder eröffnet hatte. In jenem von ehedem war ich nie gewesen. Charly hatte gern mit dem Feuer gespielt, er war zwei- oder dreimal hingegangen.

Wir bogen in ein völlig dunkles Gäßchen ein, zwischen Ruinen. Die Kleine schmiegte sich an mich.

„Nehmen Sie mich fester, mir ist kalt..."

Ach! Das hätte ich nicht erwartet. Ich legte den Arm um ihre Hüfte. So gingen wir, sie trippelte neben mir einher, ich trug sie fast. Selbst durch zwei Winterverpackungen spürte ich, welch wärmenden, schmiegsamen Körper sie hatte.

Über dem neuen Marmorportal im erhalten gebliebenen Haus inmitten von Ruinen hing eine kleine Laterne. Ein schwarzer Elefant, auf zwei Beinen stehend, in schwarzem Feld. Über dem Eingang zum früheren Elefanten hatte die gleiche Laterne gehangen, nur hatte sie damals nicht geleuchtet. Tradition. Darin mochte sogar eine sentimentale Kraft der Tradition liegen. Nur — jener Elefant von ehedem, dieses ehedem so berühmte Speiselokal hatte sich nicht in diesem Haus befunden. Wo es eigentlich gestanden hatte, das vermochte heute niemand mehr mit Sicherheit zu sagen.

Die blutjunge Deutsche neben mir blieb stehen. Ich spürte, ich sah, wie es sie ein bißchen schüttelte. Ihr Leib zitterte, ihre Augen, ihre Lippen.

„Wollen Sie mich nicht küssen?" fragte sie. Es war ein Angebot.

Da schau her ... das war etwas Neues, außerhalb der Konvention, es umging die Gesetze des Verhaltens, es störte die Routine des Spieles. Was war mit ihr los?

„Was ist los mit dir, Kleine? Du zitterst ja am ganzen Körper ..."

„Sie küssen mich nicht?"

„Soll ich dich küssen?"

Sie nickte. Ich küßte sie. Es war schon sehr lange her, daß ich eine Frau auf der Straße geküßt hatte. Die Kleine hatte köstliche, kühle, feuchte Lippen, sie schmeckten wie Himbeeren.

Ich wollte sie noch einmal küssen, aber sie riß sich von mir los, trat zwei Schritte zurück, hörte zu zittern auf, sah mich feindselig an, herausfordernd, kampflustig.

„Was ist los, Kleine?"

„Mein Vater war ein Kriegsverbrecher. Er wurde gehenkt." Sie sagte das ganz leise, aber es war ein Aufschrei. Ein Aufschrei, der mir für eine Weile den Atem verschlug. Ich hatte vergessen wollen, daß ich hier war, in dieser Stadt, in diesem Land. Ich wollte mit einem blutjungen deutschen Mädchen einen kleinen Flirt haben. Aber das ging nicht, das ging nicht nur so in diesem komplexüberladenen, aus der Bahn geratenen Land voller Abnormitäten, Probleme, Stümpfe. Ein Bekannter, der hier nach dem Krieg längere Zeit tätig gewesen war, hatte mir erzählt, wie leicht das mit den deutschen Frauen ist, zwanzig männliche Jahrgänge fehlten, ein Mensch, der auch nur ein bißchen geschickt ist, könnte sich hier einen Harem halten. Das war einst gewesen, obwohl auch in seiner Erzählung die Spur eines üblen Beigeschmacks zu spüren war. Heute gab es hier eine neue Generation. Die Generation der Jungen. Aber die sah so aus. Auch so sah sie aus ...

Sie wartete. Sie hing förmlich an meinen Lippen, was diese aussprechen würden, was ich sagen würde. Es überlief mich kalt. Die Situation mußte sofort gelöst werden, jetzt, sie vertrug nicht den geringsten Aufschub; ich konnte wortlos kehrtmachen und gehen, ich konnte lächeln und mit der Hand abwinken, aber sie wollte eine Antwort, und der konnte ich auf keinerlei Weise, selbst wenn ich wortlos ging, ausweichen. Vielleicht hatte sie darin schon einige Praxis, wahrscheinlich war ich nicht der erste, den sie damit verblüfft hatte, ihre Überrumpelung wirkte viel zu perfekt, zu gebrauchsfertig. Sie rechnete höchstwahrscheinlich mit allem und war mit allem im voraus einverstanden. Es war eine vollkommene Überraschung. Sie hatte wohl nur eine einzige Schwäche: Sie rechnete nicht — mit der Neugier. Aber — wirklich nicht? War das nicht etwa ihre „Publicity"? Nun, ich würde es ja erfahren ...

Ich überwand den Drang, mir mit dem Ärmel die Lippen abzuwischen. Ich spürte auf ihnen noch immer diese Feuchtigkeit, Kühle, den Himbeergeschmack. Wie immer ich das in mir unterdrücken wollte, ich konnte das Gefühl nicht loswerden, daß ich mit meinen Lippen etwas Unreines, Giftiges berührt hatte. Nicht jedes deutsche Abenteuer muß so enden, aber es kann auch so enden.

Sie hatte mich überrumpelt. Aber es geschah mir recht, ich hätte nicht herkommen sollen.

Sie wartete. In ihrem jungen Antlitz stand halb Herausforderung, halb Furcht. Sie wartete, wie ich aus dieser Sache heraussteigen würde, was ich sagen, was ich tun würde. Sie wartete, von Anfang an bereit, kein Wort von dem zu glauben, was ich sagen würde. Entweder Klarheit, oder nichts ...

Ich sagte das einzige, was sie nicht erwartete. Ich sagte:

„Ich bin hungrig."

Der Zauber verflog. Sie lächelte, hob ihren schlanken Finger, deutete mit ihm nach rechts, nach links. Das sollte heißen — du Gauner, du hast dich aus der Schlinge gezogen, aber auch so entgehst du mir nicht ... Sie war ein lieber, kleiner Dummkopf. Mir ging nämlich das gleiche durch den Kopf: Die entgeht mir nicht. Da sie nun einmal hier war, würde sie mir nicht entgehen ...

Der Elefant war so eingerichtet, wie ihn mir Charly beschrieben hatte. Weiße Sessel mit seltsam gekrümmten Beinen, mit rotem Brokat überzogen, weiße runde Tischchen, zu klein für ein Restaurant, aber der Elefant, der war eigentlich kein Restaurant im wahren Sinne des Wortes gewesen, eher das Vorzimmer einer angebrochenen Nacht. Auch jetzt gab es hier an den Säulen venezianische Spiegel, an den mit dem gleichen Brokat tapezierten Wänden hingen Bilder badender Nymphen. Pseudorokoko. Schlecht. In der heutigen Welt einer vernichteten Stadt ganz schlecht. Wo mochte diese Einrichtung eigentlich herrühren? Allerdings, heute war das das Nachtrestaurant für Ausländer. Und Ausländer lieben Kerzen auf den Tischen und alles mögliche andere auch.

„Warst du schon einmal hier?"

Sie schüttelte den Kopf. Nein.

„Gefällt es dir?"

Sie zuckte mit den Achseln. Keine Ahnung. Es war eher lächerlich.

Der Kellner im Frack brachte die Speisekarte in einem Lederumschlag mit künstlicher Patina.

„Schade, daß sie keine Austern haben ...", sagte ich. Sie sah mich an, ob ich mich über sie lustig machte.

„Austern ...", bekräftigte ich. „Früher hat man hier immer Austern gehabt ..."

30

„Du warst schon hier?"

„Nein. Aber ich weiß, daß es hier Austern gegeben hat. Früher einmal."

„Früher einmal ... du willst damit sagen, vor jener Nacht."

„Ich will damit sagen, vor jener Nacht."

„Hast du schon jemals Austern gegessen?"

Ich nickte.

„Ich könnte sie wahrscheinlich gar nicht essen."

„Das sagt ein jeder. Und jeder ißt sie."

„Nicht jeder."

„Nein. Da hast du recht. Aber jeder, der Gelegenheit dazu hat."

Der Ober im Frack brachte das Abendessen. Wir aßen schweigend. Und ich, ich stürzte mich direkt, rücksichtslos auf mein deutsches Abenteuer ...

„Weshalb bist du aus Hamburg hergekommen?"

„Deshalb."

„Deinen Vater haben die Russen gehenkt?"

Nein, schüttelte sie entsetzt den Kopf.

„Die Deutschen?"

Nein, schüttelte sie den Kopf und blickte entsetzt um sich.

„Wurde dein Vater in dieser Stadt gehenkt?"

Nein ... nein ... red nicht darüber, um Gottes willen ... bettelten ihre Augen. Aber ich wollte reden.

„Dein Vater wurde in Nürnberg gehenkt?"

Nein.

„In Landsberg?"

Nein. Nein.

„In Hamburg?"

Ja. Ja, in Hamburg.

„Die Engländer?"

Ja. Die Engländer. Ja.

„War er von hier?"

Nein.

31

„Stammte deine Mutter von hier?"

Nein.

„Was machst du dann hier? Was hast du hier zu suchen?"

Laß mich, baten ihre Augen, quäl mich nicht, ich weiß, daß ich an alldem selbst schuld bin, aber quäl mich jetzt nicht, vielleicht sage ich dir alles selbst, aber presse nicht auf so schreckliche Weise alles aus mir heraus. Siehst du denn nicht, wie es mir zumute ist?

„Wie alt bist du?"

„Neunzehn."

Ich rechnete im Geiste schnell nach.

„Du bist erst nach dem Krieg zur Welt gekommen?"

Sie nickte.

„Aber dein Vater lebte noch, als du geboren wurdest?"

Nein, schüttelte sie ihr Köpfchen, der lebte nicht mehr. Als ich zur Welt kam, lebte er nicht mehr.

„Da muß man es mit ihm aber sehr eilig gehabt haben!"

Bitte, quäl mich nicht, warum quälst du mich?

„Sag — war dein Vater ein Kriegsverbrecher?"

„Ich weiß es nicht . . .", sagte sie sehr leise.

„Willst du es nicht wissen?"

„Ich weiß es nicht. Ich kam nach dem Krieg zur Welt. Ich weiß nicht, ob er ein Kriegsverbrecher war oder nicht."

„Bist du deshalb in dieser Stadt? Um es zu erfahren?"

„Auch deshalb. Eigentlich, vor allem deshalb. Nur deshalb."

„War dein Vater bei der SS?"

„Ja. Er war bei der SS."

„In einem Kriegsgefangenenlager für englische Flieger, stimmt's?"

Sie sah mich verstört an.

„Wieso . . .", stieß sie hervor, „wieso weißt du das?"

„So. Das ist doch ziemlich logisch. Er war dort Kommandant, nicht wahr?"

„Ja, er war dort Kommandant."

„Und du bist hierhergekommen, in diese Stadt."

„Ja."

„Ich bin hier gewesen, in dieser Stadt."

„Damals?"

„Damals."

„Auch . . . auch . . . damals?"

„Auch damals. Auch in jener Nacht. Wenn du willst, werde ich dir über diese Stadt erzählen."

„Auch über jene Nacht?"

„Auch über jene Nacht. Aber das wird für dich sicherlich kein Vergnügen sein."

„Ich suche kein Vergnügen. Ich will etwas wissen. Begreifst du? Verstehst du mich?"

„Vielleicht wäre es besser, du wüßtest nichts."

3

Ich will dich Kleine nennen, falls du nichts dagegen hast. Ich werde dir also, Kleine, eine der nebensächlichen und unwichtigen Geschichten dieser Stadt erzählen. Du warst damals noch nicht auf der Welt, du weißt über all dies nichts und wirst auch nie mehr erfahren, was und wie das war. Das kann man nicht erfahren, das kann man nur erleben. Du warst noch nicht auf der Welt, und ich, ich hatte damals bereits die Prüfungen für fast alle Arten des Erwachsenseins hinter mir, die man im Leben zu bestehen haben kann. Fast alle.

Ich lebte hier, Kleine. Ich war einer von den Zehntausenden Ausländern, diesem lästigen, zudringlichen Ungeziefer, den Fliegen, die an den Geschwüren der Kriegswirtschaft schmarotzten. Wir sollten die deutschen Männer ersetzen, die der Moloch Krieg gefressen hatte. In der Zeit, über die ich dir erzähle, wurde diese Stadt zum Zentrum eines der seltsamsten Arten des Fremdenverkehrs, die es im alten Europa je gab. Ich glaube nicht, daß es jemals einen bunteren Umschlagplatz gegeben hat als diese Stadt. Hier kam der Franzose aus Schlesien auf seinem Weg in den Heimaturlaub durch. Hier floh der Pole aus dem Ruhrgebiet nach dem Osten. Hier stieg der Serbe, der Ungar, der Grieche um, der aus Hamburg, Hannover, Braunschweig, aber auch aus Berlin und Stettin nach dem Süden fuhr. In der entgegengesetzten Richtung reisten Dänen, Norweger, Holländer, Belgier, ob sie nun aus Wien, Linz, aus Prag, aus Schlesien, aus Polen, vom Balkan kamen. Es gab welche, die gelangten bis hierher, und weiter wollten sie nicht mehr, oder sie konnten nicht mehr. Es gab unter ihnen menschliche Ruinen, Erledigte, Enterbte, aber es gab unter ihnen auch Lebenskünstler. Ich kannte einen, der hat während fünf Jahren kein Tor irgendeiner deutschen Fabrik durchschritten, und das war eine tolle Leistung, Kleine! In der Stadt selbst lebten etwa zwanzigtausend Gestrandete, der wahre Abschaum der Menschheit, Verbrecher, kriminelle Typen, Landplagen, mit denen sich nicht einmal die berühmte deutsche Polizei zu helfen wußte. Es war ein widerliches Geschmeiß, Maulwürfe, die in unterirdischen Löchern hausten, Krähen, die am Rande des Krieges vegetieren, aber ebenso Ratten, die von ihm fett wurden. Die Deutschen wandten sich mit Abscheu von diesen Plagen ab, doch sie brauchten sie, sie suchten sie auf, sie kamen als Bittsteller, sie bettelten bei ihnen. Mich verschlug es erst im fünften Kriegsjahr hierher. Damals war schon viel Sand im Räderwerk der deutschen Ordnung. In den Läden gab es praktisch nichts mehr, die Ämter gaben durch keine Waren mehr gedeckte Lebensmittelkarten und Punkte auf nicht existierende Textil- und Industriegüter aus. Die Tabakläden hatten ihre Rollbalken endgültig herabgelassen. Die Mark hatte überhaupt keinen Wert mehr. Für Steckrüben, Runkeln, halberfrorene Kartoffeln stand man nächtelang Schlange. Schlangen gab es überall. Wenn die Zeitungen die Nachricht brachten, daß auf einen Sonderabschnitt außertourlich ein achtel Pfund Butter ausgegeben wird, standen vor jenen wenigen Läden, in denen Butter verkauft wurde, endlose Schlangen. Die Metzger hatten nur zweimal in der Woche offen, aber auch da konnte man bei ihnen nichts bekommen. In den Wirtshäusern wurde sechsgrädiges Bier ausgeschenkt, falls es überhaupt welches gab. In den Restaurants mußte man sehr gut bekannt sein und sehr viel Protektion haben, um eine Portion wäßrigen, kaum gefetteten

Kartoffelsalats zu kriegen, den es zwar selten, aber ohne Marken gab.

Eine Psychose des Ungesättigtseins legte sich auf die Stadt. Nicht Hunger. Hunger gab es noch keinen. Aber satt essen konnte sich niemand, selbst wenn er die Ration für einen ganzen Monat auf einmal konsumiert hätte. Schließlich, was ist für einen richtigen Mann schon ein halbes Kilogramm Fleisch?

Ich war immer sehr neugierig, Kleine. Prüfend blickte ich in die Augen der Passanten — alte Leute, Kinder, Frauen. Was sprach noch aus ihnen? Da war ein seltsamer Schimmer in ihnen. Es waren die unsicheren, traurigen Augen von Menschen, die sich nicht satt essen konnten, scharfe Augen, denen nichts entging, spähende Augen, die jede Gelegenheit suchten, was immer zu bekommen. Nur wenige Auserwählte konnten es sich erlauben, „über die Verhältnisse" zu leben, in relativem Überfluß, ohne Angst zu haben, was morgen auf dem Tisch stehen würde, ob überhaupt etwas auf ihm stehen würde. Das waren nur noch ein paar, wirklich nur ganz wenige Nazibonzen, die Creme der Neuen Ordnung, hohe Offiziere, protegierte Wissenschaftler — und natürlich Kaufleute, Metzger, jene Weitblickenden, die rechtzeitig ihre Lager, Keller, geheimen Verstecke mit etwas gefüllt hatten, was man gegen jede andere Ware tauschen konnte.

Für ein Päckchen Zigaretten gab sich damals manch eine Frau hin. Auch für andere Dinge, aber das härteste Zahlungsmittel, das Zahlungsmittel aller Zahlungsmittel war damals der Tabak. Für Tabak hob der Richter ein Todesurteil auf. Für Tabak verkaufte der Offizier seine Pistole. Der Wissenschaftler seine Ehre. Das Mädchen seine Unschuld. Für Tabak gab es alles, Kleine. Alles.

Ich gehörte — zusammen mit Charly — zu den ganz wenigen Krösussen dieser Stadt, Kleine. Wir hatten Tabak. Ich wurde steckbrieflich gesucht, Kleine. Es ging um meinen Hals. Frech und ironisch forderte ich mein Schicksal heraus.

Mir ging es gut. Mit Charly trank ich schweren griechischen Wein, Markenschnäpse, wir feierten Gelage, Kleine, Gelage, wie ich sie nie zuvor erlebt hatte, den nicht ausgetrunkenen Wein gossen wir ins Klosett, altbackenes Brot und Lebensmittelreste gaben wir einem Eisenbahner, der schwarz ein Schwein mästete. Wir machten halbe, halbe, Kleine, denn wir hatten ihm auch das Ferkel für die Mast geliefert. Wenn es in der Speisekammer zu miefen begann, mußten wir Ordnung machen, dann warfen wir gelb gewordene Schwarten Speck weg, verdorbene, grün schimmernde Stücke Rauchfleisch, Stangen Salami. Mein Freund Charly ging immer im Smoking in die Oper, auch mich wollte er zwingen, daß ich mir einen Smoking machen lasse. Alles Nötige war da, das Geld, der Stoff. Wir hatten Tabak. Wir hatten ganze Zentner Tabak, Kleine, ganze Ballen, und das war ein schier unvorstellbares Vermögen, das man heute überhaupt nicht in Ziffern nennen kann.

Mit dem Lumpengesindel, hinter dem die Polizei, größtenteils vergeblich, her war, hatten wir nichts zu schaffen. Schließlich, auch die Polizei meinte es nicht ganz ernst, und wenn sie Razzien in Zügen oder auf den Bahnhöfen machte, so geschah es auch nur in dem Bemühen, etwas für sich zu ergattern. Täglich durchquerten Tausende Ausländer die Stadt. Slowaken, Ungarn, Kroaten, Polen, die hatten in ihren Koffern Tonnen Lebensmittel, Schmalz, Selchfleisch, Selchwurst, Demijohns Wein, Demijohns in der Heimat selbstgebrannten Schnaps und Uhren und Radioapparate und viele Meter Qualitätsstoffe, wie sie in deutschen Geschäften schon längst nicht mehr auftauchten, und Damenschuhe, Arbeiterstiefel, die Franzosen und Holländer schmuggelten Kakao, Schokolade, Bohnenkaffee auf den schwarzen Markt, die Dänen Butter und ganze Kartons Kondensmilch, die Tschechen Zucker und alles übrige, die Griechen sogar Orientteppiche. Einmal wurde ich auf dem Hauptbahnhof Zeuge einer Polizeirazzia: aus dem Balkanexpreß stieg irgendein Männlein mit zwei riesengroßen Koffern, zwei Geheime hielten ihn an, sie hatten offenbar bereits einen Wink bekommen, der Balkanese ließ die Koffer fallen und rannte, einer der Koffer war beim Hinfallen aufgesprungen, und aus ihm purzelten große jugoslawische Schinken, Prschut, geräucherte Lenden, Speckschwarten heraus. Die Geheimen vergaßen den Balkanesen, sie standen wie angewurzelt da, starrten diese Herrlichkeiten an — das hättest du sehen sollen, diese Blicke, diese gierigen Blicke der Geheimpolizisten und der Herumstehenden, diese hungrigen, neiderfüllten, diese Wolfsblicke der sich sammelnden Menge, die zuerst verwundert, dann drohend um die beiden Koffer einen immer engeren und wütenderen schweigenden Kreis zu bilden begann. Einer der Geheimen wollte den Kofferdeckel schließen und so den magischen Zauber bannen, aber da knurrte irgend jemand wie ein Hund, dem man den Knochen wegnehmen will, irgendein Mann setzte den Fuß auf den Deckel, und der Polizist, der ihn anfuhr, bekam eins in die Fresse. Das war das Signal, eine Minute später war alles vorbei. Es sah aus wie Rugby, richtiges Rugby, jemandem gelang es, ein geräuchertes Lendenstück zu erwischen, er begann zu rennen, und zehn Leute warfen sich auf ihn, sie rauften um dieses Stück, gruben ihre Nägel in das Fleisch, schrien, zerrten einander an den Haaren, stießen einander die Finger in die Augen, traten mit den Beinen um sich, trampelten auf dem Liegenden herum, kein Tier vermag so unbarmherzig um seine Beute zu raufen. Ich bin früher in einem ärgeren Hexenkessel gewesen, Kleine, in einer von jenen raffinierten nazistischen Höllen, aber dort war so etwas undenkbar gewesen.

Zwei Minuten dauerte dieses Rugby, Kleine. Nicht länger. Auf der Stätte blieben zwei blutverschmierte Koffer und eine zusammengetrampelte, stöhnende alte Frau zurück, über die Dutzende Füße hinweggerannt waren. Die Polizisten waren verschwunden. Diese Szene hatte mich so gefesselt, Kleine, daß ich völlig auf Charly vergessen hatte, obwohl er neben mir stand. Als alles vorüber war, hörte ich, wie er halblaut sagte: „Das ist das Ende. Das Ende. Das ist das Ende..." Er war zufrieden. Ihm hatte das gefallen. Ihm hatte es gefallen, wie Deutsche, wie diese ordnungsliebenden Deutschen, die bis zuletzt so sehr auf Haltung bedacht waren, um rohes Fleisch rauften.

Zwanzigtausend lästige Ausländer, „lästige Ausländer" hießen sie offiziell, die nichts zu verlieren hatten, zwanzigtausend Individuen ohne polizeiliche Registrierung, ohne Arbeit und ohne Arbeitslust, ohne Unterkunft, das war schon eine beträchtliche Macht und so etwas wie ein Symptom, Kleine. Sie hatten keine Lebensmittelkarten, sie hatten kein Geld, sie hatten überhaupt nichts, sie hatten, was sie irgendwo erhaschen konnten, was sie stahlen, was sie erschacherten. Es gab Banden von Güterwaggonplünderern unter ihnen. Das war ein riskantes Beginnen, die bewaffnete Eisenbahnwache hatte Befehl, ohne Warnung zu schießen, und sie schoß auch ohne Warnung. Aber es half alles nichts. Aus den Bahnhöfen und aus den Lebensmitteldepots verschwanden die Sachen en gros, es war eine perfekt organisierte Gangsterbande, an ihrer Spitze stand irgendein Rumäne, sie waren schwer bewaffnet, skrupellos, sie brachen in die Lager der eisernen Reserve ein, erschlugen die Wachtposten, die Beute schafften sie auf mehreren Lastwagen fort. Die Polizei wußte nicht, oder sie wollte nicht herausbekommen, wohin diese Berge Lebensmittel verschwunden waren.

Mit der Zeit schnappte dieser Rumäne über. Er wollte kein Geld mehr, er wollte überhaupt keine Tauschartikel annehmen. Gold wollte er, Gold, und er hatte Gold. Als man ihn nach Monaten in seinem Bau ausräucherte, als man eine Sonderabteilung der Polizei gegen seine Gang einsetzte, fand man in seinem komfortabel eingerichteten Bunker am Stadtrand ungeheure Vorräte an allem, was selbst die eingesetzten Polizisten schon lange nicht gesehen hatten.

Und Dutzende Kilogramm Ringe, Schmuck, einen Schatz, von dem man sonst nur träumt.

Der Rumäne wurde mit einem Schild auf der Brust in der Siegfriedstraße an einer Straßenlaterne gehenkt. Er sollte dort drei Tage hängen, zur Warnung und als Lehre, aber schon in der ersten Nacht verschwand seine Leiche.

Heute weiß niemand mehr, wo die Siegfriedstraße gewesen ist, diese alte, verfaulte Gasse, der Hinterhof des Geschäftsviertels, knappe zweihundert Meter vom Adolf-Hitler-Platz entfernt. In jener Zeit war sie der Basar, bunt und traurig, man konnte dort alles kaufen, Kleine, ich habe selbst gesehen, wie irgendein Spanier einem Serben eine MPi mit einer Schachtel Munition für drei Schweizer Uhren verkaufte. Dorthin gingen die deutschen Hausfrauen, um eine kleine Aufbesserung für den Sonntagstisch aufzutreiben, ein gestohlenes Huhn, zwei Eier, ein Stückchen Schokolade.

Ich ging oft in die Siegfriedstraße. Ihr düsterer Zauber faszinierte mich. Es war unter diesen extremen Lebensbedingungen doch so etwas wie die Offenbarung menschlicher Unternehmungslust, Lebensfähigkeit, die Offenbarung eines Existenzkampfes. Im letzten Kriegsjahr war die Siegfriedstraße das lebendigste „Geschäftsviertel" der Stadt. Und was sonderbar war, niemals verirrte sich ein Polizist dorthin. Vielleicht hatte die Polizei die geheime Anweisung, dieses wirtschaftliche Krebsgeschwür zu dulden, auf diese Weise gelangte ja doch etwas Zusätzliches in die ungesättigte Stadt, und dieser spontane, inoffizielle Import, dieser schwarze Import, er blühte dennoch, trotz aller Risiken.

Mit allem wurde dort gehandelt. In einem Haustor wechselte das Hemd, das man am Leibe trug, seinen Besitzer, Uhren gingen von Handgelenk zu Handgelenk, mitten in die komischen Verhandlungen in einem schlechten Deutsch schnatterte manchmal eine Gans, es war der Markt der ununterbrochenen Überraschungen, jeden Tag tauchte dort etwas anderes auf, einmal ein Sack Zucker, dann wieder

Pakete Kakao, die Verkaufenden standen in den Haustoren, um notfalls mitsamt ihrer Ware durch den Hintereingang verschwinden zu können, Gescheiterte kamen her, um das letzte zu verkaufen, was sie hatten, aber es gab auch Etablierte hier, eingesessene Kaufleute, die ständig die gleiche Ware anboten, für die sie schon ihre ständigen Abnehmer hatten. Die ortsansässigen, soliden Kaufleute, die Inhaber der Läden mit den leeren Regalen, spazierten hier mit düsteren Blicken umher und betrachteten diese Heimsuchung Gottes. Nur zweimal während der ganzen Zeit kam eine Polizeirazzia über die Siegfriedstraße, alles, was lebendig und zweibeinig war, wurde auf Lastwagen verladen, sofern es nicht rechtzeitig fliehen konnte. Und eine Woche später gab es wieder die alte Siegfriedstraße. Man verhörte die Leute und ließ sie laufen. Was sollte man mit ihnen tun? Dieses Lumpenpack in den überfüllten Kerkern füttern? Das wäre zu jener Zeit ein unangebrachter Luxus gewesen, die Kerker waren für ernstere Fälle da, als es diese armseligen Schieber, Schleichhändler waren, die Kerker vermochten nicht einmal alle Defätisten, Landesverräter, politische Widersacher, Deserteure, Aufwiegler aufzunehmen. Man konnte die Siegfriedstraße nicht mehr liquidieren. Sie war zur Notwendigkeit geworden.

Es waren sonderbare Tage des Tausendjährigen Reiches. Sehr sonderbare. Serbische Schieber kauften vom Direktor des Landesgerichtes, in dessen Hof jeden Tag hingerichtet wurde, die Leiche eines justifizierten Partisanenobersten los, und sie begruben ihn in der Nacht im Stadtpark. Auch ein orthodoxes Kreuz setzten sie ihm auf das Grab.

Ich ging oft in die Siegfriedstraße, obwohl ich dort keinerlei Interessen hatte. Charly und ich, wir hatten unseren ständigen, soliden, sicheren und diskreten Abnehmerkreis, unsere Kundschaft. Wir lieferten die „Ware" in die Luxusvillen am rechten Ufer des Stromes. Unser Risiko war minimal, zu „unseren Leuten" gehörte auch ein höherer Polizeioffizier, der nötigenfalls schon in seinem eigenen Interesse seine schützende Hand über uns hätte halten müssen.

In unseren „Geschäftsbeziehungen" waren wir vorsichtig, wählerisch, wir suchten uns gutsituierte Kunden aus besseren Kreisen aus, bei denen das Gesetz bei kleinen Fehltritten zwei Augen zudrückte. Künstler, Wissenschaftler, mittlere Unternehmer verhielten sich zu uns freundlich, fast freundschaftlich.

Eine selbstgestopfte Filterzigarette, Kleine, war ein Ding des Vertrauens. Sie auf der Straße zu erstehen hieß die Katze im Sack kaufen, die kleinen Schieber stopften die Tabakreste aus aufgelesenen Kippen, Staub und alle nur erdenkliche Sauerei in die Hülsen. Wir bürgten für Qualität. Unser Tabak stammte aus Militärvorräten, er war rein, fein geschnitten, fabrikmäßig verarbeitet.

Charly war ein entzückender Flegel, Kleine. Ein großer, schwarzer Bursche, mit einem Stiernacken und mit Stierkräften, vor dem Krieg war er Meister im Weltergewicht. In der Stadt war er schon das fünfte Jahr, und er hatte sich zum Meister in der Zigarettenfabrik emporgearbeitet, die für die Armee arbeitete. Wir begannen bescheiden. Als ich bei ihm Unterschlupf fand, brachte er jeden Tag aus der Fabrik in einer Zündholzschachtel fünfzig Gramm gepreßten Tabak heim. Es war ein harter Würfel, so hart, daß man ihn nicht mit einem Hammer zertrümmern und auch nicht zerbrechen konnte, wir mußten ihn stets an einer Ecke aufzupfen und die freigewordenen Fäden voneinander trennen. Aus einem Würfel stopften wir Abend für Abend achtzig Hülsen. Das war nicht viel, Kleine. Zehn behielt ich für mich, zehn nahm sich Charly, und den Rest schaffte er auf die andere Seite des Stromes. Ich wunderte mich, wie Charly aus den Erträgnissen eines derart geringen Schleichhandels so luxuriös leben konnte. Er bewohnte allein ein Häuschen, das einer Eisenbahnerwitwe gehörte, die vom Sessel gefallen war, als sie die Glühbirne überm Tisch auswechselte, und sich dabei das Rückgrat gebrochen hatte. Charly besuchte sie regelmäßig im Spital und brachte ihr immer Näschereien mit, wie sie sich deutsche Frauen zu jener Zeit nicht einmal erträumen konnten, ja auf die sie in diesen Kriegsjahren bereits vergessen hatten. Charly hatte alles, eine Speisekammer voll Delikatessen, Unmengen guten Weines, französischen Kognak aus militärischen Beutebeständen. Ich wunderte mich, woher er das nahm, diese fünfzig oder sechzig Zigaretten pro Tag waren zwar ein beträchtliches Kapital, aber so groß war es wieder auch nicht. Das ging mir ständig im Kopf herum, aber ich sagte kein Wort.

Wir waren etwa einen Monat zusammen, als er mich einmal nach dem Abendessen in den Keller führte. Dort lagen, in einer Holzverschalung, drei Riesenpakete in Sackleinwand gewickelt. Ich mußte nichts fragen, es duftete, es duftete ganz unbeschreiblich nach Tabak. Du lieber Himmel!

Charly weidete sich an meiner Verblüffung.

„Jedes wiegt siebzig Kilogramm . . .“, meinte er lachend. Dann wurde er ernst und fügte hinzu: „Wundere dich nicht, ich mußte dich doch erst auf die Probe stellen . . . von morgen an machen wir es anders. Ich muß dir wohl nicht extra sagen, daß es dabei um unseren Kopf geht!“

Nein, darauf mußte er mich wirklich nicht aufmerksam machen. Aber es dauerte lange, ehe ich ein Wort sagen konnte. Schnell rechnete ich im Kopf nach. Die Summe, die dabei herauskam, ließ mich schwindlig werden.

„Charly . . .“, brachte ich mühsam hervor, „das ist eine Million Mark . . .“

„Das ist mehr. Die Schwarzpreise steigen rapid, unsere steigen ebenfalls, wenn wir auch immer unter dem Tageskurs bleiben. Damit kommen wir königlich bis Kriegsende aus. Du wirst das austragen, du machst immer ein paar Päckchen zu fünfzig Gramm daraus. Komm, ich zeig’ dir, wie man das macht . . .“

Es gab dort noch einen weiteren Kellerraum, den ich gar

nicht beachtet hatte. Er war mit irgendwelchen Kartons vollgestopft. Charly öffnete einen. Der Karton enthielt hundert
weiße, nicht gepreßte Schachteln für je fünfzig Gramm
schwere Tabakpackungen.

„Du mußt lernen, wie man sie stopft, schön und richtig,
und du darfst nicht schummeln. Du wiegst jede Schachtel ab
und versiehst sie mit einer Schleife. Es muß wie aus der
Fabrik aussehen. Wir sind keine solchen Nebbochanten wie
die anderen. Menschenskind...", meinte er lachend, „am
liebsten ließe ich mir meine eigene Firma draufdrucken...
Charly & Co.... was hältst du davon?"

Mit Mühe unterdrückte ich die Frage, die sich mir auf die
Lippen drängte, wie er zu diesem phantastischen Reichtum
gekommen war. Ich erstickte die Frage in mir. In solchen
Zeiten ist es am besten, manches nicht zu wissen. Und viel-
leicht war das gar nicht sein einziges Lager. Vielleicht lagen
in irgendeinem anderen trockenen Keller noch etliche Ballen.
Auch so spürte ich ein unangenehmes Kitzeln in der Kehle.
Das war dumm, denn wenn man mich erwischte, würde
dieser Tabak hier meine Lage auch nicht mehr erschweren.
Ich hatte eine einzige Möglichkeit, nämlich mich nicht erwischen zu lassen. Und von Charly war das ein riskantes
Vertrauen. Wir kannten einander seit etwas mehr als einem
Monat, er wußte über mich nichts. Aber es war wohl nicht
nur Vertrauen, Charly brauchte einen zuverlässigen Menschen, offenbar hatte er einen solchen gesucht, ehe er auf
mich stieß.

Wir wurden die Fürsten, die Könige des schwarzen Mark-
tes. Für Tabak gab es alles. Alles...

„Wie seid ihr einander begegnet?"

„Charly und ich? Das ist einer jener verrückten Zufälle,
wie sie nur einem Menschen widerfahren können, der total
down ist..."

Ich war damals ganz, ich war total *down,* Kleine. Ich trieb mich in deutschen Städten herum, mittellos, mit einer einzigen Zukunftsaussicht, nämlich daß man mich früher oder später erwischen würde. So gelangte ich bis hierher, aber weiter konnte ich nicht mehr. Ich hatte keine einzige Mark in der Tasche. Ich war unausgeschlafen, hungrig, ich konnte nicht mehr weiter, irgendwie spürte ich, hier endet meine Wanderschaft, von hier würde ich nicht mehr fortgelangen. Ich trieb mich in den Gassen herum, ich kannte hier keinen Menschen. Ich hoffte, auf irgendeinen Ausländer zu stoßen, der mich in ein Ausländerlager schmuggeln würde, wo es immer irgendein freies Bett und irgend etwas für den hohlen Zahn gab. Aber selbst dazu hatte ich keine Lust mehr. Ich war des Lebens überdrüssig, und wenn man in so einer Situation des Lebens überdrüssig wird, dann ist man erledigt. Ich sah, wie ein Polizist auf mich zukam. Ich blickte Polizisten immer dreist in die Augen, kühn und herausfordernd. Aber hier packte mich die Angst. Ich blickte in ein leeres Schaufenster, um seiner Aufmerksamkeit zu entgehen. Da blieb neben mir irgendein gutgekleideter Mensch stehen und starrte ebenfalls diese Leere an. Sollte auch er dem Blick des Polizisten ausweichen? Er sah nicht so aus, aber wer konnte das in solchen Zeiten schon sagen? Der Polizist ging vorüber. Ich sah ihn im Glas des Schaufensters, wie er an uns vorüberging, ohne uns zu beachten. Wahrscheinlich atmete ich laut auf, denn der Mann neben mir sah mich prüfend an. Nach einer Weile umwehte mich der Rauch einer Zigarette. Der Mann rauchte. Er rauchte, und ich hatte schon seit zwei Tagen keine Zigarette mehr zwischen den Lippen gehabt. Von dem Rauch wurde mir fast übel. Ich tat, was ich nie zuvor getan hatte.

„Bitte, haben Sie eine Zigarette?" bettelte ich ihn deutsch an.

„Zigaretten sind rar . . .", antwortete er in reinem Deutsch. Ein Deutscher. Er war Deutscher! Schon bereute ich meine Schwäche. Aber er zog eine Zigarette hervor.

„Feuer habe ich auch keines . . .", entschuldigte ich mich. Er hielt mir seine brennende Zigarette hin.

„Was haben Sie überhaupt?" fragte er spöttisch.

„Ich habe nichts. Nichts, gar nichts."

Der Mann wandte sich wortlos von mir ab und setzte seinen Weg fort. Gierig sog ich den Rauch in mich ein, er sättigte mich, er ließ mich taumeln, ich fühlte mich wie betäubt, ich fühlte mich besser. Ich starrte in das leere Schaufenster, ich rauchte mit Leidenschaft, ich hatte gar nicht bemerkt, daß jener Mensch zurückgekommen war, daß er wieder neben mir stand.

„Bist du Ausländer?" fragte er mich. Er duzte mich.

„Ja."

„Was für einer?"

„Franzose", log ich.

„Du bist kein Franzose."

„Doch. Ich habe französische Papiere."

„Papiere kann ein jeder haben, ein Franzose bist du jedenfalls nicht. Ich weiß, was du bist."

„Wenn du es weißt, was fragst du dann?"

Ich dachte, er würde wieder gehen. Aber in mir begann bereits der Funke einer Hoffnung zu glimmen, daß ich ihm ein paar Groschen für ein Frühstück entlocken würde.

Er überlegte es sich. Er ging nicht fort.

„Hast du heute schon etwas gegessen?"

„Nein."

„Und gestern?"

„Gestern auch nicht."

„Man sieht es dir an. Hier hast du zehn Mark. Oder nein, warte, komm, ich habe ebenfalls noch nicht gegessen . . ."

Er führte mich in eine nahe Schenke. Man kannte ihn dort.

„Zwei Portionen Salami, Fritz. Und zwei Bier ...", befahl er. Der Schankbursche verneigte sich fast vor ihm, ging nach hinten und kehrte nach einer Weile mit dem Frühstück zurück. Ich begann es gierig zu verschlingen.

„Friß nicht so, das tut dir nicht gut ...", mahnte er mich.

„Wohnst du hier?" fragte er.

„Nein."

„Wo wohnst du?"

„Nirgends."

„Aber irgendwo mußt du doch wohnen."

„Ich wohne nirgends. Ich bin heute nacht hier angekommen."

„Ist man hinter dir her?"

„Ich weiß es nicht. Ich glaube ja."

„Weshalb?"

„Das geht dich nichts an."

Es war eine rüde Antwort, aber mir schien, sie gefiel ihm.

„Du hast recht", antwortete er. „Und was willst du nun machen?"

„Keine Ahnung."

„So hältst du es offensichtlich nicht mehr lange durch. Das kenne ich, mein Freund. Ich habe schon viele solche gesehen ..."

„Bist du ebenfalls Ausländer?"

„Ja."

„An der Aussprache merkt man es nicht."

„An deiner ebenfalls nicht. Deshalb wußte ich, daß du kein Franzose bist. Die lernen nie so Deutsch, daß man es nicht merkt."

Ich aß zu Ende. Der Mann bestellte noch einmal das gleiche. Von Marken sagte er nichts, und auch der Schankbursche fragte nicht danach. Es schien mir, als würde der andere mit einem Entschluß ringen. Er betrachtete mich prüfend. Irgendwie mußte er Gefallen an mir gefunden haben, denn nach einer Weile meinte er:

„Zwei Nächte kannst du bei mir schlafen. Mehr nicht."

Das war zuviel für mich.

„Weshalb?" fragte ich.

„Wenn du nicht willst, mußt du nicht. Aber sie erwischen dich. Noch heute."

„Weshalb tust du das?"

„Warum fragst du so blöd? Ich weiß nicht. Du in meiner Lage würdest es wahrscheinlich nicht tun."

„Ich bin nicht in deiner Lage."

„Eben . . .", nickte er und grinste.

Mit einem Schlag hatte ich alles, Kleine. Ein Dach überm Kopf, das idealste wohl, das ich mir überhaupt wünschen konnte. Ohne polizeiliche Anmeldung. So etwas finden war damals so gut wie unmöglich. Und ich hatte Überfluß an allem, ich hatte zu essen, zu trinken, zu rauchen. Das Gefühl des Verlorenseins verschwand. Nein, das war nicht, wie ich noch vor wenigen Stunden angenommen hatte, das Ende des Weges, ganz und gar nicht! Aber hier gab es noch etwas mehr als essen, trinken und ein Dach überm Kopf. Das Bewußtsein, daß der Mensch nie ganz, ganz so allein und hilflos ist, wie es ihm in manchen Stunden, in der schwersten Stunde des Lebens scheinen mag, und doch wieder bedrückt von dem Gefühl der Beklemmung, an was für einem Härchen sein Leben hängt, von welchen Zufällen es abhängt.

Ich schlief dort zwei Nächte und dann noch viele weitere. Als ich mich am dritten Tag tummeln wollte, brummte Charly — mach keinen Unsinn.

Ich konnte das nicht begreifen. Hier war ein Mensch, er hatte eine gute, unantastbare Stellung, er hatte an allem Überfluß, er wirkte stark, ausgeglichen, eine Frohnatur, und er nahm einen Gehetzten bei sich auf, von dem er nichts wußte, obwohl er selbst, wie mir damals schien, niemanden brauchte. Er übernahm für den anderen die Garantie, er mußte sich um ihn kümmern, es kostete ihn seine Bequemlichkeit, sein Geld, Unannehmlichkeiten. Später kam ich dahinter, daß er einen zuverlässigen Partner brauchte, einen Gesellschafter, seinen Tabakschwarzhandel vermochte er nicht mehr allein zu betreiben. Aber erst als wir dann eines Tages Abschied nahmen, begriff ich, daß dieser harte Boxer sich ebenfalls verloren und verlassen fühlte, daß auch er jemanden brauchte, einen Menschen, daß er die Bangigkeit der Vereinsamung empfand inmitten dieses schrecklichen, verheerenden Krieges, vielleicht hatte er schon lange jemanden gesucht, dem er sich anvertrauen, mit dem er reden konnte, auch er suchte menschliche Wärme, Verständnis. Daß er sich ausgerechnet mich aussuchte, war sicherlich ein Zufall, aber es war ganz und gar kein Zufall, daß er jemanden ausgewählt hatte. Jemanden mußte er finden, um nicht selbst zu krepieren.

Er tat noch mehr. Meine französischen Papiere warf er verächtlich auf den Tisch.

„Das ist dilettantisch. Das hilft dir keinen Deut...", knurrte er. Und am nächsten Tag brachte er mir eine Arbeitsbestätigung, eine echte Bestätigung, amtlich, gestempelt. So wurde ich Kellner im Café Atlantic. Ich konnte durch die Stadt gehen, ohne die Kontrollen fürchten zu müssen, die Arbeitsbestätigung war damals für einen Ausländer das wichtigste Dokument. Man konnte mich bei Tag und bei Nacht anhalten. Mein „Dienst", den ich niemals ausgeübt habe, obwohl ich öfters in diese Kneipe ging, war ein Abenddienst. Für unser Busineß war es recht wichtig, gerade so eine Bestätigung zu haben. Sie hätte auf ihre Weise, wenn auch nicht ohne Komplikationen, auch jene drei oder vier Päckchen Tabak erklärt, wenn man mich damit erwischt hätte. Glücklicherweise passierte das nie.

Charly war scharf auf Frauen. Er bewegte sich in der besseren Gesellschaft, er hatte die Figur, die Bildung und das Auftreten dazu, und dort konnte er dann wählen. Er hatte viele Bekannte aus verschiedenen Kreisen der Stadt. Oft dachte ich darüber nach, ob sie jemals erfahren haben, daß er ihr Tabaklieferant war. Niemals habe ich gesehen, daß er mehr als ein Päckchen eingesteckt hätte. Und ich kann mir vorstellen, wie neiderfüllt man ihn während der Pause in der Oper anblickte, wenn er sich mit wahrer Virtuosität eine Zigarette drehte. Und ich kann mir vorstellen, wie dunkelmännisch er lächelte, wenn ihn jemand fragte, woher er diese Fülle habe. Und ich kann mir vorstellen, wie er diskret einem Menschen zuflüsterte, den er sich sehr genau angesehen hatte: Ich habe eine zuverlässige Quelle, aber einigen müssen Sie sich selbst mit dem Mann ...

Als ich noch auf Probe bei ihm war, als wir die gepreßten Würfel zerzupften und den duftenden Tabak in die Hülsen stopften, saß er öfters zu Hause. Charly war ein lustiger Mensch, unterhaltsam, er erzählte mir seine Erlebnisse mit deutschen Frauen, er machte sich über sie lustig, er verstand es, sie mit ein paar knappen Sätzen so plastisch zu beschreiben, daß es mir war, als sähe ich sie selbst vor mir. Manchmal, selten, dann aber desto heftiger, packte ihn eine schwere Melancholie. Er verfluchte den Krieg, der seine Boxerkarriere unterbrochen hatte, oder er halluzinierte über Prag.

Charly war Boxer, Kleine. Das pflegen sonst nicht gerade kluge und zartfühlende Menschen zu sein. Charly war die große Ausnahme. Wenn er über Prag zu erzählen begann, über seine Dächer, Gäßchen, Passagen, Brücken, über seine Boulevards und stillen Winkel, dann war das wie ein Gedicht. Er kannte jedes Kirchlein, jedes Plätzchen, jede Statue. Über die Statuen auf der Karlsbrücke, über ihre Entstehung, über ihre Schönheit, über ihre Schicksale wußte er stundenlang zu erzählen. Seinerzeit war er offenbar auf jeden der Prager Türme und Türmchen gestiegen, er zitierte aus dem Gedächtnis die lateinischen Inschriften an den Glocken der Theinkirche, er beschrieb die Fassaden und die Stukkaturen der alten Prager Patrizierhäuser, er gedachte der Originale aus den Prager Schenken, seiner komischen Unterwelt. Vor mir erwachte an jenen Abenden eine Stadt zum Leben, die ich bis dahin nie gesehen hatte, in der ich nie gewesen war, die Tore der alten Häuser taten sich vor mir auf, ich blickte in die Gegenwart und in die Vergangenheit, in die Intimitäten, in die ferne Geschichte, vor mir erstanden längst verblichene Menschen, Mysterien, geheimnisvolle Geschehnisse, rätselhafte Morde. Charly lebt längst nicht mehr, Kleine, aber seine Augen irren noch immer über die Mauern und durch die Winkel, immer wenn ich dort bin, betrachte ich die Stadt mit seinen Augen, versuche ich die gleiche Erregung zu erleben, die er erlebte. Damals war ich ein primitiver Jüngling, ungebildet, ich hatte für solche Dinge weder einen Sinn, noch war es die richtige Zeit für so etwas, aber Charly steckte mich für alle Zeiten mit seiner Prager Sentimentalität an. Als ich dann zum ersten Male hinkam, kam mir die Stadt vertraut, bekannt vor, als hätte ich dort schon lange Zeit gelebt.

Charly war Boxer, Kleine. Und — wozu es anders nennen — Parasit. Aber er war ein sehr zartfühlender Mensch. Und erst später begriff ich, daß er ein heroischer Mensch gewesen war. Und ein sehr unglücklicher ...

Das hier war einst eine wunderschöne Stadt, Kleine. Prunkvoll, sauber, reich, sowohl alt als auch modern. Charly wollte ihr nie auf den Geschmack kommen. Er machte sich über ihre Architektur, über ihre Parks und Gassen lustig, aber mir schien es immer, als wäre Charly eifersüchtig, als gestattete es ihm seine Pragbesessenheit nicht, irgend etwas anderes anzuerkennen.

„Alles ist Schwindel ... nichts ist hier echt ...", ereiferte er sich, wenn wir manchmal am Königlichen Schloß vorübergingen. Solche gab es, ihm zufolge, in Frankreich Dutzende, das hier war nur eine armselige Imitation, es besaß nicht das Erhabene des Barocks, das Barock ist erhaben, und das hier ist ein blutarmes Barock, ein Zipperleinbarock. Da gehörten Bomben hinein, die sollten die Welt von dieser Parodie befreien ...

51

Ich begriff seine Zornausbrüche nicht. Oft provozierte ich ihn, ich amüsierte mich über seine Empörung.

„Ist er beim Bombenangriff umgekommen?"

„Nein, Kleine. Da war er nicht mehr hier."

„Die Bomben hätten ihn töten sollen, wenn er sie so herbeiwünschte. Hast auch du dir gewünscht, daß Bomben fallen?"

„Darauf warteten alle Ausländer, die hier lebten. Über dieser Stadt erschien lange Zeit kein einziges fremdes Flugzeug. Das war für uns, die wir hier leben mußten, eine unbegreifliche und unverzeihliche Schlamperei der Alliierten. Die Ausländer dachten hier an gar nichts anderes mehr, bei ihren Zusammenkünften fragte ein jeder einen jeden: Wann kommen sie angeflogen? Kommen sie? Kommen sie bald?"

„Die Bomben haben hier viele Ausländer erschlagen, nicht wahr?"

„Ich weiß nicht, wie viele, aber sicherlich viele."

„Sie hätten alle erschlagen sollen. Du selbst hast erzählt, was das für ein Gesindel gewesen ist. Sie stahlen, sie raubten, sie trieben Schleichhandel. Straflos. In einem Land, das Krieg führte."

„Es waren Menschen, Kleine. Sie wollten, sie mußten leben. Sie wollten überleben."

„So. Sie wollten leben. Sie wollten überleben. Aber die Deutschen hatten kein Recht darauf, wie? Die Deutschen durften nicht leben, durften nicht überleben. Meinen Vater haben die Engländer als Kriegsverbrecher hingerichtet. Dafür, daß er ein paar gefangene Flieger getötet hat. Aber jene, die hier Hunderttausende Leute ermordet haben, die wurden in England dekoriert. Deutsche umbringen, das war eine Heldentat. Wenn ein Deutscher tötete, war er ein Kriegsverbrecher."

Ich sagte nichts. Wozu? Es war und blieb die gleiche teutonische Sippe mit ihrem verkehrten Sinn für Recht. Wenn sie nicht einmal eine solche fundamentale Sache zu begreifen vermochte, hatte es nicht den geringsten Sinn, mit ihr darüber zu sprechen. Sie war von den allgemeinen Nachkriegsideen und -alibismen angesteckt, sie war angesteckt wie alle. Mögen sie darin leben, mögen sie darin schmoren, was ging mich das an? Allerdings, dieses Deutschland, so ein Deutschland war nach wie vor die alte Gefahr, wie eh und je. Aber das bedeutete seinen definitiven Untergang. Und wer sollte sie davor bewahren, wenn sie selbst nichts zu ihrer Rettung unternahmen?

Ich winkte verärgert den Zahlkellner herbei. Die Rechnung bitte. Ich hätte nicht kommen sollen. Jedweder Versuch um irgend etwas konnte hier nicht anders ausfallen. Ich bin ein alter Narr ...

Ich mußte sie sehr ärgerlich angesehen haben, denn sie zog sich irgendwie noch mehr in sich zurück. Ihr Widerstand, ihr heiliger Eifer verflüchtigte sich. In ihren Augen standen eine kleine Unsicherheit und irgendeine Bitte.

„Sag ...", flüsterte sie, „kann das erblich sein?"

„Was?"

„Du weißt genau, was ..."

Ich wollte ihr sagen, daß eine Erblichkeit in dem Sinn, wie sie sie auf sich bezog, das Privileg der nationalsozialistischen Wissenschaft gewesen war, aber ihre Unsicherheit und ihre Angst sahen ganz aufrichtig aus.

„Du bist dumm, Kleine. Denk nicht an solche Sachen. Vergifte dir nicht dein Leben."

„Man hat es mir schon vergiftet. Ach, mein Gott ...", seufzte sie. „Alles ist so verfahren. Und du bist jetzt böse."

Natürlich war ich böse. Allerdings auf mich.

„Soll ich vielleicht jubeln, oder?" sagte ich zornig.

„Ich weiß, daß ich nicht recht hatte. Ich weiß, ich bin bösartig und dumm gewesen. Aber wo ist die Wahrheit? Was ist Wahrheit? Jeder sieht sie irgendwie anders."

Wir erhoben uns. Der befrackte Kellner begleitete uns bis zum Ausgang. Nebel war auf die Stadt gefallen. Die Ruinen sahen in ihm geradezu gespenstisch aus.

„Ich begleite dich . . .", bot sie mir schüchtern an.

„Mein Wagen steht hier in der Nähe. Ich bringe dich nach Hause."

„Mir ist kalt . . ."

Ich nahm sie um die Taille. Wir gingen stumm, jeder in sich versunken. Der Abend war beim Teufel. Recht geschah mir. Ich hatte den Wagen am Rand jener öden Fläche geparkt. In der Ferne wuchs aus dem schütteren Nebel die dunkle Masse der Gefängnisruine in den Himmel. Ich blieb stehen. Auch sie blickte nun hin.

„Gespenstisch . . .", flüsterte sie. „Warst du hier, in jener Nacht?"

„Ja, ich war in jener Nacht hier."

„Du hast wohl keine Lust zu sprechen?"

Nein, ich hatte keine Lust zu sprechen, ich hatte Lust zu schlafen. Oder hatte ich keine Lust zu schlafen? Ich fühlte sie dicht an mir. Ich fühlte durch die doppelte Hülle ihre junge Haut. Ich fühlte ihre schlanken Hüften, sie brannten durch alles, was sie am Leibe trug. Ich fühlte sie auf der flachen Hand, mit der ich sie festhielt. Nein, ich hatte keine Lust zu schlafen.

„Ich habe keine Lust zu erzählen. Ich möchte trinken."

„Und nimmst du mich mit?"

Sollte ich sie mitnehmen?

„Auch ich möchte trinken."

„Wohin könnten wir gehen?"

„Es gibt hier eine Nachtbar. Eine einzige in der ganzen Stadt . . ."

Die Stadt hatte schon wieder etwa eine halbe Million Einwohner. Früher, als hier nicht viel mehr Menschen lebten, soll es hier über zweihundert nächtliche Vergnügungsstätten gegeben haben. Während des Krieges wurde der Großteil von ihnen geschlossen. Jetzt gab es eine einzige hier. Für die Ausländer...

Ausländer kamen recht zahlreich in diese Stadt, aber nicht solche, die Nachtlokale aufsuchen. Die Bar war klein, mit einem minimalen Sinn für Geschmack und Atmosphäre eingerichtet. Ein paar viel zu kleine Tische aus Kunststoff, unbequeme Sessel. In der Bar waren nur wenige Gäste, irgendein Eigenbrötler, der allen Eigenbrötlern aus allen Nachtlokalen der Welt glich, ein Mensch, verloren in der sonntäglichen Langeweile. In der Ecke saßen zwei Pärchen.

Der Mixer stand an die Tür der Teeküche gelehnt. Wir setzten uns an die Theke, aber der Mixer hielt es nicht für angebracht, uns zur Kenntnis zu nehmen. Auch gut, so hatte ich Zeit, mir die Etiketten der Flaschen in der Vitrine anzusehen. Alles mögliche Gesöff, französischer Kognak, sicherlich französischer, aber keine einzige bekannte Marke. Ebenso der schottische Whisky. Keine einzige Standardvignette, wie man sie von allen Theken der Welt kennt. Ein zufälliges, unorganisches, unhomogenes Sortiment. Auch diese Flaschen zeugten von der komplizierten außenpolitischen Situation des Landes.

Zweimal mußte ich den Mixer rufen, ehe er sich bequemte. Dabei machte er ein Gesicht, als hätte er Zahnweh. Auch die Kleine merkte es.

„Hat er Zahnweh?"

„Nein. Mein dunkles Hemd gefällt ihm nicht."

Aber als er den Wodka brachte, ließ es mir keine Ruhe mehr, ich fragte ihn: „Haben Sie Zahnweh?"

Der Mixer hob den Blick zum Plafond, dulderisch, schmerzerfüllt.

„Ich habe früher einmal im alten Splendid gearbeitet, mein Herr. Dort verkehrte nur die vornehme Gesellschaft."

Die Kleine stieß mich an, ich weiß nicht, aus Vergnügen, oder sie wollte eine Weiterentwicklung dieses bemerkenswerten Dialogs verhindern.

„In schneeweißen Hemden, mein Herr."

„Aber auch in Uniformen."

Er sagte nichts. Eigentlich, er sagte mehr, als es den Anschein hatte. Du Ignorant, du Parvenü, du weißt wohl nicht einmal, daß die Uniform dem Abendanzug gleichgestellt ist!

„Wie konnten Sie im alten Splendid gearbeitet haben? Damals waren Sie jung ... und es war mitten im Krieg ..."

Er ging hinter die spanische Wand.

„Ein Warmer ...", flüsterte ich der Kleinen zu. „Eine Tante. Er hat einen zarten Hintern. Und er hat es auch in den Augen, und auch in den Bewegungen."

„Gehen wir ...", bat sie mich.

„Nein. Vielleicht werden wir uns noch gut unterhalten."

Der Mixer kam zurück.

„Ich habe hier ein Lokal gekannt", provozierte ich ihn weiter, „dort konnte der Mensch nicht im weißen Hemd erscheinen."

Das merkt man dir an ... tadelten mich seine Augen.

„Es hieß Atlantic."

Der Mixer litt merklich. Er hatte nun begriffen, daß ich Ausländer war, zu denen soll man sich höflich verhalten, aber manchmal war das schwer.

„Dort verkehrte ein Mensch, der überhaupt kein Hemd am Leibe hatte. Es war ein großartiges Lokal. Aber Sie sind dort sicherlich nie gewesen."

„Nein, nie ..." Er streckte instinktiv die Hände aus, als wollte er sich vor einer Ohrfeige schützen. „Niemals ...", wiederholte er noch einmal.

„Und da wollen Sie über die vornehme Gesellschaft reden?"

Die Kleine stieß mich ungeduldig an. Gehen wir endlich, provoziere nicht, laß ihn doch in Ruhe. Ich wandte mich ihr zu.

„Ich bin in dieser Stadt schon einmal ein lästiger Ausländer gewesen ...", sagte ich laut, vielleicht zu laut.

In der Ecke improvisierte ein alter Pianist, so ein alter, schäbiger, mit violetter Nase und großen Tränensäcken unter den Augen. Er mochte wohl fühlen, daß es bei der Theke irgendeine Spannung gab. Er schlug das Piano zu, stand auf, holte unter dem Klavier ein Bandoneon hervor und ließ die Finger über die Knöpfe laufen. Er näherte sich uns langsam, seine schmutziggrauen Haare trug er à la Hans Albers, er ging breitspurig und schwankend wie Hans Albers, und als er mit seinem versoffenen, krächzenden Bariton zu singen begann, klang es ganz wie Hans Albers. Er sang ein aufdringliches, sentimentales Lied von der Mutter, die auf ihren Sohn wartet... Junge, mein Junge, komm bald schon nach Haus, Junge, mein Junge, zieh nie mehr hinaus... irgendwie paßte das gar nicht zu der Vorstellung einer Splendid-Bar. Als er fertig war, sah er mich gierig an.

„Korn?" fragte ich ihn. Er nickte begeistert, zog den Mund zu einem breiten, gleisnerischen Lächeln auseinander.

„Sie singen ganz wie Hans Albers ... auch Ihr Haarschopf erinnert an ihn ...“

Er verneigte sich, ganz aus dem Häuschen.

„Besten Dank, Sir, sehr liebenswürdig, wenn ich so sagen darf. Hans Albers ... der blonde Hans ... einmal habe ich vor ihm gesungen ... er sagte mir, daß ich das fast besser kann als er selbst. Das ist schon lange her, Sir. Was wünschen Sie zu hören, bitte?"

„Zuerst wollen wir doch trinken, nicht?"

Ich leerte mit ihm mein Glas und bestellte für ihn noch einen Korn.

„Sie sind sehr liebenswürdig, Sir, wirklich, sehr liebenswürdig, außerordentlich. Ich will Ihnen vorspielen, was immer Sie wünschen. Ich kenne alles."

„Kannten Sie das Atlantic?"

„Ach, das Atlantic, Sir ... natürlich habe ich es gekannt, das war eine herrliche Kneipe! Ich habe dort einmal gespielt, aber das ist schon sehr lange her, noch vor dem Krieg. Da

war ich, Sir, mit Verlaub, noch jung. Es war eine pracht-
volle Kneipe, sooo gemütlich. Nur im Krieg ging es damit
bergab..."

„Ich war dort im Krieg Stammgast..."

„Ach, Pardon, Sir, ich bitte um Verzeihung, ich wollte
Ihnen wirklich nicht nahetreten. Ich wollte nur sagen, daß
es im Krieg nicht mehr das war wie vorher. Aber im Krieg
war wohl nichts mehr so wie vorher, habe ich nicht recht,
Sir?"

„Doch. Nichts war mehr so."

„Sie sind sehr liebenswürdig, Sir, tatsächlich, außerordentlich, ich bin Ihnen sehr verbunden, gestatten Sie, daß ich
Ihnen das sage, sehr verbunden. Geruhen Sie etwas Außergewöhnliches zu wünschen, Sir? Ich weiß alles zu spielen..."

„Jetzt nicht, später."

Er empfahl sich, komplimentierte sich von dannen. Als
er sich dann setzte, machte er noch eine tiefe Verbeugung in
Richtung auf uns. Der Mixer reichte uns auf einen Wink hin
wortlos einen weiteren Wodka. Ich preßte eine halbe Zitrone
hinein. Der Kleinen schmeckte das offenbar.

„Du trägst überhaupt nie weiße Hemden?"

„Doch, aber ungern."

„Warum? Das ist elegant, es macht aus dem Menschen
etwas mehr."

„Eben deshalb. Vergangenen Herbst habe ich mich in
Westdeutschland herumgetrieben." Ich blickte in die trübe
Flüssigkeit vor mir.

„Du haßt die Deutschen wohl sehr, nicht wahr?"

„Das stimmt nicht ganz genau, Kleine. Haß ist eine üble
Sache, in jedem Fall. Ich bin voreingenommen, ich kann
dagegen nichts machen. Aber vielleicht bin ich zu kritisch."

„Alle Deutschen sind böse, nicht wahr? Und du bist gut
und klug und vollkommen."

„Du redest Unsinn."

„Weich mir nicht aus. Es stimmt, die Deutschen sind böse.

Ich weiß das ... Ich bin eine Deutsche, aber ich weiß, daß die Deutschen böse sind. Sag — hast du einen Deutschen gekannt, so einen Deutschen, den du achten konntest? Den du gern haben konntest?"

„Solche kannte ich viele, Kleine."

„Desto schlimmer."

„Kleine, ihr hättet endlich beginnen sollen, darüber nachzudenken, wie ihr seid, statt euch ewig damit zu beschäftigen, was wer von euch hält. So werdet ihr nirgends hingelangen."

„Was soll ich über mich denken? Mein Vater war Kriegsverbrecher."

„War er das?"

„Ich weiß es nicht. Manchmal glaube ich ja, dann wieder, er war keiner."

„Einmal wirst du dich entscheiden müssen. So oder so."

„Das ist schwer. Ich möchte ein normaler Mensch sein, eine normale Frau, sonst nichts. Aber meinen Vater haben sie gehenkt. Wenn ich das irgendeinmal vergessen wollte, meine Umwelt erlaubte es mir nicht, von klein auf ekelten sich manche Kinder in der Schule vor mir. Andere sahen mich wie etwas Außergewöhnliches an, die Tochter eines Märtyrers, eines Helden."

„Und hier läßt man dich damit in Ruhe?"

„Die Leute ja. Aber ich selbst habe in mir keine Ruhe. Manchmal ist das noch schlimmer, damit allein zu sein und es in keinem Augenblick vergessen zu können."

„Deshalb also bist du hergekommen?"

„Nein. Nicht deshalb. Aber erzähl. Erzähl über diese Stadt. Ich will alles über sie wissen."

„Ich weiß nicht alles über sie."

„Tut nichts. Erzähl nur. Worüber du willst. Sag, was war das eigentlich, dieses Atlantic?"

4

Ich will dir von einer Schenke erzählen, Kleine. Nachtbar ist eine viel zu honorige Bezeichnung für diese Kneipe. Sie lag an der Ecke der Siegfriedstraße, man mußte über eine Treppe hinuntergehen. Dort wurde um elf Uhr vormittags geöffnet, und mit dem damaligen Elefanten hatte es nur das gemeinsam, daß sich auch dort niemand um die Sperrstunde scherte. Sperrstunde war, wenn die letzten Gäste gegangen waren, wenn man diese Kategorie der Kneipenbesucher so nennen konnte. Oder der Besitzer wurde böse und jagte das ganze Gesindel davon, das sich dort gratis beim großen Ofen wärmte. Oder wenn eine Prügelei losbrach, bei der jeder auf jeden eindrosch. Nur selten wurde die Sperrstunde nach Einschreiten der Polizei verhängt.

Ich ging öfters hin. Allein. Charly duftete das Atlantic nicht gut genug. Schließlich, es duftete wirklich nicht, schon auf der Treppe schlug dem Besucher ein penetranter Gestank entgegen: es roch nach einer Mischung von Urin, Kreolin, hingekotzten Speiseresten, Bier und allem möglichen. Aber dort ging es lustig zu und wild wie damals wohl nirgends sonst.

Es ist gar nicht so lange her, daß ich durch euer Hamburger Sankt Pauli schlenderte. Ich besuchte ein paar verrufene Kneipen auf der Reeperbahn, dort ist es bunt, lebendig, auch gefährlich, aber lustig ist es doch nicht, Kleine, obwohl jetzt kein Krieg mehr ist. Im Atlantic war es zum Zerspringen lustig, aber wer weiß, vielleicht nur deshalb, weil es viel zuviel Krieg gab.

Charly warnte mich immer, das Atlantic sei voll von Gestapospitzeln. Aber die gingen eher in den Elefanten, das Atlantic war für die Gestapo nicht interessant. Konnten die dort etwas erfahren, was sie nicht bereits wußten? Was konnten sie dort finden, enthüllen? Daß sich dort Schieber, Zuhälter und alte, ausgediente Dirnen trafen, das war wirklich kein Geheimnis. Im Atlantic regte es niemanden auf, daß ein Pole ohne Hemd mit einer deutschen Hure im dunklen Hof verschwand, mit einer deutschen Hure, die vor dem Gesetz trotz allem eine deutsche Frau war. Dort galten nicht einmal die Gesetze über Rassenschande. Was gab es an diesen Schindmähren auch noch zu schänden?

Es war eine dreckige, verräucherte Schenke. Die Glühbirnen unter der Decke wurden durch ein Drahtnetz geschützt, damit sie nicht ein in Rage geratener Gast mit einem Stuhlbein zertrümmere. Sessel gab es dort eigentlich nicht, längs der schmutzigen Tische, auf denen die weiße Farbe wohl das Schmutzigste war, standen massive Eichenbänke. Wenn dann jemand mit so einer Bank bei einer Prügelei ausholte, Kleine, dann krachten die Schädelknochen.

Sachen wie Aschenbecher hätten sich im Atlantic wie ein unangebrachter und unerwünschter Luxus ausgenommen, obwohl hier mehr Zigaretten ausgeraucht wurden als beim Elefanten. Dort, beim Elefanten, konnte man beim Kellner Luxuszigaretten aller Weltmarken kaufen, aber nicht einmal die Nobelgäste konnten es sich leisten, den horrenden Preis für sie zu zahlen. Gerade nur eine Schachtel, wegen des Aromas. Charly erzählte mir, wie lächerlich die dortigen Raucher waren. Und es mußte wirklich lächerlich aussehen, wenn ein höherer Beamter, sobald er eine Zigarette zu Ende geraucht hatte, eine kleine Schere aus der Tasche zog und die noch glühende Asche vom Stummel wegschnitt. Im Atlantic legte niemand die Kippen in eine Blechschachtel, dort wurden die

Zigaretten bis auf den allerletzten Rest geraucht. Wenn dann der Finger des Rauchers bereits zu schmoren begann, spießte er den Rest auf eine Stecknadel.

Im Elefanten konnte man noch einige Zeit nach der Invasion frische Austern bekommen, die man in Kühlwaggons so tief ins Binnenland transportieren mußte. Aber auch im Atlantic gab es Festgelage. Da packte einer einen ganzen Schweinskopf aus, ein anderer ein Brot, ein weiterer eine Flasche stinkenden Fusels, der vierte eine Zwiebel. Die deutschen Huren kamen hin, um sich gratis satt zu essen. Sechsgrädiges säuerliches Bier ist sicherlich kein Champagner, ein selbstgebrannter Fusel bestimmt kein Martini, nach diesem „Verschnitt" bekam man fürchterliches Kopfweh, aber vielleicht fühlte sich der Mensch damals besser, wenn ihm am nächsten Tag zumute war, als müßte sein Kopf zerspringen.

Das Lokal war immer bumvoll. Die Theke wurde von jenen Männern belagert, für die sich an den Tischen kein Platz mehr gefunden hatte. Und jene, die nicht einmal mehr an der Theke unterkamen, standen an den Wänden herum, die mit Malereien bedeckt waren, über die wohl manch eine Hure vor Scham errötete.

Jeden Abend versammelte sich hier der Bodensatz Europas. In den hohlen, apathischen Gesichtern war nur noch wenig Menschliches. Gierige Augen, die ständig aufmerksam um sich spähten, große, fragende, bange Augen der Bankrotteure des Lebens, die von ihren glücklicheren Genossen einen Zug aus einer Zigarette erbettelten, oder ein Restchen Bier, oder einen Bissen, starrten stets fasziniert auf die Schnapsflasche auf irgendeinem der Tische. Woher kamen sie, die jeden Abend hierher herunterkrochen? Wo mochten sie schlafen? Was mochten sie tagsüber treiben? Das wußte niemand, Kleine, und es interessierte auch keinen. Niemand wollte etwas von dem anderen wissen, solche und ähnliche Fragen waren unstatthaft und riskant.

Wer vermag zu sagen, welche mannigfaltigen Talente dort

vermoderten, woher, aus welchem Milieu der deutsche Krieg diese Menschen herausgerissen hatte. Weder nach der Kleidung noch nach dem Aussehen konnte man abschätzen, wer was vorher gewesen war. Ich wurde mit einem naturalisierten Franzosen näher bekannt, er hieß Boris, war leidenschaftlicher Raucher, und ich steckte ihm hie und da ein paar Zigaretten zu. Kein Hund der Welt blickt so dankbar seinen Herrn an, wenn er ihm einen Knochen zuwirft, wie mich dieser ehemalige Russe anblickte. Einmal leerten wir dort zusammen eine Flasche Fusel. Boris' erloschene Augen erstrahlten in einem lebhaften Schimmer, er wurde vertraulich, redselig, er erzählte mir sein Los, es war das Los Europas, es war die Geschichte Europas, lebendige, elende Geschichte. Er hatte in Wrangels Expeditionskorps mitgekämpft, hatte die Krim mit einem der letzten Schiffe verlassen, war nach Frankreich gelangt, dort ließ er sich, mittellos und arbeitslos, in die Fremdenlegion anwerben. Er unterschrieb für fünf Jahre, und als diese vorüber waren, unterschrieb er für weitere fünf Jahre, war in Marokko, Syrien, in der Sahara, erdiente sich die Offiziersstreifen, nach zehn Dienstjahren in der Wüste erwarb er die französische Staatsbürgerschaft und hatte als Offizier eine recht anständige Pension. Aber er war Soldat, ein Soldat ohne Säbel an der Seite fühlt sich überflüssig, er ging nach Spanien zu den Roten, aber das war purer Zufall, er wäre ebenso zu den Schwarzen, den Lila, den Karierten gegangen, dort gab es Krieg, einen grausamen Bürgerkrieg, dort wurde gekämpft, also ging er hin, er überschritt mit einer der letzten dezimierten Rotten die Pyrenäen, kehrte nach Paris zurück, und wieder brach ein Krieg aus, und er war Soldat und Offizier, er meldete sich, man teilte ihm einen Haufen schwarzer Halsabschneider zu, bis nach Dünkirchen kam er nicht mehr, die Deutschen nahmen ihn gefangen, zuerst arbeitete er hier irgendwo in der Umgebung bei einem Bauern als Kriegsgefangener, aber dann floh er von dort und tauchte in der Unterwelt dieser Stadt unter.

Neunzehnhundertelf war er in die zaristische Kadettenschule eingetreten, von elf bis vierzig war er Soldat gewesen, immer unter den Waffen, ständig im Dienst, ständig im Kampf, ein Soldat-Profi, plötzlich unnötig, ein Soldat ohne Formation, ohne Waffe, ohne Kaserne und Disziplin, ein Offizier ohne seine Rotte, ein Produkt des europäischen Bankrotts, ein Schemen, der da tappend das Ende seiner Karriere erreicht hatte.

Sie hätten ihn genommen, Kleine. Auch die Deutschen hätten ihn genommen. Die Deutschen wollten solche, sie organisierten Einheiten aus Weißgardisten, Deserteuren, Gefangenen, die ihrem Druck erlegen waren oder ihren Versprechungen, er hätte sich wohl noch einmal bewährt, aber zu den Deutschen wollte er nicht, Kleine.

Eine Hure setzte sich zu uns, eine wasserstoffblonde, unförmige, aus dem Leim gegangene säuerliche Stute, ich sah, wie seine Augen plötzlich strahlten, wie er geil wurde auf sie, ich goß ihm das Glas mit Schnaps voll, ich sagte ihr — geh mit ihm, dann darfst du das da austrinken... Sie gingen hinaus auf den dunklen Hof. Nach einer Weile kehrte sie allein zurück, setzte sich und erklärte mir, viel zu laut, damit es alle hörten — das ist kein Mann, das ist ein Impotenzler, ein Eunuch, der schafft nichts mehr... Sicherlich, zwei Drittel seines Lebens hatte er irgendwo in der Wüste und sonst weiß der Teufel wo verbracht. Die einzige Art Frauen, die er je gekannt hatte, waren solche. Aber das hätte ihn wahrscheinlich nicht gestört, hingegen mochte ihn gestört haben, daß er keinen Säbel mehr an der Seite hängen hatte, das hatte so eine Ruine aus ihm gemacht...

Ein Zigeuner besuchte das Lokal, er stammte vielleicht aus Polen, vielleicht vom Balkan, so ein ganz feuriger Zigeuner war das, sein Gesicht war von einer angeborenen Syphilis verunstaltet, und für ein Bier erzählte er immer seine Erlebnisse mit deutschen Frauen. Das ganze Lokal schien vom Gelächter zu explodieren. Er war vor fünf Jahren nach

Deutschland gekommen, um hier zu arbeiten, aber er verstand das Problem so auf seine Art zu lösen, während der ganzen Zeit hatte er kein einziges Mal einen Spaten in die Hand genommen, bereits am ersten Abend in der Schenke irgendeiner Stadt im Rheinland, die er nicht einmal beim Namen kannte, fand er irgendeine Witwe, die nährte ihn, kleidete ihn, nach einiger Zeit sprach sie zu ihm: Mein lieber Benjamin — er gab sich als Italiener aus, trug ein schwarzes Hemd, eine goldene Krawatte, ein kanarigelbes Sakko und spitze gelbe Schuhe —, mein lieber Benjamin, es ist passiert, es ist Zeit, aufs Standesamt zu gehen. Er freilich dachte sich, es ist Zeit, zu verschwinden, und zwei Tage später, in einer anderen deutschen Stadt, lag er schon mit einer anderen deutschen Frau im Bett, sie kleidete ihn, nährte ihn, hörte andächtig zu, wie er sang, ganz feurig. O mia bella Napoli ... nach einiger Zeit verschwand er.

„Achtzehn Gerichte suchen mich, mich, Benjamin Campari, wegen der Alimente!" rief er erregt. „Achtzehn Balge habe ich in fünf Jahren über ganz Deutschland gesät. Ich werde ihnen schon zeigen, reine Rasse ..." Alle sahen ihn mit neiderfüllter Bewunderung an, ein toller Kerl, wählerisch, er war Zigeuner, aber er kannte sich aus ...

Nur ein einziges Mal brüllte ihn irgendein Balkanese an — du bist ein Schwein, eine gemeine Sau von einem Zigeuner, mit deutschen Weibern schlafen ist keine Kunst, das sind doch nur Kriegerswitwen oder Kriegsbräute, das ist keine Kunst, das ist eine Schweinerei ...

„Und was machst du? Stopfst du das Ding in ein Faß?" schrie man den Balkanesen nieder.

„Ich? Ich bin genauso total feurig wie dieses Schwein! Auf mich fliegen die Deutschen wie die Wespen auf die Melonen. Aber schau ..."

Der Kerl zog ein Rasiermesser aus der Tasche, ein breites, neues Rasiermesser, klappte es auf, fuhr mit dem Daumen darüber, es klang wie eine Glocke.

„Auch auf mich fliegen sie, genau wie auf dieses Schwein von einem Zigeuner", schrie er, „aber ich gebe mich für so eine nicht her, ich gehe mit der Deutschen, laß mich bewirten, zieh' sie aus, und dann rasiere ich sie an jener Stelle kahl. So hat man mit ihnen umzugehen. Mag sie nachher ihrem Mann erzählen, wenn er zufällig von der Front heimkommt, oder dem deutschen Krüppel, mit dem sie lebt, wie ihr das passiert ist."

„Du bist ein Narr", stichelten die anderen. „Die läßt sich ausgerechnet von dir rasieren, besonders dort!"

„Doch, sie läßt sich, natürlich läßt sie sich, zeig ihr nur ein Rasiermesser, du wirst sehen, wie sie erstarrt, wie zahm sie wird, wie sie weint, fleht, schimpft, kreischt, aber ein Rasiermesser ist ein Rasiermesser, Freundchen, mit einem Rasiermesser ist nicht zu spaßen. Gerade das ist so herrlich, wenn sie fleht, wenn sie lamentiert. Ich will ihnen schon zeigen, was das heißt, ganz feurig!"

„Das ist geschmacklos."

„Sicherlich ist das geschmacklos, Kleine. Ich habe dir erzählt, was für Menschen dort verkehrt haben. Aber ist das wirklich so viel geschmackloser als Himmlers Lebensborn, diese Wurfanstalt der Reinen Rasse, die Ausleseheime für rassisch auserlesene Mädels, junge deutsche Mädchen mit goldblondem Haar und blauen Augen, mit rassisch idealer Schädelform, Rundung und Festigkeit der Brüste, mit rassisch idealer Hüftbreite, zu denen rassisch auserwählte Samenspender der SS zugelassen wurden, um so eine Auslese der Reinen Rasse, einen Adel des Herrenvolkes zu produzieren? Auf Grund der ästhetischen Vorstellungen und laut Stammbaum hätte das ein neues, gesundes, unverdorbenes Geschlecht der Teutonen werden sollen. Erst die Nachkriegsforschung erwies, daß die Kinder, die in Lebensbornen geboren wurden, größtenteils debil waren..."

„Das kann nicht wahr sein ..."

„Es ist die Wahrheit, Kleine."

„Davon habe ich nie gehört."

„Du hast wohl über manches nie etwas gehört ..."

Du wirst, Kleine, kaum über Ferntrauungen von Frontsoldaten gehört haben. Weißt du, wie viele junge, törichte deutsche Frauen Kriegerwitwen wurden, ehe sie noch ihre Jungfernschaft verloren? Ein Soldat schrieb an die Kriegsheiratsvermittlungsstelle — ich möchte heiraten, ich will, daß jemand an mich denkt, wenn ich mein Leben für den Führer auf dem Altar des Vaterlandes opfere, ich bin so und so, mein Lichtbild liegt bei ... man schickte ihm ebenfalls eine Photographie an die Front, von dem Mädchen, das die Sehnsucht verspürte, einen Helden zu heiraten. Die Ehe wurde oft auf eine Entfernung von tausend Kilometer geschlossen, der Soldat Hans Meier antwortete auf die Frage des Offiziers, ja, er wolle Inge Müller zur Frau nehmen, und Inge Müller erklärte das gleiche vor dem Standesbeamten, und so waren sie Mann und Frau, schmerzlos, mühelos Mann und Frau. In den deutschen Städten lebten Tausende solcher Witwen, Jungfern, Jungfrauwitwen.

Die deutschen Städte waren von fremdländischem Gesindel verseucht, natürlich waren es lästige Ausländer, aber sie waren männlichen Geschlechts, und so unmenschlich und eindeutig brutal auch das Gesetz war, das den Geschlechtsverkehr mit einem Polen, Juden oder Ostarbeiter verbot, kam das immer und immer wieder vor, zuerst wurden die Urteile über die Rassenschänder in der Presse mit saftigen Kommentaren veröffentlicht, aber später ließ man das sein. Darauf stand die Todesstrafe, Kleine, eine deutsche Frau, die mit einem Polen ins Bett ging, beging ein Sexualverbrechen, auf dem für beide Schuldigen ohne Pardon die Todesstrafe stand. Aber Deutschland war erledigt, fertig, Kleine, und manch eine deutsche Frau riskierte lieber für eine Nacht der Wonne den Galgen, als daß sie ständig so allein geblieben wäre. Da half gar nichts, weder Appelle noch ein grausames Gesetz, noch Drohungen, nicht einmal die Urteile. Die Frauen konnten nicht ohne Männer sein, und die deutschen Männer waren fern, an den Fronten, und jene Millionen fremder, gewaltsam ins Reich verschleppter Arbeiter konnten nicht ohne Frauen leben. Sicherlich war das alles abgeschmackt, Kleine. Aber der Krieg ist in keiner seiner Gestalten geschmackvoll. Der deutsche Krieg hat Millionen Schicksale entwurzelt und sie zu einem wahnwitzigen Brei zusammengegossen. Und im Nachtlokal Atlantic, dort traf sich der Bodensatz, der Abschaum dieses Breies.

Im Atlantic spielte kein Mensch Klavier, Kleine, aber das hieß nicht, daß es dort keine Musik gegeben hätte. Dort gab es Musik, eine besondere, wie sie nur dort Heimatrecht erlangen, wie sie nur dort Fuß fassen konnte. Irgendein Lojzík, ein Tscheche, jaulte Abend für Abend auf einer Säge. Auf so einer Holzhackersäge, Kleine, einer großen, mit Riesenzähnen, in der Mitte dick, gegen die Enden zu sich verjüngend. Sicherlich hast du nie so eine Musik gehört, aber vielleicht weißt du, wie eine Holzhackersäge klingt, wenn man sie vibrieren läßt. Dieser Lojzík war ein großer Virtuose, zu einer anderen Zeit und in einer anderen Umgebung hätte er bestimmt ein anderes Instrument verdient, aber ins Atlantic paßte die Säge wie nichts anderes. Er spielte oft tschechische Lieder, die alle singen lernten, auch die Franzosen, auch die Griechen, auch die Dänen. Er spielte auf der Säge *Nám je to jedno, nám je to jedno, my peníze nemáme*, und er spielte auf der Säge *Chaloupky pod horama, wuawuawuawue wuewuewua* und *Nejsmutnější loučení je s mámou, wua wuo wua wuiwui wue wui wui wuo*, und er spielte *Bramborové placky se škvarkama, jaké dělávala moje máma*, das war ein Lied, das genau hingehörte, ins Atlantic, Lojzík mußte es mit seinem Baßgeigenbogen einige Male pro Abend zum Erklingen bringen, und wenn er es zum ersten Male spielte, kam Leben in diese ausgemergelten, grauen Gesichter, und sie grölten es mit, und wenn er es nach Mitternacht zum dritten Male spielte, war es sehr still, und über die Wangen dieser gespensterhaften Menschen rannen Tränen, groß wie Bohnen. *Bramborové placky se škvarkama...* das war das Zuhause, das war ein Traum, das war alles, was sich in ihrem Leben nicht erfüllt hatte, was sie verloren hatten und was niemals wiederkehren würde.

Nach Stalingrad, Kleine, komponierte irgendein Soldat ein Lied, das rasch populär wurde. Goebbels gab ihm das Prädikat „Künstlerisch wertvoll", aber kurz darauf hörte man es gar nicht so gern, die Soldaten sollten es nicht singen, aber sie sangen es, und den Orchestern, die es noch immer spielten, wurde bedeutet, es nicht mehr zu spielen. Lojzík spielte es jeden Abend, stets um Mitternacht strich er mit dem Bogen über die Säge, und wir alle erhoben uns und sangen dieses deutsche Lied, Lojzík spielte es in einem etwas langsameren Zeitmaß, und wenn es aus allen Kehlen drang, klang es wie ein Choral. Tschechen, Serben, Dänen, Franzosen, Polen, Italiener sangen es mit inniger Begeisterung, soviel verstand ein jeder Deutsch, auch wenn er sonst überhaupt nicht Deutsch verstand, *wue wue wue wue wue wue wue es geht alles vorüber, es geht alles vorbei, nach jedem Dezember kommt wieder ein Mai*, und, Kleine, es ist sehr, sehr seltsam, was so ein einziges kleines Liedchen mit den Menschen anzustellen vermag.

Charly ging niemals hin, er war ein bißchen ein Snob, das dort war nicht sein Milieu, doch mir gefiel es, dort ging es lustig zu wie nirgend anderswo, aber das alles war sehr traurig, so viele elende Schicksale, so viele Menschen, die unten durch waren, Menschen, die anders leben wollten und es auch hätten können.

Ich erzählte Luise über das Atlantic, sie bat mich sehr, sie wenigstens ein einziges Mal mitzunehmen, aber ich fürchtete, diese gebleichten Schindmähren würden ihr schon an der Tür die Augen auskratzen, Luise paßte und gehörte so überhaupt und gar nicht dorthin, und dort sah man Menschen nicht gern, die nicht hingehörten, die nicht dazu gehörten, so wie man im Elefanten Leute nicht gern sah, die nicht hingehörten. Luise wollte um jeden Preis hingehen, und ich ließ mich überreden, Kleine, ich nahm sie ins Atlantic mit, ich nahm sie mit, die alten Huren kratzten ihr nicht die Augen aus, wir setzten uns an den Tisch, an dem der Pole saß, der Hemden verachtete, ich weiß nicht, was sich Luise versprochen hatte, dort konnte ihr nichts gefallen, aber da sie das Lokal nun einmal betreten hatte, blieb sie auch.

In dieser Nacht geschah, was noch nie zuvor geschehen war, Kleine. In der Tür erschienen zwei Männer in Ledermänteln, mit Jägerhüten auf den Köpfen, sie blickten sich suchend im Lokal um, alles starrte sie an, alles verstummte, dann gingen die beiden an die Theke und unterhielten sich flüsternd über irgend etwas mit dem Schankwirt, dann drehte sich der eine zu unserem Tisch um, zwinkerte mir zu und zwinkerte noch einmal in Richtung Ausgang, und ich verstand, und ich stand auf, ich sagte Luise, ich sei bald wieder da, und ich ging in den stinkenden Gang hinaus, dort stieß mir der Lederbemantelte den Lauf seiner Pistole in den Bauch und sagte: Keine Dummheiten, und verhalte dich ruhig, als wäre nichts passiert, und er führte mich die Treppe hinauf, und auf der Straße wiederholte er immer wieder, nur keine Dummheiten. Luise blieb allein im Lokal zurück, und ein paar Minuten später heulten die Luftschutzsirenen, über der Stadt erstrahlten Dutzende Christbäume, Leuchtraketen, die die Nacht zum Tag machten, ich sagte zum Gestapomann, es werden Bomben fallen, und er brüllte mich an, marsch weiter, schnell, schneller, und keine Dummheiten ...

„Wer war Luise?"

„Ich habe mit ihr gelebt, Kleine."

„Eine Deutsche?"

„Eine Deutsche."

„So eine wie die Millionen, über die du mir vor einer Weile erzählt hast? Eine Kriegerwitwe?"

„Eine Kriegerwitwe. So eine wie jene Millionen deutscher Frauen."

„Und du warst auch wie jene Millionen, über die du mir erzählt hast?"

„Ich war einer von ihnen."

„Hast du sie geliebt?"

„Ich habe sie geliebt."

„Hast du sie gern gehabt?"

„Ich habe sie gern gehabt, Kleine."

„War sie schön?"

„Mir hat sie gefallen."

„Du hast sie gern gehabt, obwohl sie Deutsche war? Eine von jenen Millionen, über die du mir erzählt hast?"

„Das war eine komplizierte Geschichte."

„Du hast sie nie wiedergesehen, nicht wahr?"

„Nein, Kleine, ich habe sie nie wiedergesehen."

„Gehen wir?"

Ich zahlte, wir erhoben uns und gingen. Auf der Straße bot sie mir ihre Lippen.

„Küßt du mich?"

„Willst du, daß ich dich küsse?"

„Alle wollen es immer."

„Auch ich will es, Kleine."

Ich küßte ihre kühlen, feuchten Lippen.

„Du hast einen Mund wie eine Himbeere."

„Mein Vater war Kriegsverbrecher."

„Du bist viel zu ernst, Kleine."

„Meinen Vater haben die Engländer gehenkt."

„Du gefällst mir, Kleine."

„Sag mir, war er einer? War er ein Kriegsverbrecher?"

„Ich weiß es nicht. Ich weiß nichts über deinen Vater."

„Er hat ein paar gefangene englische Flieger umgebracht. Er hat sie gemartert. Er hat die Hunde auf sie gehetzt. Aber du warst hier in jener Nacht. Sag, war er einer? Möglich, daß er nicht richtig gehandelt hat, aber war er wirklich ein Verbrecher? Wenn er, sagen wir, wenn er gehört hat, was hier geschehen ist . . ."

„Es ist schon spät, Kleine."

„Red nicht herum. Weich mir nicht aus. Du hast diese Nacht überlebt. Sag, war er einer?"

„Er hat Gefangene gemartert, er hat die Hunde auf sie gehetzt, ein paar hat er umgebracht. Dein Vater war ein Kriegsverbrecher, Kleine."

„Willst du mir das erklären?"

„Weshalb sollte ich dir das erklären? Frag doch die Deutschen."

„Die Deutschen habe ich bereits gefragt. Aber die Deutschen haben heutzutage auf jede solche Frage hundert Antworten. Und du hast das hier alles aus der Nähe gesehen."

Ich wollte ihr sagen — du gefällst mir, Kleine. Du bist ein bißchen zart, aber schön geformt, du hast schöne Beine, trägst eine kleine Schuhnummer, hast eine zarte Hüfte und duftende schwarze Haare, ein kleines Näschen und tiefe, ernste schwarze Augen und einen schmalen Hals und schöne, gepflegte Hände und es ist Nacht, und wir gehen nebeneinander einher, und seit jener Zeit sind schon viele Jahre vergangen, und du bist damals noch nicht einmal auf der Welt gewesen . . .

„Hast du einen Freund, Kleine?"

„Ja. In Hamburg."

„Hamburg ist weit."

„Das weiß ich. Wahrscheinlich machen wir bald Schluß."

„Das hättest du schon vorher wissen können."

„Ich habe es gewußt. Ich konnte nicht anders. Verstehst du mich denn nicht? Das ist für mich wichtiger als alles andere. Ich will wissen, wer ich bin, was ich bin. Mein Freund redete immerfort von Kindern, und mich packte dabei das Grauen. Was hätte ich einem Sohn antworten können, der mich gefragt hätte, Mutter, warum haben andere Kinder einen Opa? Und mein eigenes Leben? Ich bin mit meinem Freund tanzen gegangen, es war herrlich, mit ihm zu tanzen, aber manchmal packte es mich mitten im Tanz — du tanzt hier, und dein Vater wurde gehenkt ... es riß mich aus dem Schlaf, ich vermag es weder durch Arbeit noch durch irgend etwas anderes zu verscheuchen. Einen Mann lieben? Lieben ist gut, manchmal ist das so wunderbar, aber selbst dabei kann ich nicht vergessen, ich habe Angst, besonders am Tag danach habe ich Angst. Sag, kann man so leben?"

„Viele leben mit einem noch viel böseren Bewußtsein."

„Ich mag nicht. Ich mag nicht, verstehst du? Ich mag nicht. Deutschland ist für mich gerade deshalb unerträglich. Das eine wie das andere. Und dort, jenseits der Grenze, haben die Leute für alles Hunderte verschiedene Erklärungen, und mir schwirrten alle im Kopf herum, einmal die eine, dann wieder die andere. Also, sag ... so sag doch ..."

„Ich kann dir nicht helfen, Kleine. Da bist du allein. Niemand kann dir helfen, auch ich nicht."

„Aber du hast das hier erlebt und aus der Nähe gesehen. Waren alle so? Alle? Hat sich niemand gefunden, der ihnen die Wahrheit ins Gesicht geschrien hätte, der sich dagegen aufgelehnt hätte?"

„Es gab auch solche, Kleine. Es gab solche, obwohl sie wußten, was sie erwartete."

„Ja, die Emigranten."

„Ich meine nicht die Emigranten, die hatten es vielleicht leichter, vielleicht schwerer. Aber es gab auch in Deutschland Menschen, die aus Protest in den Tod gingen."

„Hast du solche gekannt? Hast du wenigstens einen getroffen?"

„Ich kannte mehrere."

„Und dich ekelt es nicht vor mir?"

Du lieber Himmel, die setzte einem zu! Was weiß ich? „Sag! So red doch! Ekelt es dich vor mir? Würdest du mit mir ins Bett gehen, da du jetzt weißt, wer ich bin? Könntest du mich lieben?"

„Ich weiß es nicht, Kleine."

„Ich danke dir, das war sehr aufrichtig. Es hat keinen Sinn, sich etwas vorzumachen. Das könntest du gar nicht. Du könntest meinen Körper nicht streicheln, ständig ginge es dir im Kopf herum — sie ist die Tochter eines Kriegsverbrechers . . . sie ist die Tochter eines Kriegsverbrechers . . . das kann man nicht vergessen, nicht verzeihen, nicht wahr? Das ist doch stärker als Liebe, als alles, nicht?"

Wir waren zu der düsteren Ruine inmitten der öden Fläche gelangt, sie stand schwarz gegen das finstere Firmament wie das Bild des Grauens, gemalt von einem wahnsinnigen Künstler. Der Mond trat für ein Weilchen hinter den Wolken hervor und leuchtete durch ein ausgebranntes Fenster des Gefängnisses. Mich überlief es kalt vor Entsetzen. Sie auch. Sie so sehr, daß sie hysterisch zu schreien begann:

„Was sind wir? Ein verfluchtes Volk? Ein Volk der Sadisten? Gab es hier Menschen? Jene, die hier die Sträflinge prügelten, jene, die sie zum Tode verurteilten, jene, die sie bewachten, jene, die ihnen die Köpfe abschlugen? Kann sich ein Volk nur aus lauter solchen Kreaturen zusammensetzen? Aus Bestien? Vermag man, nicht daran zu denken? Kann ich das einfach ignorieren, ich? Mein Vater wurde gehenkt. Vielleicht zu Recht, aber er war mein Vater. Und wodurch bin ich schuldig geworden? Sag, vermag das die Welt jemals zu vergessen? Vermagst du es zu vergessen?"

„Ich nicht, Kleine, und meinesgleichen ebenfalls nicht. Ich bin voreingenommen, befangen. Wenn ich einem Deutschen begegne, einem Deutschen in meinem Alter, setze ich ihm augenblicklich den Helm auf. Ich prüfe, wie ihm das Feldgrau steht oder die schwarze Uniform, ich sortiere: Feldwebel, Oberst, Sturmführer, Oberscharführer, ich sehe ihn, wie er mit seinen Stiefeln über Felder stampft, über Landstraßen, über die Leiber und Antlitze Europas, wie er marschiert, wie er im okkupierten Prag Schlechatschka, Schlechatschka — Schlagsahne — schreit, wie er in den Weinkellern Burgunds kotzt, wie er mit einem weiten Blick seinen künftigen Gutsbesitz am Kuban abschätzt. Heute tragen alle schneeweiße Hemden."

„War das wirklich ganz so schlimm?"

„Es war noch schlimmer, Kleine."

„Hast du wenigstens jemanden gekannt, einen einzigen, der anders war?"

„Das hast du mich bereits gefragt. Ja, ich habe welche gekannt. Mehrere."

„Aber vergeben vermag man das nicht, nicht wahr? Du kannst es nicht? In deinen Augen sind wir Deutschen alle gleich, eine Drachenbrut? Was würdest du tun, wenn du jetzt, hier jemanden von jenen träfest, die dich geschlagen haben? Könntest du mit der Hand abwinken, das ist schon so lange her?! Was hast du überhaupt nach dem Zusammenbruch Deutschlands gemacht? Hast du dich nicht gerächt?"

„Ich habe mich nicht gerächt, Kleine. Ich suchte, ich verfolgte Kriegsverbrecher, aber das war keine Rache. Und ich habe es sehr bald sein lassen. Ich eignete mich nicht für eine solche Arbeit."

„Weshalb? Warst du sentimental? Weich? Wolltest du nicht auf Menschenjagd gehen?"

„Nein, Kleine. Nicht deshalb."

„Weshalb also? Die Deutschen waren fertig, in Löcher verkrochen, das war eure Zeit, die Zeit der Sieger. Die Deutschen waren entrechtet, ihr konntet mit ihnen machen, was ihr wolltet. Hat dir das nicht gefallen?"

„Die Deutschen, Kleine, haben nicht einmal einen Bruchteil von dem erlitten, was sie über die ganze Welt gebracht haben."

„Trotz dieser Stadt? Trotz des Nürnberger Prozesses? Trotz allem, was die Russen mit ihnen gemacht haben, die Engländer, die Amerikaner, im Krieg und nach dem Krieg?"

„Trotz alldem, Kleine. Wenn die Russen Gleiches mit Gleichem hätten vergelten wollen — stell dir das einmal vor!"

„Aber du sagst, daß du nicht konntest, daß du nicht wolltest, daß du dich dazu nicht geeignet hast. Weshalb?"

„Ich wollte lediglich einem einzigen Menschen begegnen . . ."

Ich hob eine Grube aus, Kleine. Eine tiefe Grube in fettem Lehm. Ich wußte nicht, wozu diese Grube sein sollte, aber ich grub, ich mußte graben. Sie war schon tief, selbst wenn ich mich reckte, sah ich nicht über den Rand hinaus. Der fette, orangegelbe Lehm klebte auf meinem Spaten, jeden Augenblick mußte ich ihn mit einem scharfen Stein abkratzen. Die Grube wurde immer tiefer, an ihren Rändern häufte sich der Lehm, es wurde immer schwerer, den Lehm hinauszuwerfen, er fiel zu mir zurück und riß weitere Schollen mit, er fiel mir ins Haar, aufs Hemd. Ich hob den Boden aus und grub tiefer, immer tiefer. Manchmal streckte ich mein Kreuz, atmete tief Luft ein, oder ich stützte mein Kinn auf den Spaten. So verschnauft man am besten, wenn man eine Grube gräbt.

So stand ich da, verschnaufte, das Kinn auf den Spaten gestützt, der senkrecht in den Boden gestochen war. Vielleicht dachte ich an irgend etwas, vielleicht auch an gar nichts. Oben löste sich ein Stück Erdreich und fiel auf mich. Das passiert einem öfter, wenn man tief in einer Grube gräbt. Ich fluchte und schaute hinauf.

Ich sah Stiefel, Kleine. Schwarze, glänzende, breitbeinig dastehende Stiefel. Ich erstarrte. Mein Herz stockte für einen Augenblick, dann begann es wie toll zu pochen. Schnell packte ich den Spaten, ich wollte graben, graben, ich wollte nur graben, nichts anderes, der Spaten war plötzlich alles auf der Welt. Irgendwo hoch über mir protzten breitbeinig dastehende Stiefel, schwarz, glänzend, ungeheure Stiefel, kosmische Stiefel, breitbeinig über Leben und Tod stehend, über allem und nichts, über der Ewigkeit und dem Augenblick.

Die Juden haben für ihren Gott eine besondere Bezeichnung, die etwa so lautet — jener, dessen Namen du nicht nennen darfst. Solche Stiefel waren das.

Sie hatten Beine. Sie hatten Arme. Sie hatten Rumpf und Kopf und auf dem Kopf eine Mütze mit dem Totenkopf. Sie waren die letzte Instanz, das Jüngste Gericht und die Letzte Verdammnis. Es gab keine Berufung gegen sie.

Die Stiefel dröhnten mit göttlicher Donnerstimme.

Die Stiefel befahlen — marsch 'raus!

Ich wollte hinausspringen. Ich wollte aus der Grube kriechen, die ich ausgehoben hatte. Die Beine versagten, und die Hände versagten ebenfalls, ich klammerte mich an den Grubenrand und wollte mich auf den Beinen aufrichten, aber ich rutschte zurück, fiel auf den Rücken, streckte mich der Länge nach in der Grube aus.

Die Stiefel grölten mit göttlichem Gegröle. Die Stiefel bellten:

„Scheißkerl."

Scheißkerl war dort ein gutes Wort. Fast lieb, fast zärtlich. Scheißkerl war so ein prima Wort, daß es die Kraft in meine Beine und Arme zurückkehren ließ. Ich kroch aus der Grube. Die Stiefel hießen Obersturmführer Heinkiss. Ich pflanzte mich vor ihm auf, wie es Vorschrift war. Ich wartete. Nichts anderes blieb mir übrig, aber ich fürchtete nun nicht mehr das Allerschlimmste, denn die Stiefel hatten gesagt —

77

Scheißkerl. Das bedeutete, daß sie guter Laune waren. Sie mochten sich angenehm, gründlich ausgeschlafen haben.

„Du redest viel...", bellten die Stiefel. Ich tat so ahnungslos und unschuldig, wie ich es nur vermochte. Nur mein Adamsapfel krampfte sich ein bißchen zusammen und rutschte ein Stückchen höher.

„Du redest viel...", wiederholten die Stiefel, „reden ist ungesund."

Ich wußte nicht, was sie meinten. Ich stand da und starrte den Glanz der Stiefel an.

„Jetzt weißt du von nichts, was? Ihr seid alle Unschulds-lämmlein, niemand weiß etwas... aber ich weiß, was für ein Pfiffikus du bist. Alle seid ihr Pfiffikusse, aber du bist ein Pfiffikus, der überdies auch noch viel redet."

Es klang freundlich. Aber auch mit Freundlichkeit hatte man seine Erfahrungen. Auch die Katze ist vergnügt, wenn sie eine Maus fängt. Ich stand wie eine Kerze da, aber im Inneren wand ich mich wie ein Regenwurm im Schnabel einer Drossel.

„Jetzt hast du die Sprache verloren, was?" bellten die Stiefel. „Du bist stumm wie ein Fisch. Wenn du mit diesem Gesindel zusammenhockst, dann plusterst du dich, dann weißt du alles besser, aber jetzt, jetzt ist dir die Zunge er-starrt. Wiederhole es! Sag es mir! Mir wirst du jetzt sagen, was du in der Baracke redest!"

In der Stube ist ein Spitzel, ging es mir durch den Kopf. Aber das war egal, jetzt war schon alles egal, diese Stiefel würden mich zermalmen, hier, auf der Stelle, sie würden mir das Gesicht zertrampeln, die Rippen brechen, die Zähne ein-schlagen, die Genitalien zerquetschen.

„Na? Wird es?"

Ich weiß nicht, was in mich gefahren war.

„Ihr habt den Krieg verloren...", drang es aus mir, ehe ich es noch in mir unterdrücken konnte.

Die Stiefel erstarrten. Der rechte bewegte sich fast unmerklich. Den Stiefeln schien es, als hätten sie nicht recht gehört. Die Stiefel begannen zu grinsen.

„Sag das noch einmal."

Ich sagte es. Was blieb mir sonst übrig? So und so würden sie mich zertreten, weshalb sollte ich es nicht wiederholen?

„Ihr habt Rußland überfallen, Herr Obersturmführer. Ihr habt den Krieg verloren."

Die Stiefel holten zu einem fürchterlichen ersten Tritt aus, gegen den es keine Berufung gab. Der rechte schwang nach hinten aus, um härter treffen zu können. Und er verharrte so, in der Luft, ein Weilchen blieb er so und kehrte dann zum linken zurück. Die Stiefel begannen zu lachen. Zu grölen ... Sie lachten, hielten sich den Bauch, lachten Tränen.

„Du bist ...", piepsten sie zwischen dem Lachen, „ein Trottel. Du bist ein Trottel und ein Narr. Hast du gestern beim Appell nicht gehört, daß die Rote Armee nicht mehr existiert? Sie ist zerschlagen, aufgerieben, sie ist kein homogenes Ganzes mehr, ihre Stärke ist für alle Zeiten gebrochen, ehe ein Monat um ist, werden wir über den Roten Platz marschieren."

Die Stiefel verblüfften mich. Sie werden mich zertrampeln, das stand fest, aber vorläufig waren sie gnädig gestimmt, großzügig, und ich vermochte jenen ersten fürchterlichen Tritt, gegen den es keine Berufung gab, noch hinauszuschieben, wenigstens für ein Weilchen hinauszuschieben.

„Und wenn nicht, Herr Obersturmführer? Was, wenn ihr Moskau nicht erobert?"

Ich weiß nicht, wo ich so viel Kraft hernahm, den Stiefeln in die Augen zu schauen. Sie hörten auf zu lachen. Aber ich hielt ihrem furchtbaren Blick stand, ich wich nicht aus. Ich sah, wie sie sich mit irgend etwas beschäftigten, woran sie nicht einmal zu denken wagten. Mit irgendeiner Idee, einer absurden, lächerlichen, unmöglichen. Ich sah, wie unterdrückter Zorn in ihnen brodelte. Sie unterdrückten den Zorn. Sie sagten:

„Kommen Sie!"

Und dann erstarrte ich noch mehr. Die Stiefel hielten mir ein Päckchen Zigaretten entgegen.

„Steck dir eine an", sagten sie ruhig.

Gierig griff ich nach der Zigarette, vielleicht der letzten in meinem Leben. Die Stiefel gingen in ihrer Liebenswürdigkeit fast zu weit. Sie hielten mir das Feuerzeug unter die Nase. Ich sog den blaßblauen Rauch in mich und atmete den grauen aus. Das nahm ich wahr. Der Rauch entwich der Zigarette bläulich, dem Mund grau. In der Lunge verbindet er sich wohl zu Kohlendioxyd und verändert seine Substanz. Ich rauchte hastig, gierig, durch Mund und Nase und Gurgel und Lunge, ich rauchte mit allem, mit allen Poren, mit jedem Fingernagel, jedes Haar erbebte vor Wonne, ich fühlte mich herrlich. Die Stiefel beobachteten mein Rauchen mit wohlwollendem Vergnügen.

„Man sollte dich photographieren, für eine Zigarettenreklame...", sagten sie fast freundschaftlich. Dann zogen sie ein Päckchen Zigaretten aus der Tasche, schwarzer, grober Zigaretten, in roter Packung mit aufgedruckter schwarzer Hand, sie hießen Rothhändle.

„Steck das ein", befahlen mir die Stiefel. „Aber daß dich niemand erwischt! Zündhölzer hast du, alle habt ihr Zündhölzer, ihr Sauhunde, ihr Schmierfinken, glaubt ja nicht, daß wir so stumpfsinnig sind, wie es euch erscheint. Wir wissen alles, nichts entgeht uns!"

Ich begriff gar nichts. Das war doch nicht möglich. Aber ich war ständig auf der Lauer. Damit konnte das hier doch nicht enden...

Die Stiefel beobachteten mich belustigt.

„Du bist frech. Du bist so dreist, daß du mir sogar gefällst."

Ich gab mich ganz gleichgültig, aber ich mußte meinen ganzen Willen aufbringen, damit mir die Knie nicht einknickten. Die Stiefel amüsierten sich über mich.

„Wärst du mit einem kleinen Abkommen einverstanden?"
Also doch. Nun kam es also doch. Ich tat so, als begriffe ich nicht. Was für ein Abkommen konnte schon ich mit ihm schließen? Ich mit ihm!

„Ein Abkommen. Du weißt doch, was das ist, ein Abkommen? Eine Vereinbarung? Ein Kontrakt", sagte er süßlich. „Du behauptest, daß wir Moskau nicht erobern werden."

„Ich habe lediglich gewagt, meinen Zweifel zu äußern, Herr Obersturmführer. Ich habe das mit einem Fragezeichen ausgesprochen, bedingt."

„In der Baracke, du Schmierfink du, hast du das ganz ohne Fragezeichen ausgesprochen. Dort hast du das sehr bestimmt behauptet, kategorisch. Und jetzt red nicht so blöd herum. Also was? Schließen wir ein Abkommen, ja oder nein?"

„Ich weiß nicht, was Sie meinen, Herr Obersturmführer."

„Ich denke da an so ein kleines, lustiges Abkommen. Am Tag, da unsere Soldaten über den Roten Platz defilieren werden, werfe ich dich den Säuen im Lagerkotter zum Fraß vor."

Da fühlte ich, Kleine, wie mir das Blut aus dem Antlitz wich . . .

„Das konnte er doch nicht im Ernst gemeint haben!"

„Und ob! Er hat das ganz ernst gemeint. Und ich überlegte, ob ich mich nicht lieber auf der Stelle zertrampeln lassen sollte. Sie konnten Moskau erobern, Kleine, alles sprach dafür, daß sie es erobern würden. Aber ich faßte mich. Schlimmer konnte es nicht mehr werden, und das gibt dem Verzweifelten immer Sicherheit und Mut."

„Das ist kein Abkommen, Herr Obersturmführer", sagte ich herausfordernd, obwohl ich ein unangenehmes Kribbeln im Magen spürte.

Die Stiefel erstarrten ob meiner Verwegenheit.

„Du bist unverschämt!"

„Vielleicht. Vielleicht bin ich unverschämt, aber das ist wirklich alles andere als ein Abkommen. Eigentlich, wenn man das so auf gut deutsch auffassen will . . ."

Die Stiefel hatten Augen, Kleine. In ihnen begann ein gefährlicher Schimmer zu leuchten.

„Wie meinst du das?"

„Genau so, Herr Obersturmführer. Sie wollen mit mir ein Abkommen über meinen Tod im Saustall schließen, wenn ihr Moskau erobert, aber Sie schweigen sich darüber aus, was sein soll, falls ihr Moskau nicht erobert."

Der gefährliche Schimmer in den Augen erlosch. Er machte Spott Platz.

„Du bildest dir wohl sehr viel auf deine Schläue ein, wie?"

„Ich wollte Sie nur darauf aufmerksam machen, daß das kein Abkommen ist. Es ist eine ganz einseitige Sache."

„Du redest herum wie ein Judenbengel."

„Sie haben gesagt — den Schweinen vorwerfen. Wenn ihr Moskau erobert, werfen Sie mich den Schweinen vor, mögen mich diese bei lebendigem Leib fressen, alle Sträflinge werden es sehen, alle werden mein Schreien hören. Und eine Woche später veranstaltet ihr für sie einen herrlichen Sautanz. Damit soll ich einverstanden sein. Aber was geschieht, falls ihr Moskau nicht erobert?"

Er dachte nach. Offenbar begann ihn, wenn man das so nennen kann, die rechtliche Seite des Streitfalles zu interessieren.

„Sie werden nun sagen — in diesem Fall werfe ich dich nicht den Schweinen vor. In diesem Fall zertrete, erschieße ich dich. Aber das können Sie doch wann immer tun. Was ändert sich dadurch für mich? Nichts. Oder ein anderer Obersturmführer läßt es sich einfallen, daß er mich bei einer anderen Gelegenheit, aus einem anderen Grund oder ganz ohne Grund, nur so zum Spaß, den Schweinen zum Fraß vorwirft. Ich weiß, daß ich keinerlei Bedingungen stellen darf, wir sind keine Partner, ich bin ganz und gar in Ihrer Gewalt. Aber nennen Sie dann so etwas nicht Abkommen, Kontrakt, Vereinbarung."

Die Stiefel überlegten. Offenbar war das ein Problem, ein größeres, als es ihnen zunächst hatte scheinen mögen. Die Stiefel dachten nach — wenn wir Moskau erobern, wird das für mich ein Freudentag sein. Vor Freude über den gewonnenen Krieg und wegen der Wette werfe ich diesen Schmierfinken den Schweinen vor. Seine Äußerung ist dumm, dreist, absurd, aber sie ist da, dieser Scheißkerl ist nicht so dumm, er hat mich festgenagelt. Na also, was, wenn wir Moskau nicht erobern ... Wenn wir Moskau nicht erobern sollten, dann hätte diese Wanze hier recht. Moskau nicht erobern ... das ist doch undenkbar, daran darf man gar nicht denken, das wäre entsetzlich! Das würde zu grauenhaften, unvorstellbaren Folgen führen. Und dafür soll ich diese freche Laus schonen?

„Nichts da!" begannen die Stiefel zu brüllen. „Du bist erledigt. Und du kannst selbst wählen. Entweder gleich oder in einem Monat. Wenn eintreten sollte, woran du glaubst, wenn, woran auch nur zu denken lächerlich ist, es so kommen sollte, wie du es dir wünschst, dann hast du noch immer die Hoffnung zu überleben. An deiner Situation ändert sich nichts. Du hast keinerlei Recht, Bedingungen zu stellen. Du hast was ausgefressen, du hast geredet, du hast Falschmeldungen verbreitet, du hast gehetzt. Und ich biete dir einen Ausweg an. Es ist ein Ausweg. Von meiner Seite ist das ein großzügiges Angebot. Nach den Vorschriften müßte ich dich heute abend beim Appell vortreten lassen und zum Kommandanten bringen. Du weißt doch sehr genau, was das bedeutet."

Er hatte recht. Ja, eigentlich hatte er recht. Nach den Vorschriften hätte er mich beim Appell vortreten und zum Kommandanten bringen müssen, und das war dann vielleicht ärger als der Tod im Schweinestall. Eigentlich bot er mir eine

Möglichkeit. Es war eine elende Möglichkeit. Sie konnten Moskau erobern, sie würden es vielleicht erobern. Wenn nicht, so hatte er seine Vorschriften übertreten. Gut. Aber da gab es noch eine Unklarheit.

„Was geschieht mit mir, wenn ihr Moskau nicht erobert?"

„Wir erobern Moskau. Wir haben es ja schon. Aber gut, du sollst deinen Willen haben. Dann wirst du leben."

„Würden Sie mich dann nicht den Schweinen vorwerfen?"

„Nein."

„Und würden Sie mich auch nicht beim Appell zum Kommandanten bringen? Am Tag, an dem ihr Moskau nicht erobert?"

„Allmählich beginnst du mich zu langweilen. Also gut. Am Tag, an dem wir Moskau nicht erobern, bringe ich dich nicht zum Kommandanten. Genügt das?"

Was blieb mir übrig? Ich antwortete:

„Gut, Herr Obersturmführer."

Fast hätte er mir vor Freude die Hand gereicht. Offenbar liebte er Wetten. Es war, von seinem Standpunkt aus, eine herrliche Wette. Ein Heidenspaß in seinem Dienst. Etwas anderes, ganz anderes als die obligaten Späße. Zufrieden ging er von dannen. Noch einmal drehte er sich um und rief mir vergnügt zu, als spräche er von irgendeiner Gnade:

„Du wirst im Kotter enden. Aber laß dich bis dahin nicht beim Rauchen erwischen!"

Ich blickte ihm nach, bis er hinter einem Hügel verschwunden war. Ich sprang in die Grube. Ich zog das Päckchen aus der Tasche, das er mir gegeben hatte. Es war fast voll. Ich war ein Krösus, ein richtiger Krösus, ich war der reichste Mensch auf der Welt. Ich zog eine Rothhändle heraus, spaltete mit einer Stecknadel ein Zündholz in zwei Hälften, behutsam, um nicht das Köpfchen zu zerdrücken, vorsichtig strich ich es an. Ich rauchte. Gierig. Die Zigarette kratzte im Hals, sie bereitete mir fast Schmerzen in der Luftröhre. Bei euch werden sie nun wieder erzeugt, und ich habe seit jener

Zeit alles mögliche geraucht. Es ist die stärkste Zigarette, die ich kenne.

Ich betäubte mich. Ich wollte nicht nachdenken, ich wollte an überhaupt nichts denken, ich verscheuchte das Gespenst, dem ich auf keinerlei Weise entrinnen konnte, ich wollte nicht an das Grauen denken, das mich da erwartete.

„Hast du Angst gehabt?"

„Sehr."

„Es muß schrecklich gewesen sein."

„Das war es, Kleine."

„Aber Moskau haben sie nicht erobert."

„Nein. Sie haben Moskau nicht erobert."

„Hätte er dich den Schweinen vorgeworfen?"

„Siehst du, darauf weiß ich dir nicht zu antworten. Ich weiß es nicht. Ich weiß nicht, ob er es getan hätte."

Witebst. Smolensk. Rschew. Kaluga. Wjasma. Moschajsk. Oben schlossen sie Leningrad ein. Unten eroberten sie Odessa. Kiew war schon früher gefallen. Sie drängten auf die Krim vor. Würde sie nichts zum Stehen bringen? Gab es nicht die Gewalt, die ihnen hätte trotzen können? Die Lautsprecher grölten trunken die Siegesmeldungen in die Welt. Nichts als Siege. Über ihre Wahrhaftigkeit konnte kein Zweifel bestehen. Ich lebte in panischer Angst, in immer tieferer Hoffnungslosigkeit.

Diese Stiefel hatten jeden dritten Tag bei unserer Formation Wachdienst. Jeden dritten Tag kamen sie sich an meiner Angst weiden.

„Witebst", sagten sie.

„Smolensk", sagten sie.

„Wjasma", sagten sie.

„Moschajsk", sagten sie.

Ich ließ den Kopf immer tiefer sinken. Es waren Pestnachrichten. Laut, weitschweifig, vergnügt und selbstbewußt analysierte der Obersturmführer vor mir die Nachrichten von der Front. Wie beim Bier in der Schenke. Wenn uns jemand beobachtet, gehört hätte, er hätte sich sehr gewundert. Der Obersturmführer war freundschaftlich, heiter, er brachte mir Zigaretten, immer trug er mir auf, mich beim Rauchen ja nicht erwischen zu lassen. Nach dem Fall von Smolensk fragte er mich spöttisch — möchtest du die Wette nicht annullieren? Wenn du willst, kannst du es dir überlegen.

Für mich gab es nichts zu überlegen. Ich aß kaum mehr. Mit Entsetzen blickte ich jeweils dem dritten Tag entgegen, da er sich belustigt über meine Grube beugen und mir einen neuen unbekannten Namen einer neuen unbekannten Stadt nennen würde. Sie wälzten sich Moskau entgegen, das stand fest. Ich versuchte Haltung zu bewahren, aber in mir war eine Panik, eine tierische Angst. Ich schwieg nicht, ich widersprach seinen Hiobsbotschaften, aber das war vergeblich, auf meine Frage, was das die Deutschen koste, zählte er mir belustigt wie am Schnürchen die Höhe der Verluste der Roten Armee auf. Es waren für mich keine neuen Nachrichten, die Lagerlautsprecher verkündeten sie jeden Abend, aber aus seinem Munde klangen sie anders.

„Die Russen sind fertig. Erledigt . . .“, jubelte er. Und ich mußte mich den Tatsachen beugen.

Dann brachen schreckliche Tage an.

„Wolokolamsk . . .“, sagte er. „Wolokolamsk ist eine Vorstadt von Moskau.“

„Die Eroberung von Moskau bedeutet noch gar nichts . . .“, wandte ich kühl ein.

„Doch. Sie bedeutet etwas. Auch für dich . . .“

Meine Nerven gingen mir durch. Ich fiel auf den gefrorenen Boden nieder, bohrte meine Nägel in den harten Boden. Ich begann zu weinen, furchtbar, unaufhaltsam, böse.

„Ich will so nicht sterben ... ich will nicht ...", schrie ich, „ich will so nicht sterben ... erschlagen Sie mich sofort ... bringen Sie mich zum Kommandanten ... machen Sie endlich Schluß ... quälen Sie mich nicht, ich kann nicht mehr, ich mag nicht mehr ... Seien Sie ein bißchen Mensch ... erschießen Sie mich ..."

Ich fühlte, wie er mir auf die Schulter klopfte.

„Steh auf ...", sagte er sanft. Ich wollte nicht aufstehen, ich wollte überhaupt nichts. Ich fühlte einen bösen Schmerz in den Weichen. Er hatte mir einen Tritt gegeben. Ich hörte, wie er schrie:

„Steh auf, du Schwein!"

Nur mit Mühe erhob ich mich vom Boden. In seinen Augen stand der Tod. Er schlug mich mit einem fürchterlichen Haken zu Boden, ich fiel auf den Rücken, blieb mit weit ausgestreckten Armen liegen.

„Steh auf ...", sagte er streng.

Irgendwie stand ich auf. Im Mund schmeckte ich süßlich das Blut. Der Obersturmführer atmete schwer.

„Man hat es schwer mit dir ...", sagte er keuchend. Ich stand demütig vor ihm, zu Tode erschrocken. Ich sah, wie er innerlich um einen Entschluß rang, ob er mich zertreten solle oder nicht. Ich blickte mich um, ob es für mich eine Fluchtmöglichkeit gab. Es gab keine. Ich war das Tier in der Falle. Ohne Willen, sich zu retten, sogar der Selbsterhaltungstrieb versagte bereits.

Er aber sagte:

„Vergiß es."

Zunächst begriff ich gar nicht, was er damit meinte. Ich war weder eines Gedankens fähig noch eines Wortes, noch eines Reflexes. Alles war aus mir gewichen. Er mußte mir helfen.

„Ich meine die Wette ..."

Irgend etwas durchzuckte mich vom Kopf bis in die Zehen. Eine Hoffnung. Eine verrückte, unwirkliche, wilde, tierische

87

Hoffnung. Das meint der da doch nicht ernst, hämmerte es in meinem Kopf.

Es war stärker als ich, stärker als alles.

„Herr Obersturmführer ... ich bitte Sie, Herr Obersturmführer ...", wiederholte ich immer wieder, „Herr Obersturmführer ... Herr Obersturmführer ..."

Seine Stimme klang, als käme sie aus weiter Ferne.

„Hör auf mit dem Blödsinn. Aufstehen und Schluß damit!"

Er hob mich auf. Er schüttelte mich.

„Was ist denn los mit dir?"

„Die Nerven ...", lallte ich. „Entschuldigen Sie ... die Nerven ..."

Ich blickte ihm scheu in die Augen. Er hielt mir nicht stand, senkte den Blick.

„Und jetzt rauchen wir eine, ja?" sagte er ruhig.

Die Zigarette ließ mein Zittern verebben. Sie beruhigte mich. Ihn offenbar auch, er atmete nicht mehr so stoßweise. Er lächelte.

„Um ein Haar wärst du dran gewesen, du Mistfink."

Ich hatte ihn in diesem Augenblick gern, Kleine, wie ein gezähmtes Pferd seinen Reiter gern hat. Er hatte mich gezähmt. Er hatte meinen Widerstand zertrampelt, meinen Willen. Ich hätte ihm wohl die Hand geleckt, wenn er sie mir entgegengestreckt hätte.

Wir rauchten wortlos zu Ende. Dann warf er das angebrochene Päckchen Rothhändle auf den Boden. Er ging. Noch einmal drehte er sich um und rief mir zu — laß dich nicht erwischen, du Scheiße! Und mir traten noch einmal die Tränen in die Augen.

Am Abend brüllten die vom Sieg heiseren Lautsprecher, daß die deutsche Artillerie ihre Geschütze auf den Stadtkern von Moskau gerichtet habe ...

„Er hat doch etwas Menschliches gehabt."
„Wart nur, Kleine, das ist noch nicht alles . . ."

Am nächsten Tag begannen die Sträflinge zu tuscheln . . . es
hieß, die Deutschen wichen zurück . . . Solche Gerüchte konnten nur mit allergrößter Reserve aufgenommen werden. Der
Wunsch war hier allzuoft der Vater des Gedankens. Die
Deutschen waren im Laufe von jeweils zwei Monaten fast
regelmäßig fertig, bezwungen, sie lagen auf den Schultern.
Ohne diese Illusionen hätte man das Leben überhaupt nicht
ertragen können. Ähnliche nicht existierende deutsche Niederlagen und Rückzüge hatte es vorher allzu viele gegeben,
als daß man daran hätte glauben können. Ich fürchtete mich
vor dem Abend. Ich fürchtete mich vor den Lautsprechern.
Für uns dort war das Wort Moskau nicht die Bezeichnung
irgendeiner sehr fernen, sehr großen Stadt, für uns vereinig-
ten sich alle Begriffe zu zwei fundamentalen — Leben und
Tod. Moskau war so ein Begriff. Dem Obersturmführer
konnte ich entgegenhalten, daß Moskau nicht alles sei, mich
selbst durfte ich damit nicht trösten, ich konnte es nicht,
Illusionen und Legenden waren notwendig, um sich selbst
zu erhalten, aber das hatte seine Grenzen. Zwei Arten von
Menschen hielten dort nicht durch, Kleine. Die allzu skepti-
schen und die allzu naiven.
Doch am Abend vor dem Appell begannen die Lautsprecher nicht zu brüllen. Sie blieben stumm. Und die SS-
Leute waren wie die Wespen. Nervös, gereizt. Das mußte
etwas bedeuten, und es bedeutete auch etwas. Der Lagerfunk
verstummte für lange Zeit, bis zur Sommeroffensive. Moskau
war das Leben, nicht der Tod . . .
Er kam. Er kam wie immer. Er sagte mir — sie weichen
zurück . . . seine Stimme war besorgt, unsicher. Wie konnte

das geschehen sein? Wie war es möglich, vor einer total vernichteten, zerschlagenen, nicht existierenden Armee zurückzuweichen?

Ich nahm mir vor, vorsichtig zu sein, ich durfte mich zu keinerlei Polemik hinreißen lassen. Drei Tage zuvor war er noch der Sieger gewesen. Jetzt war er gereizt.

„Die Russen haben uns die ganze Zeit an der Nase herumgeführt...", beklagte er sich. Ich jubelte im Geiste. Wenn es bereits so weit war, daß ein SS-Mann zu solchen Kommentaren Zuflucht suchte, so war das nicht nur eine lokale Niederlage, da mußte etwas Ernsteres geschehen sein. Welch verdammte Bande! Sie hatten es gewagt, die Deutschen und den Führer zu täuschen, sie waren nicht gewillt, sich den Schweinen vorwerfen zu lassen! Am liebsten hätte ich laut geschrien — der Blitzkrieg ist aus, Herr Obersturmführer... aber ich beherrschte mich. Er allerdings ließ mich nicht in Ruhe.

„Was schweigst du, du Sauhund? Du freust dich doch?" brüllte er los. Und ich erinnerte mich an jene furchtbare Erniedrigung vor drei Tagen, an die Erniedrigung, die ich durch nichts auslöschen konnte, die mir im Schlafe wie ein Spuk erscheinen, mich mein ganzes Leben begleiten würde.

„Ich freue mich, Herr Obersturmführer. Auch Sie würden sich an meiner Stelle freuen. Ihr habt den Krieg verloren."

„Im Frühjahr schlagen wir endgültig zu. Aber diese Kälte...", sagte er ärgerlich an Stelle der Ohrfeige, die ich erwartet hatte.

„Die Kälte ist auch für die Russen schlimm."

„Die sind daran gewöhnt!"

„Ihr Führer hätte damit rechnen müssen..."

Er sah mich so sonderbar an wie noch nie zuvor. Es schien mir, als habe er Angst.

„Ich weiß nicht, weshalb ich dich nicht schon längst umgebracht habe."

Er spie aus, ging. Aber er kehrte noch einmal zurück.

„Da . . .“ Er warf mir ein angebrochenes Päckchen Roth-händle zu. Als wollte er sich damit von mir verabschieden. Als wollte er andeuten, wir sind quitt, du Schweinehund. Aber sei vor mir auf der Hut!

Drei Tage später wartete ich vergeblich auf sein Erscheinen. Er kam nicht. Mir tat das leid, Kleine, nicht nur wegen der Zigaretten, die er mir immer brachte. Sonderbar. Er fehlte mir. Ich hatte mich auf ihn gefreut, und er kam nicht. Er würde mich nun nicht länger aus dem Grau des Lagerlebens reißen.

Er kam nicht. Und kam wieder nicht. Auf dem Balken im Schuppen, wo ich Krampen und Spaten aufbewahrte, hatte ich meine eiserne Reserve. Eines Tages griff ich ins Leere. In der Tasche hatte ich eine einzige Zigarette. Ich beschloß, sie schön gemütlich nach der Mittagspause zu rauchen.

Ich stand in der Grube, stützte mein Kinn auf den Spaten. Ich rauchte.

Der Kapo erwischte mich. Ein Sträfling. Mein Herz hüpfte mir bis in die Kehle, als ich ihn bemerkte.

„Du rauchst?“ fragte er mit freundlicher Stimme. „Und mit einem Kameraden teilen willst du wohl nicht?“

Mir fiel ein Stein vom Herzen. Ich reichte ihm die angefangene Zigarette. Er nahm sie an. Ich glaubte, er würde sie mir, damit ich noch einmal an ihr ziehen konnte, zurückgegeben: er aber sagte:

„Ich will mehr . . .“

„Ich habe nichts.“

„Unsinn. Und überleg es dir.“

„Ich habe nichts“, sagte ich. „Wirklich, ich habe nichts.“

„Nun, wenn du nichts hast . . .“ Er ging.

Die Sträflinge wußten, daß ich Zigaretten hatte, und ebenso, woher ich sie hatte. Das läßt sich nicht verheimlichen. Ich will nicht behaupten, daß ich alles mit ihnen teilte, aber ich hatte sie nicht allein geraucht, ich hatte ein paar Freunde, die ich ein paarmal mitrauchen ließ. Viele Sträflinge blickten mich scheel an. Manche machten einen Bogen um mich. Mein Kontakt mit einem SS-Mann konnte nicht geheim bleiben. Sie vermochten das nicht zu begreifen, und ich vermochte und wußte ihnen das auch nicht zu erklären.

Während der ganzen Zeit, da der Obersturmführer zu meiner Grube gekommen war, hatte sich der Kapo bei der Grube nicht blicken lassen. Es war kein Zufall, daß er nun gekommen war.

Bis zum Abend hob ich wie ein Wilder die Grube aus. Ich wollte nicht an den Abend denken. Auf dem Weg ins Lager tröstete ich mich — so kann er doch nicht sein. Er wird mich nicht anzeigen. Er ist doch auch ein Sträfling, genau wie wir anderen. Aber das war nur ein schwacher Trost. Dieser Holländer hatte bereits mehrere solche Schweinereien begangen.

Den Appell hielt an diesem Abend der Obersturmführer. Mein Obersturmführer. Das ließ mir einen kleinen Schimmer einer Hoffnung, bis zu dem Augenblick, da er meine Nummer rief. Er rief meine Nummer und schrie — zum Kommandanten!

Ich schleppte mich hin, die Knie knickten mir ein. Was würden sie mit mir machen? Und was würde ich machen, was würde ich sagen? Sollte ich leugnen? Oder hatte vielleicht er selbst den Kapo auf mich gehetzt?

Ich stand, die Mütze in der Hand, vor dem Kommandanten stramm. Heinkiss war bereits in der Stube. Er stand abseits, er sah mich nicht an. Auch der Kommandant blickte mich nicht an. Er schrieb irgend etwas, und ich wartete, bis er damit fertig war, um mich melden zu können. Der Kommandant schien gar nicht zu wissen, daß ich da stand, er schrieb noch immer. Das war so ihre Art, Kleine, eine Art psychologischer Bearbeitung eines Sträflings. Mag er sich in Ungewißheit martern, mag er sich alles ausmalen, was ihn erwartet.

Nach einer langen, sehr langen Weile fragte der Kommandant mit gelangweilter, gezogener Stimme, und er hob nicht einmal den Blick vom Heft:

„Was gibt's?"

„Ich habe geraucht . . ."

Noch immer sah er mich nicht an.

„Wo hast du die Zigarette hergehabt?"

„Ich fand eine Kippe."

„Gefunden. So, so. Das ist sonderbar. Immer findet jemand eine Kippe. Aber daß man nicht rauchen darf, das weißt du doch?"

„Herr Obersturmbannführer . . ."

„Weist du es? Ja oder nein?"

„Ja."

„So. Du weißt es."

Er sah mich überhaupt nicht an. Nur mit der Feder deutete er auf die Seite, wo der Obersturmführer stand.

„Erledig das mit ihm."

Ich bekam einen Schlag, daß es mir schwarz vor den Augen wurde. Ich stand stramm, aber dann stand ich überhaupt nicht mehr, weder stramm noch anderswie, dann hielten mich nur noch die rasch nacheinander fallenden Faustschläge auf den Beinen, halb bewußtlos spürte ich, wie mein Kopf nach rechts und nach links schlenkerte, als wäre er in eine eiserne Maschine geraten, dann schleuderte mich ein schrecklicher Hieb in die Ecke des Raumes. Gleich darauf verspürte ich einen brennenden Schmerz in der Hüfte. Das letzte, was ich aufnahm, ehe ich das Bewußtsein verlor, war, daß der Kommandant noch immer etwas in sein großes Heft schrieb, und dann gab es nichts mehr, absolut nichts, bis ich im eiskalten Bach erwachte, der am Rand des Lagers floß, meine Augen waren verklebt, die Braue hing mir über das rechte Auge, in meinen Ohren stach ein rauschender Wasserfall, es kam mir so vor, als spräche irgend jemand, irgendwo, in großer, großer Ferne — schafft ihn in seine Stube, den Schweinehund . . .

Die wußten zu prügeln, Kleine. Wissenschaftlich, mit deutscher Gründlichkeit.

Man mußte mich auf die Pritsche heben, allein konnte ich nicht hinaufklettern. Und am Morgen mußte ich wie immer antreten, um meine Grube zu graben ... verschwollen, zertreten, zusammengeschlagen, bei den ersten Schritten war es mir, als fiele ich auseinander, als hielten die einzelnen Körperteile nicht mehr zusammen ...

„Das hat er getan?"

„Das hat er getan, Kleine."

„Er mußte es tun, nicht? Er hat den Befehl bekommen."

„Ja. Er mußte es tun ..."

„Du an seiner Stelle hättest das nicht gemacht?"

„Ich war nicht an seiner Stelle."

„Aber ... sagen wir, wenn man dir irgendwo anders den Befehl gegeben hätte ..."

„Ich weiß nicht, Kleine. Der Mensch vermag nie zu sagen, was er an der Stelle eines anderen getan hätte und was nicht."

„Vielleicht ... vielleicht hätte dich ein anderer noch schlimmer zugerichtet. Er hätte dich doch auch erschlagen können, nicht?"

„Sicherlich hätte er mich auch erschlagen können."

„Aber er hat dich nicht erschlagen, du lebst."

„Ich lebe."

„Vielleicht ... vielleicht wollte er dich nicht erschlagen."

„Wenn er gewollt hätte, hätte er mich erschlagen."

„Aber du hast ihm das verübelt, nicht wahr? Du verübelst ihm das auch heute noch."

„Ich weiß es nicht, Kleine."

„Er ist nie wieder zu dir gekommen?"

„Doch. Er kam sofort, als er wieder bei uns Dienst machte."

Er kam sofort, als er wieder bei uns Dienst machte. Er war sehr zornig.

„Du Trottel, du Idiot, du Schweinehund, du Sohn einer Hure und einer Ratte, habe ich es dir nicht gesagt? Habe ich dich nicht immer wieder davor gewarnt, dich erwischen zu lassen?"

„Sie haben mich gewarnt, Herr Obersturmführer."

„Du hast dir das alles selbst eingebrockt."

„Ich habe mir das alles selbst eingebrockt, Herr Obersturmführer."

„Du bist ein blöder Kretin von einem Rindvieh."

„Ich bin der blöde Kretin von einem Rindvieh, Herr Obersturmführer."

„Ich hätte dich erschlagen sollen."

„Sie hätten mich erschlagen sollen, Herr Obersturmführer."

Rot wie ein Truthahn ging er von dannen. Doch er kam wieder. Ich wußte, daß er wiederkommen würde. Und er kam auch.

„Ich mußte das tun", sagte er leise.

„Ich weiß."

„Komm, rauch."

„Ich mag nicht."

„Sei nicht wieder so blöd."

„Rauchen ist streng verboten. Darauf stehen strenge Strafen. Besonders bei wiederholten Übertretungen."

„Der Sträfling darf rauchen, wenn ihm sein Wachtposten eine Zigarette anbietet."

„Kann er, oder muß er?"

„Er kann."

„Dann mag ich nicht."

„Soll ich sie dir in die Gurgel stopfen?"

Ich mußte sie nehmen.

„Den Russen ist es nicht gelungen, Smolensk zurückzuerobern."

„Ich weiß, Herr Obersturmführer."

„Im Frühling machen wir Hackfleisch aus ihnen."

„Beefsteak tatar, Herr Obersturmführer."

„Und Moskau erobern wir ebenfalls."

„Ganz bestimmt, Herr Obersturmführer."

„Nach der Eroberung von Moskau werden die Russen aufhören, Widerstand zu leisten."

„Höchstwahrscheinlich."

„Die Russen haben uns nicht aufgehalten. Aufgehalten hat uns der Winter."

„Das ist der russische Winter, Herr Obersturmführer."

„Brauchitsch sind schwere strategische Irrtümer unterlaufen."

„Der Führer bringt es schon wieder in Ordnung, Herr Obersturmführer."

„Moskau wird in unsere Hand fallen . . ."

„Und was, wenn nicht, Herr Obersturmführer?"

Er sah mich sorgenvoll an. Er sagte kein einziges Wort mehr. Er ging, und ich wußte, daß er nie wiederkommen würde. Ich fühlte mich erleichtert. Es war ja doch kein sehr gutes Gefühl, so eine Bekanntschaft mit einem von der SS zu haben. Aber er vergaß mich nicht. Am nächsten Sonntag wurde der holländische Kapo für eine Stunde an den Handgelenken aufgehängt. Obersturmführer Heinkiss hatte ihn beim Rauchen erwischt. Wer weiß, ob er ihn erwischt hatte. Vielleicht hatte er ihm selbst die Zigarette angeboten.

Den Obersturmführer traf ich hie und da auf dem Appellplatz. Stets nahm ich die Mütze ab, wie es Vorschrift war. Er tat, als sähe er mich nicht.

„Er ist nie wieder gekommen?"

„Er ist nie wieder gekommen."

Einige Wochen verstrichen. Eines Morgens traten wir zum Frühappell an. Das war immer etwas Außergewöhnliches, und alles, was dort außergewöhnlich war, Kleine, war schlimm. Frühappelle waren ungewöhnlich, meistens zählte man uns nur, und dann ging es zur Arbeit.

Man begann Nummern auszurufen. Als die erste ertönte, bekamen wir alle eine panische Angst. Wir wußten, was das bedeutete — Überführung an einen anderen Ort, in ein anderes Lager. Das war immer übel, traurig und ungewiß. Jeder Sträfling hat Angst vor dem Unbekannten. Dieses Lager hier war schlimm, aber das Lager war Sicherheit.

Sie riefen hundert Nummern aus. Darunter auch meine. Man befahl uns, unsere Sachen zu packen, abzugeben, man händigte uns Pakete mit unseren Habseligkeiten aus. Beim Lagertor warteten drei gedeckte Lastwagen.

Das Einsteigen beaufsichtigte Obersturmführer Heinkiss.

Er sah mich nicht an. Aber als wir uns bereits in Bewegung setzten, schrie er:

„Und daß wir eure blöden Gesichter hier nicht mehr sehen, ihr Schweinehunde!"

Bis heute habe ich den Eindruck, daß das mir gegolten hatte.

„Was war los?"

„Damals, Kleine, wurden noch. Häftlinge manchmal in Arbeitslager überstellt. Deutsche Häftlinge."

„Aber du warst kein deutscher Häftling."

„Nein."

Ich weiß nicht, zum wievielten Male wir bereits diese düstere Ruine umschritten hatten. Plötzlich blieb die Kleine stehen. Ich glaubte, sie wolle etwas sagen, aber sie schwieg. Sie schwieg lange. Dann fragte sie:

„Warum hast du mir das erzählt?"

„Nur so. Du wolltest, daß ich dir etwas erzähle."

„Aber das hat doch nichts mit dieser Stadt zu tun."

„Nein."

„Ich weiß, warum du mir das erzählt hast."

Nach dem Krieg, Kleine, gehörte ich einige Zeit einer Kommission für die Verfolgung von Kriegsverbrechern an, ich hatte sie aufzuspüren. Ich durchkämmte die Lager mit den gefangenen SS-Leuten, blätterte in Verzeichnissen, ich besuchte verdächtige Stätten, mögliche Verstecke, verschiedene vertrauliche Adressen. Wenn ich durch eine deutsche Stadt schritt und in die Gesichter der Leute blickte, wenn ich in den langen Namenverzeichnissen blätterte, wenn eine Gruppe deutscher Kriegsgefangener vorüberzog, dann packte mich stets so ein seltsames Gefühl. Ich verstand mich selbst nicht. Ich hatte Angst, ich könnte ihn treffen. Daß ich irgendwo auf seinen Namen stoßen würde.

„Was hättest du getan?"

„Das weiß ich nicht. Heute ist das für mich nicht mehr so wichtig, aber damals hat es mich ziemlich gequält, wenn ich darüber nachdachte."

„Weshalb?"

„Weshalb! Weshalb! Er war ein SS-Mann. Er gehörte der Lagerwache an. Ein mehrfacher Mörder. Ich habe dir nicht alles über diese Hölle erzählt, Kleine."

„Hättest du ihn festnehmen lassen?"

„Ich weiß es nicht, Kleine."

„Hättest du ihn laufenlassen?"

„Ich weiß es nicht. Ich weiß nicht, was ich getan hätte. Das ist eine jener ganz sinnlosen Fragen. Aber ich konnte diese Arbeit nicht länger machen. Ich ließ es sein."

„Du hattest Angst, daß du dich übel verhalten würdest?"

„Vielleicht, Kleine."

„Und was wäre in deinen Augen übel gewesen? Ihn verhaften, oder ihn laufenlassen?"

„Ich weiß es nicht."

„Dir hat er doch geholfen."

„Mir hat er geholfen."

„Eigentlich, man könnte sagen, er hat dir das Leben gerettet."

„Das ist möglich. Fast sicher."

„Was würdest du tun, wenn du ihm jetzt begegnetest? Zufällig, in diesem Augenblick? In dieser Stadt?"

„Ich glaube, ich würde ihn gar nicht mehr erkennen."

„Aber vielleicht würde er dich erkennen. Vielleicht würde er sich dir zu erkennen geben."

„Wohl kaum."

„Aber wenn du ihn doch erkenntest? Möglich wäre das doch."

„Ich würde ihn nicht erkennen, Kleine."

„Du verstehst mich nicht. Was, wenn doch?"

„Du verstehst mich nicht. Ich sage dir doch, daß ich ihn nicht erkennen würde."

Sie ging weiter, als gäbe es sie gar nicht. Oder als gäbe es mich nicht. Ich war mit ihr, aber sie war allein.

Wir gingen hinunter zum Kai.

„Du solltest jetzt umkehren. Ich wohne noch weit. Du hättest einen langen Weg bis ins Hotel!"

„Ich habe keine Lust zu schlafen, Kleine . . ."

Wir stützten uns mit den Ellenbogen auf das Geländer, wir lauschten dem Rauschen des unsichtbaren Stromes.

„Voriges Jahr . . . voriges Jahr habe ich etwas Seltsames getan . . .", begann sie zu erzählen. „Ich habe die Namen und Adressen einiger englischer Flieger ausgeforscht, die die Deutschen gefangengenommen hatten."

„In jenem Lager, in dem dein Vater Kommandant war?"

„Ja, dort. Ich schrieb ihnen. Ich schilderte ihnen alles. Ich wollte wissen, wie das gewesen ist . . ."

„Du hättest um Einsicht in die Gerichtsakten ansuchen können."

„Das habe ich getan, aber aus den Akten habe ich nicht erfahren, was ich wollte."

„Und die Flieger? Haben sie dir geantwortet?"

„Kein einziger. Ich war sehr unglücklich darüber. Ich hatte gehofft, daß mir wenigstens einer ein paar aufmunternde Worte schreiben würde. Viel erwartete ich ja nicht. Vielleicht wollte ich nur das wissen, was du mir erzählt hast. Daß mein Vater wenigstens einem von ihnen, wenigstens ein einziges Mal, in einer Anwandlung von Großmut, eine Zigarette gegeben hat. Ich erhielt keine Antwort, und auch das war eine Antwort. Ich bin räudig. Es ist würdelos, sich mit mir abzugeben. Aber du hast jetzt sogar diese Gewißheit zerstört."

„Ich weiß nicht, was du meinst."

„Du weißt es sehr gut. Du hast gesagt — ich würde ihn nicht erkennen. Denn ihn zu erkennen wäre für dich beschwerlicher. Komplizierter. Es ist vorbei, längst. Vielleicht ist es auch für jene Flieger vorbei, längst. Wenn ich wüßte . . . wenn ich wüßte, daß mein Vater wenigstens einem einzigen von ihnen eine Zigarette gegeben hat . . . aber das werde ich niemals erfahren. Ich würde über ihn nur Böses erfahren. Alles, was ich herausbekommen konnte, war böse."

„Und deine Mutter?"

„Meine Mutter . . . drüben, in der Bundesrepublik, spricht ein jeder ganz anders über diese Dinge. Auf irgendeinem Treffen der SS erklärten sie meinen Vater zum Opfer, zum Märtyrer. Meine Mutter spielte diese geschmacklose Rolle mit ihnen mit, die Mutter hat Vaters Photographie überm Bett hängen, in einem schwarzen Rahmen, und immer schmückt sie sie mit einem frischen Lorbeerzweig. Von klein auf, als sich das vor mir nicht mehr verheimlichen ließ, hörte

100

ich von ihr nichts anderes als das Gerede über irgendein großes Opfer. Die Mutter hat ein Verhältnis mit irgendeinem Kaufmann gehabt, aber das hielt sie geheim, ich habe ihn recht gut gemocht, aber Mutter wollte sich mit ihm nicht öffentlich zeigen, und von einer Ehe wollte sie schon überhaupt nichts wissen. Sie wies ihn mit der Begründung zurück, sie könne das Andenken des Toten nicht entweihen. Dabei hat sie zu Hause geweint, sie tat sich leid, ständig sprach sie über das Opfer, das sie bringen müsse. Bis heute fühlt sie sich als Witwe der Nation. Sie ist wohlhabend, und ich weiß, woher dieser Reichtum kommt. Ständig geht sie in Schwarz, sie trägt ihre Trauer vor der Welt zur Schau.

Als ich klein war und nach dem Vater fragte, seufzte sie immer, weinte, gedachte seiner als eines großartigen Menschen und guten Ehemannes, später versuchte sie mir einzureden, es sei ein Gericht der Sieger über die Besiegten gewesen. Das ist eine jener Phrasen, die drüben ein zähes Leben haben. Ich begann sie zu hassen. Auch deshalb ging ich fort ..."

Neunzehn Jahre alt war diese Kleine. Und sie wußte, kannte bereits alles.

„Dabei begann mein Vater, wie ich festgestellt habe, erst nach dem großen Luftangriff auf Hamburg so zu sein. Die Bomben töteten seine Eltern und zwei Geschwister, die zusammen lebten. Man kann ihn verurteilen, aber sicherlich kann man ihn auch begreifen."

„Auf der Welt gelten bestimmte Konventionen, Kleine. Über das Verhalten Kriegsgefangenen gegenüber."

„Konventionen. Was sind Konventionen? In welche Konvention kannst du Hiroschima zwängen? Und über Hiroschima wird zumindest immer noch gesprochen und geschrieben. Wie war das aber in Nagasaki? Darüber schweigt man taktvoll."

„Auch du glaubst, daß die Sieger über die Besiegten zu Gericht gesessen haben?"

„Über die Hiroschimaflieger wurde eine Menge geschrieben. Über die Nagasakiflieger wird geschwiegen, die interessieren keinen Menschen. Wenn die Japaner durch irgendein Wunder doch noch irgendwie den Krieg gewonnen hätten, hätten sie sie als Kriegsverbrecher vor Gericht gestellt. Wenn Hiroschima notwendig war, wenn es sein mußte, wenn es tatsächlich das Ende des Krieges beschleunigt hat und wenn der schreckliche Tod von Hunderttausenden das Leben anderer Hunderttausender gerettet hat — Nagasaki ist unverzeihlich, überflüssig, das ist ein Verbrechen an der Menschheit, für das niemand zur Verantwortung gezogen worden ist. Das war Massenmord. Völkermord."

Sie hatte sich das alles gut zurechtgelegt. Sie war neunzehn. Sie hätte eigentlich über ganz andere Dinge nachdenken müssen. Darüber, wie der Junge sein müßte, den sie einmal heiraten würde. Über das Kostüm, das sie sich kaufen würde. Über den Ausflug nächsten Sonntag. Über den Urlaub am Meer, über die Jacht, mit der sie jemand auf Weltreise mitnehmen würde. Über den Schönheitswettbewerb, den sie gewinnen würde. Über eine Nacht im Bett mit Elvis Presley, oder mit irgendeinem anderen Idol moderner junger Mädchen. Über die dumme Freundin, der sie den Burschen ausspannen würde. Über den Dichter, der ihr Gedichte vorlesen würde. Über Roulette in Monte Carlo. Darüber, wie ihr Hollywood zu Füßen liegen würde. Über Fellini, der sie entdeckt. Was weiß ich? Was weiß ich, wovon die heutigen jungen Mädchen träumen?

Aber sie hatte einen Freund, und der war weit, er war weiter als weit. Sie mochte ihm gesagt haben — ich gehe, ich muß von hier fort, ich muß in mir selbst Klarheit schaffen, ich muß erfahren, wer ich bin, was ich bin, ich will nicht heiraten, ich kann nicht Kinder haben, ehe ich nicht die Wahrheit über mich erfahren habe, mein Vater war ein Kriegsverbrecher, aber ich weiß eigentlich nicht, ob er es gewesen ist oder nicht, die Engländer haben ihn gehenkt ...

ich bin die Tochter eines Galgenvogels, ich bin die Tochter eines Märtyrers ...

Statt nach Mädchenromanen griff sie nach Dokumenten aus der Kriegszeit, nach Erinnerungen, Gerichtsakten, biologischen Abhandlungen über die Vererbung, psychologischen Handbüchern. Und nichts half ihr, sie konnte sich ihr ganzes Leben lang von ihren Zweifeln nicht frei machen, sie fand keine Antwort.

Sie ließ sich von einem ältlichen Ausländer zum Abendessen einladen. Sie verließ mit ihm das Restaurant, sie sagte — mir ist kalt, sie schmiegte sich an ihn, sie sagte, küß mich, aber nur deshalb, um ihn zu schockieren, um ihm gleich darauf triumphierend, verschreckt, hysterisch ins Gesicht zu schreien — weißt du, wen du da geküßt hast? Mein Vater war ein Kriegsverbrecher, deshalb hat man ihn auch gehenkt, ich bin seine Tochter, du hast eine Unreine, für immer und ewig Gezeichnete, Verfluchte geküßt ...

Ein sonderbarer Flirt. Wer weiß, ob er in irgendeinem anderen Land der Welt möglich wäre. Jetzt war es Nacht, keine sehr anheimelnde Nacht, wir standen am Flußufer, vom Strom her wehte es kalt zu uns, wir lehnten uns an das Geländer, sie schmiegte sich an mich, weil ihr kalt war, ich hielt ihre Hüfte umschlungen. Vielleicht würde diese Nacht in ihrem Bett enden, aber wollte sie das überhaupt? Und wollte ich das?

„Diese ermordete Stadt", fuhr sie fort, „auch die amerikanischen, auch die englischen Zeitungen schreiben heute, daß das ein sinnloses Unterfangen gewesen ist. Daß es hier keinerlei wichtige militärische Ziele gab. In Deutschland hat es damals, als das Land dem Erdboden gleichgemacht wurde, überhaupt keine wichtigen militärischen Ziele mehr gegeben, ausgenommen vielleicht Berlin. Einige Wochen vor Kriegsende überfielen sie diese Stadt hier, vernichteten sie. Aber wenn das keinerlei militärischen Sinn hatte, wie soll man dann das Ende Zehntausender Menschen nennen, jener Zehntausenden, die hier umgekommen sind? Du wirst sagen, es waren Deutsche, recht ist ihnen geschehen."

„Die Deutschen, Kleine, haben in Europa Dutzende Millionen völlig unschuldiger Menschen hingemordet. Wie stellst du dir das vor? Daß dafür lediglich jene Deutschen hätten zahlen sollen, die schuldig geworden sind?"

„Alle Deutschen sind schuldig geworden, darüber weiß ich genug, um mir nichts vorzumachen. Aber das Europa, von dem du sprichst, kämpfte gegen die Deutschen im Namen der Menschlichkeit. Konnte man für die Menschlichkeit mit Unmenschlichkeit kämpfen? Kann man das Verbrechen durch Verbrechen ausmerzen? Irgend jemand muß doch den Befehl zur Vernichtung dieser Stadt gegeben haben. Irgend jemand mußte diesen Befehl ausgeführt haben. Die Deutschen, die Befehle ausgeführt haben, habt ihr nach dem Krieg gehetzt, gehenkt, aber jene, die diesen Befehl hier ausführten, wurden als Helden, als Sieger gefeiert, sie wurden mit Lorbeer umkränzt, sie erhielten dafür hohe Auszeichnungen, sie wurden befördert, das da war der Höhepunkt des Heldentums, des Mutes, der militärischen Tugenden. Mein Vater hat getötet, und das kann nicht verziehen werden. Er hat ein paar Gefangene getötet, nach einem schrecklichen Luftangriff auf Hamburg. Aber wie viele wurden von jenen getötet, die er getötet hat? So sag, sag selbst — sind nicht die Sieger über den Besiegten zu Gericht gesessen?"

„Die Deutschen wollten nicht einsehen, daß sie besiegt sind, sie wiesen alle Aufforderungen zur Kapitulation zurück, und jeder Tag des Krieges kostete viele andere Leben, die Leben von Menschen, denen die Deutschen diesen Krieg aufgezwungen hatten oder die sie vergasen wollten, in Krematorien verbrennen, zu Hundefutter zermahlen, auslöschen als unreine Rasse, als Untermenschen, als Insekten, als Wanzen und Läuse. Sie haben Europa vergast. Mit welchem Recht wagst du überhaupt zu vergleichen, was keinen Vergleich verträgt? Ich und Millionen meinesgleichen verloren das Leben oder die besten Jahre des Lebens. Sechs Jahre steckte ich im Dreck. Die sechs allerschönsten Jahre eines Mannes. Dafür, daß es einem wahnsinnigen Genius des Bösen gelungen war, ein ganzes großes und starkes Volk verrückt zu machen, ihm einzureden, daß es die Vorsehung ausersehen habe, die Welt zu beherrschen, weil es besser, weil es rassisch wertvoller, weil es militärisch tapferer sei? Sicherlich ist es gerade in dieser Stadt schwer, über diese Dinge zu reden. Hier ist etwas Entsetzliches geschehen, aber es geschah in der Absicht, der wahnsinnigen, rasenden, krepierenden Bestie den Todesstoß zu geben, die noch in der Agonie ihre giftigen Krallen gegen Europa reckte. Vielleicht mußte diese Stadt auch deshalb sterben, damit Hunderttausende anderer Leben gerettet werden, und ich zögere nicht, es auszusprechen, — wertvollere, als es die Leben der damaligen Deutschen waren."

„Aber was wurde gerettet? Nichts wurde gerettet. Diese Bestie in uns Deutschen kämpft doch so oder so bis zum Ende. Vergiß einmal, was geschehen ist, räume die Möglichkeit ein, daß Hitler den Krieg gewonnen hätte. Hätte er nicht von den besiegten Engländern gefordert, daß man ihm alle Flieger ausliefere, die deutsche Städte bombardiert haben? Ich wäre heute eine vielumschwärmte Dame, die Tochter eines Helden, der an Verbrechern den Akt der Gerechtigkeit vollstreckt hätte."

„Die Engländer, Kleine, verlangten nicht die Auslieferung jener deutschen Flieger, die Coventry coventrisiert hatten, die über ihre Städte kamen und Verderben und Tod säten, weder die Engländer noch die Russen marterten gefangene deutsche Flieger, töteten sie nicht durch Genickschuß. Fliegern widerfuhr das nirgends! Und was machen diese Flieger Hitlers heute? Jene, die Coventry, Rotterdam, einen großen Teil von London, Warschau und viele andere Städte vernichtet haben? Heute sind sie erfolgreiche Familienväter, sie tun sich an der deutschen Prosperität gütlich, von Zeit zu Zeit kommen sie bei einem der zahlreichen Kameradschaftstreffen zusammen, tauschen wehmütige Erinnerungen aus, wie herrlich das damals doch war ... Du sagst, ich weiß viel darüber, fast alles, aber für die Antwort auf deine Frage hast du nicht gerade den geeignetsten Ort gewählt. Vielleicht könnte dir darauf Coventry, vielleicht Rotterdam, vielleicht Lidice, vielleicht Majdanek, vielleicht Warschau eher eine Antwort geben. In Warschau, Kleine, gibt es ebenfalls so eine traurige, verödete, planierte Fläche wie in dieser Stadt. Auch dort ragt in der Mitte ein mächtiges Gebäude empor. Nicht die Reste eines Gefängnisses, sondern eine Kirche. Dieses Viertel wurde von deutschen Fliegern zerstört. Die Bodentruppen haben es dann dem Erdboden gleichgemacht. Aber nicht im Verlauf einer Kampfaktion. Planmäßig, Haus um Haus, Straße um Straße, Viertel um Viertel warfen sie mit Dynamit in die Luft. Mitsamt den Menschen, die sich in diesen Gemäuern verbargen ... Wenn du alles darüber weißt, wie du behauptest, wenn du es von so vielen Seiten her durchdacht hast, dann solltest du auch einmal von diesem Gesichtspunkt aus darüber nachdenken."

„Daran habe ich wirklich noch nicht gedacht."

„Siehst du ..."

„Aber dann ... — wie kann ich dann leben?"

„Nur so, Kleine. Das ist deine einzige Chance. Ehe du dir darüber nicht im klaren bist, wirst du an kein Ziel gelangen, und alle deine Quälereien sind sinnlos. Nichtig."

Ich spürte, wie sie zu zittern begann. Vielleicht vor Kälte, vielleicht auch nicht.

„Es ist spät, Kleine. Ich begleite dich. Morgen können wir unser Gespräch fortsetzen, wenn du willst ..."

Wir gingen den völlig verödeten Kai entlang. Die Leuchtröhren erhellten einen schmalen Asphaltstreifen, über den der Wind herbstliches Laub trieb. Links rauschte der Strom. Rechts war die Finsternis. Nur dieser beleuchtete Streif lag vor uns, schnurgerade, wie ein trauriger Teppich, der ins

Königreich der Dunkelheit führt. Die Kleine war traurig. Etwas Neues, genauso Trostloses lastete auf ihr. Sie blickte zu Boden und schob beim Gehen mit dem Fuß vereinsamte Blätter auf dem Asphalt vor sich hin. Unter einer Lampe entwand sie sich meinem Arm, blieb stehen und drehte mich zu sich, so daß wir einander gegenüberstanden. In ihren Augen stand sehr viel Unsicherheit, sehr viel Ratlosigkeit, sie wollte etwas sagen, aber sie überlegte es sich.

Ich strich ihr über das Haar. Es schüttelte sie, aber sie entzog sich mir nicht.

„Du hast dir diesen Abend anders vorgestellt, nicht wahr?"

„Eigentlich nicht, Kleine."

„Aber du hast mich nicht zum Abendessen eingeladen, damit ich dich nachher mit meinen Komplexen langweile."

Ich zog sie an mich. Mit dem Finger stuppste ich ihr winziges Näschen an. Sie lachte auf.

„Soll ich dich küssen?"

„Du sollst."

Ich wollte sie küssen, aber in diesem Augenblick irrten meine Augen auf den kleinen Turm des dunklen Gebäudes ab, das in Finsternis getaucht war. Ich konnte es eher ahnen als sehen, aber plötzlich war ich mir sicher, ich wußte, wo ich war. Ich schob die Kleine von mir fort und blickte angestrengt in die Gasse, die auf den Kai mündete.

„Was gibt es dort?"

„Nichts", sagte ich.

„Ist etwas passiert?"

„Nichts. Nichts ist passiert, Kleine."

„Du bist plötzlich so sonderbar . . ."

„Ach nein, Kleine. Kümmere dich nicht darum. Heute am späten Nachmittag habe ich hier eine Gasse gesucht. Ich vermochte sie nicht zu finden."

„Was für eine Gasse?"

„Diese hier."

„Was hast du dort gesucht?"

„Das weiß ich selbst nicht. Ein Haus. Du solltest jetzt schlafen gehen, Kleine."

„Ich mag nicht schlafen, ich fühle mich wohl bei dir. Schick mich nicht fort. Am liebsten möchte ich mit dir so bis zum Morgen umherschweifen. Oder ist das so ein Haus, daß du allein sein möchtest?"

„Nein. So eines ist es wieder nicht."

Wir bogen in die kurvenreiche Straße ein. Ich Dummkopf, ich hätte sie am Nachmittag am Kai zu suchen beginnen sollen, da hätte ich mich nicht täuschen können. Die Straße bog in einem recht scharfen Winkel ab. In der Mitte leuchtete auf einem Holzmast eine einzige schmutzige Glühbirne.

Ich fand es. Ich fand das Haus . . .

5

In der tiefen Finsternis vermochte ich die Umrisse der Villa nur zu ahnen. Der Zaun war mit Sträuchern verwachsen, vielleicht Flieder, vielleicht etwas anderes. Auch irgendein hoher Baum stand im Garten. Durch die Jalousien drangen aus einem Fenster zwei schmale Lichtstreifen in den Garten. Oben war also jemand. Ich konnte fast nichts sehen, aber es war jenes Haus, ganz bestimmt.

Ich tastete nach der Klinke am kleinen Eisentor. Ich erkannte sie. Auch der Tastsinn hat sein Gedächtnis. Ich drückte sie nieder, aber das Tor war verschlossen.

Was wollte ich eigentlich hier? Weshalb lag mir so viel daran, dieses Haus zu finden? Jetzt stand ich da und wunderte mich über mich selbst. Es hatte mich viel, viel mehr erregt, wenn ich mir in diesen Jahren in der Erinnerung seine Fassade, sein Treppenhaus, sein Haustor vorgestellt hatte. Aber jenes Haus aus den Erinnerungen war unwirklich, wenn von ihm noch etwas lebte, so nur noch in mir selbst. Hier wohnten höchstwahrscheinlich mir völlig unbekannte, gleichgültige Leute, von denen ich nichts wußte und die von meiner Existenz nicht einmal eine Ahnung hatten. Nun gut, jetzt war ich einmal da. Ich hatte es gefunden. Na und? Sehen konnte ich ohnehin nichts, und ich wußte ja nicht einmal, was ich hier sehen und was ich hier finden wollte. Damit war die Sache erledigt. Wir konnten weitergehen.

„Komm, Kleine . . ."

„Nicht wahr, hier hat sie gewohnt?"

„Hier."

„Vielleicht hätte ich doch nicht mitkommen sollen."

„Warum?"

„Vielleicht müßtest du jetzt allein sein."

Ich lachte sie aus. Ich mußte gar nichts.

„Warum hast du dann dieses Haus so hartnäckig gesucht?"

„Um es zu finden, sonst nichts. Nun habe ich es gefunden, damit ist alles erledigt."

„Ich weiß. Du hast gedacht ... du hast gedacht ... wahrscheinlich den ganzen heutigen Abend hast du gedacht ... du wirst vor diesem Gartentor stehenbleiben, die Tür tut sich auf, jemand tritt heraus, und das wird sie sein ... nicht wahr?"

„Du bist ein romantisches Kind, Kleine."

„Aber du hast daran gedacht. Schwindle nicht. Du hast gewußt, daß es nicht sein kann, aber du hast daran gedacht, irgend etwas hast du erwartet."

„Sie ist tot, Kleine, und das alles ist sehr lange, sehr lange her ..."

„Wieso weißt du, daß sie tot ist? Hast du ihre Leiche gesehen? Hast du sie tot gesehen? Vielleicht ist sie gar nicht umgekommen."

„Das ist ausgeschlossen, Kleine. Der Alarm kam, gleich nachdem mich die Gestapo abgeführt hatte."

„Aber du hast doch selbst gesagt, daß sich im Krieg die unglaublichsten Dinge getan haben. Was, wenn sie dir sofort nachgelaufen ist? Sag ... so sag doch ... hast du nicht die ganze Zeit über gedacht, daß es auch so gewesen sein könnte? Daß auch das geschehen sein konnte?"

„Damals ja. Damals, kurz nach jener Nacht, habe ich etwas Ähnliches gedacht. Ich habe gehofft, sie wäre auf die Straße gelaufen, sie hätte den Keller verlassen. Aber es gibt keine Wunder, Kleine ..."

„Warum damals? Warum nicht jetzt? Hast du versucht, es festzustellen? Du hast mir gesagt, daß du heute zum ersten Male seit jener Nacht in dieser Stadt bist. Ja, aber hast du dich um sie gekümmert? Hast du ihr geschrieben? Sie konnte dich nicht suchen, sie wußte nicht, wo du bist, sie hatte sicherlich weder deine Adresse, noch wußte sie genau, wer du bist, da du dich für einen Franzosen ausgegeben hast. Sie sah nur, daß dich dieser Gestapomann abführte. Aber du hast nichts getan, nicht wahr? Dir war es lieber, an sie als Tote zu denken, da kann man sich so schön quälen, wahrscheinlich war das bequemer, als zu versuchen, sie zu finden, die Deutsche, die du geliebt hast, aber immerhin nur eine Deutsche, mit allen Komplikationen, die das damals mit sich bringen konnte . . .“

„Was du da zusammenredest, Kleine.“

„Und auch jetzt würde es dir gar nicht passen, wenn sie lebte. Es würde dir nicht passen, sie hier lebendig anzutreffen, denn dann würdest du deine Erinnerungen einbüßen. Vielleicht hat sie graues Haar und ein Gesicht voll Runzeln, vielleicht ist sie fett, vielleicht hinkt sie, vielleicht ist sie nicht umgekommen, aber sie hat dabei ein Bein oder einen Arm verloren, und du willst sie anders haben, tot, aber anders, so, wie sie einst gewesen ist. Du selbst hast auch schon graue Haare, aber sie kann sie nicht haben, darf sie nicht haben, das könntest du ihr nicht verzeihen, nicht wahr?“

Sie ist ein kleines Raubtier, diese Kleine. Ein Marder. War es so? Nicht ganz, aber etwas Wahres war doch dran. Ach, wozu machte ich mir etwas vor, ja, es war so, auch so. Auch anders, aber auch so . . . es war fast unglaublich, daß dieses winzige Raubtier hier erst neunzehn Jahre alt war.

„Aber vielleicht hat sie überhaupt kein graues Haar. Vielleicht ist sie noch immer schön, sie hat sich gut erhalten, auch das kommt vor. Und du bist ein Feigling, nichts anderes, du bist deshalb hergekommen, weil du dir hundertmal vorgestellt hast, wie du vor dieser Gartentür hier stehst, wie sie herauskommt, jetzt bist du da und hast Angst, was du ihr sagen solltest, was sie dir sagen würde, ob es nach so vielen Jahren überhaupt noch etwas zu sagen gäbe."

„Du bist eine ganz winzige, kleine, gefährliche Bestie, Kleine..."

„Vielleicht..." Sie ließ sich nicht von der Vorstellung abbringen, in die sie sich da verbissen hatte. „Vielleicht denkt sie über dich wie du über sie. Vielleicht hat sie hier auf dich gewartet, und du bist nicht gekommen, und sie hat sich eingeredet — die Bomben haben ihn erschlagen, und falls ihn die Bomben nicht erschlagen haben, dann hat ihn jener im Ledermantel verschleppt, er ist tot, es kann gar nicht anders sein, als daß er tot ist, sonst wäre er doch gekommen, hätte geläutet, geklopft, vielleicht hat sie dich erwartet, und vielleicht wartet sie bis heute auf dich, du hast deine zwanzig Jahre gelebt, aber sie nicht, sie hat gewartet und gewartet... nun?"

Waren das meine eigenen Gedanken? Meine Assoziationen, meine Vorstellungen? Wenn nicht, kamen sie ihnen sehr nahe. Aber woher nahm das diese Kleine hier? War sie schon so erfahren, so altklug?

„Laß mich damit endlich in Ruhe, Kleine!"

„Natürlich! Laß mich damit endlich in Ruhe, das ist das allerbequemste. Dir ist es in Wirklichkeit während dieser ganzen Zeit egal gewesen, ob sie überlebt hat oder nicht. Du hast dein Leben gelebt mit dem schmerzlichen Bewußtsein, daß sie tot ist. Sie ist tot, erledigt, von Zeit zu Zeit wird daraus ein recht angenehmer Spleen, du hast etwas verloren, etwas geopfert, um etwas hat dich das Leben bestohlen... Im Haus brennt Licht..."

„Du bist verrückt, Kleine..."

„Du siehst doch selbst, daß im Haus Licht brennt. Oben ist jemand. Es genügt, auf den Knopf zu drücken, und du hast Gewißheit. Aber du willst keine Gewißheit, eine Gewißheit, jede beliebige Gewißheit ist armseliger als Träume und

Vorstellungen. Also, was zögerst du, weshalb drückst du nicht auf den Knopf? Du bist feig wie alle Männer."

„Das ist Unsinn, Kleine. Du bist verrückt."

„Du bist feig, du bist feig, das ist es! Du hast Angst, der Wahrheit gegenüberzutreten, Aug in Aug. Da kann man so herrlich Ratschläge geben, da spricht man so wunderbare Worte, wenn es um nichts geht, nicht wahr? — Kleine, du mußt dich mit den Tatsachen abfinden, wie sie sind, du mußt der Wahrheit gerade in die Augen blicken ... das sind doch deine eigenen Worte, nicht? Na also, drückst du auf den Knopf?"

„Es ist spät, Kleine. Und das alles ist doch Unsinn."

Ehe ich sie noch daran hindern konnte, hatte sie den Klingelknopf an der Gartentür ertastet.

Ich packte sie hart an der Hand, aber offenbar war es schon zu spät, ich hörte irgendwo schwach eine Klingel läuten.

„Bist du verrückt geworden? Was mischst du dich hier in Dinge, die dich nichts angehen?"

„Schon gut, schon gut. Jetzt gehe ich ..."

„Auch ich gehe."

„Geh. Geh wie ein Gassenjunge, der nächtens friedliche Bürger aus dem Schlaf klingelt."

Die Kleine trat zur Seite, und ich konnte mich nicht mehr entfernen, obwohl ich große Lust dazu hatte, obwohl ich wirklich davonrennen wollte wie ein Knabe, der an fremden Türen klingelt. Über dem Hauseingang wurde ein Licht angezündet. Ich hörte einen Schlüssel im Schloß kreischen. Die Tür tat sich auf. Irgendeine alte, dicke Frau trat auf die Schwelle. Sie trug einen Morgenrock.

„Wer ist da? Was wünschen Sie?" kreischte ihre schrille Stimme.

„Guten Abend, Frau", grüßte ich höflich. „Bitte seien Sie mir nicht böse, aber ich suche jemanden ... vielleicht könnten Sie mir sagen ..."

„Es ist schon spät", erwiderte sie heiser, aber sie kam zum Gartentor.

„Fräulein Dekker. Könnten Sie mir nicht sagen ... wissen Sie nicht zufällig ..."

Zum Teufel, das war doch Unsinn. Was sollte ich diese fremde Frau denn wirklich fragen? Wie sollte ich ihr erklären, daß es eine Kaprice dieser hartnäckigen Kleinen da war? Die alte Frau antwortete erst, als sie fast vor dem Gartentürchen stand.

„Fräulein Dekker? Haben Sie nach Fräulein Dekker gefragt?"

„Ja. Fräulein Luise Dekker ..."

Die Alte blieb mitten auf dem Pfad stehen. Ich konnte ihr nicht gut ins Gesicht sehen. Aber ihre Stimme wollte mir nicht gefallen.

„Sind Sie etwa ein Verwandter von ihr?"

„Nein. Nur ... früher hat sie hier gewohnt."

„Ach ... also nur ein Bekannter ... ein guter Bekannter ..."

Kam es mir nur so vor, oder klang die Stimme der Alten nun tatsächlich anders? Bereitwilliger, mit einem Hauch jener erleichterten Überraschung, die einem Schock folgt, wenn man feststellt, daß man sich unnütz vor etwas gefürchtet hat?

„Ein Bekannter. Ein guter Bekannter. Wissen Sie nicht zufällig ... was mit ihr geschehen ist?"

„Fräulein Dekker lebt schon lange nicht mehr ..."

Selbstverständlich. Selbstverständlich lebt sie nicht mehr. Ich hatte doch gewußt, daß sie nicht lebt, daß sie umgekommen war. Die Alte trat ganz dicht an die Gartentür.

„Ja. Entschuldigen Sie. Ich konnte es mir denken. Sie ist beim Bombenangriff umgekommen, nicht wahr?"

Wieder klang die Stimme anders.

„Sie sind kein Deutscher?"

„Nein. Ich bin Ausländer."

„Fräulein Dekker ... Sie müssen wissen, sie ist nicht beim

114

Angriff umgekommen." Diesmal klang die Stimme der Alten pfeifend, scharf. „Fräulein Dekker wurde geköpft ... sie wurde hingerichtet ..."

War es Täuschung, daß ich irgendwo abseits einen gedämpften Aufschrei zu hören glaubte? Irgend etwas bohrte sich sehr tief in mich, vielleicht ein Messer, vielleicht die Flamme eines Schweißbrenners. Es wurde mir schwarz vor den Augen. Ich mußte mich an der Mauer festhalten. Ich hörte, wie die Tür zugeschlagen wurde; und irgendein Stimmchen, fern, sehr, sehr fern, ein flehendes Stimmchen — das habe ich nicht gewollt, das habe ich wirklich nicht gewollt, glaub mir, ich wollte es nicht, wollte es nicht ...

„Geh ...", sagte ich leise. „Geh fort. Laß mich in Ruhe."

Ich wußte nicht, ob sie ging. In meinem Schädel pochte ein schwerer Hammer. Ich wußte nicht einmal, wie ich wieder zum Kai gelangt war. Ich hörte das unsichtbare Wasser, wie es um die Steine der Stromregulierung blubberte. Und wieder stand ich vor jenem dunklen Haus. Anläuten, noch einmal anläuten ... ich zögerte. Aus der finsteren Straße waren schwere Schritte zu hören. Ich würde klingeln. Wenn sie vorüber waren, würde ich klingeln.

Die Schritte hielten inne, sie waren schon ganz nahe, als sie innehielten. Mir war es einerlei.

Der stechende Strahl einer Taschenlampe blendete mich.

„Was tun Sie hier?" bellte eine scharfe Stimme.

Ich antwortete nicht.

„Haben Sie nicht verstanden? Was machen Sie hier?"

Es war die Polizei. Zwei Polizisten. Nächtlicher Rundgang.

„Nichts."

„Was heißt das, nichts? Wie reden Sie mit uns? Antworten Sie ordentlich, verstanden?"

„Ich habe ordentlich geantwortet. Nichts. Ich tue hier nichts. Ich gehe spazieren ..."

Sie traten näher, mißtrauisch, lauernd traten sie von zwei

Seiten an mich heran. Uniformen trugen sie wie ehedem. Die seltsam geformten Tschakos der Schutzpolizei, grüne Mäntel, Gürtel, daran die Pistolentasche. Und sie bellten auch wie ehedem ...

„Was haben Sie in dieser Gasse zu suchen? Vor diesem Haus?"

Sie brachten mich in Wut. Was schrien sie da mit mir herum?

„Das geht Sie nichts an. Lassen Sie mich in Ruhe."

Der eine packte mich hart an der Schulter.

„Hände hoch!"

Ich tat es nicht.

„Na, wird's?"

„Es wird nicht. Fällt mir nicht ein."

Die andere, mäßigere Stimme sprach zu jenem, der mich festhielt:

„Er ist kein Deutscher."

„Sind Sie Ausländer?"

„Ja."

„Haben Sie einen Paß, Dokumente, einen Ausweis?"

„Sie blenden mich."

Jener, der neben mir stand, senkte den Lichtstrahl.

„Jetzt kann ich Ihnen meinen Paß zeigen."

Die beiden prüften ihn lange, gründlich. Der Lange hielt mich nun nicht mehr fest, und als er mir den Paß zurückgab, war er merklich freundlicher.

„Wo wohnen Sie?"

„Im Hotel Handelshof ..."

„Das dürfte in Ordnung sein, Heini ...", sagte der Kleinere. Aber der andere wollte noch immer nicht aufhören.

„Möchten Sie uns nicht verraten, was Sie hier treiben?"

„Ich habe Ihnen bereits gesagt, nichts. Ich gehe spazieren. Ich kann nicht schlafen, also gehe ich spazieren ..."

„Weshalb gerade hier?"

Sie brachten mich wirklich in Wut.

„Herrgott, soll ich euch zuliebe auf der Milchstraße spazierengehen? Vielleicht würde ich mich dort wohler fühlen. Zumindest gibt es dort keine deutsche Polizei."

„Na, na . . .", knurrte der Lange.

„Ich habe Ihnen meinen Ausweis gezeigt, Sie wissen, wo ich wohne, was wollen Sie also? Ich bin kein Dieb, und Sie haben kein Recht, einen Menschen auf der Straße zu belästigen. Oder herrscht hier der Ausnahmezustand?"

„Mit uns redet man nicht so . . ."

„Mit mir auch nicht. Einst hat man in dieser Stadt mit mir so geredet. Jetzt verbitte ich mir das! Wenn Sie mich nicht in Ruhe lassen, gehe ich mich morgen bei der Kommandantur beschweren. Ich bin nämlich kein lästiger Ausländer, verstanden?"

Das saß. Das sitzt überall, selbst hier. Der Kleinere sagte ungeduldig — komm, Heini, er hat recht, er hat uns seinen Paß gezeigt, und es ist nicht verboten, in der Nacht spazierenzugehen, wo immer . . .

Sie entfernten sich. Es war allerhöchste Zeit. Ich begann zu zucken, und dann kotzte ich auch schon.

„Er ist besoffen . . .", vernahm ich die Stimme des sich entfernenden Polizisten.

„Den Eindruck hatte ich aber gar nicht . . .", sagte der andere, sicherlich war das der Kleinere.

Es erwischte mich noch einige Male, tüchtig. Im Hinterkopf spürte ich einen dumpfen Druck. Ich entfernte mich zwei Schritte von dieser Sauerei, lehnte mich mit beiden Händen und der Stirn an den Eisenrahmen des Zaunes. Jemand legte mir zärtlich die Hand auf den Rücken.

„Das habe ich nicht gewollt. Ich habe es nicht gewollt, so glaub mir doch. Ich habe es wirklich nicht gewollt . . ."

„Ich habe dir schon gesagt, geh! Geh weg!"

„Ich gehe nicht. Ich will, daß du mit mir kommst. Es ist nicht mehr weit zu mir. Ich koche dir Kaffee."

Sie war so unglücklich, so unglücklich, daß ich mich fort-

117

schleppen ließ. Sie zog mich an der Hand zum Kai, den Kai entlang.

„Ich hatte Angst, daß sie dich mitnehmen. Daß sie dich schlagen werden."

„Schade, daß ich keine Pistole hatte. Ich hätte sie in den Fluß getrieben."

Sie kicherte. Das war eine komische Vorstellung, Polizisten in den Fluß treiben!

„Hast du schon jemals einen Polizisten in den Fluß getrieben?"

„Hier in der Nähe war früher einmal eine Brücke, Kleine. Noch heute ragen ein paar Reste von ihr über den Wasserspiegel. Jetzt kann man sie nicht sehen, aber sicherlich sind sie da. Bei dieser Brücke habe ich einen Polizisten in den Fluß getrieben."

„Das ist fabelhaft! Das hätte ich gern gesehen! Willst du mir die Geschichte erzählen?"

„Vielleicht. Aber jetzt habe ich keine Lust dazu."

„Jetzt hast du zu nichts Lust, nicht wahr? Ich weiß, wie das ist, wenn man zu nichts Lust hat. Aber das wollte ich nicht. Glaub mir, ich wollte es nicht . . ."

„Ich mache dir keine Vorwürfe, Kleine."

„So . . . wir sind da . . ."

Sie zog einen Schlüssel aus der Tasche.

„Ich wohne im sechsten Stock, aber der Aufzug funktioniert."

Der Kaffee tat mir gut. Er vertrieb den unangenehmen, säuerlichen Geschmack im Mund.

„Ich habe weder Kognak noch etwas zum Essen . . .", sagte die Kleine bedauernd. Das war ein bißchen überraschend. Auf Grund der Selbstverständlichkeit, mit der sie mich hergeführt hatte, hätte ich angenommen, daß sie immer für solche Besuche vorgesorgt hatte.

Wir saßen nebeneinander auf der Couch, vor uns stand ein kleines Tischchen. Es hätte genügt, das Mädchen umzulegen, vielleicht nur durch einen leichten Stups. Wer weiß, ob sie das wollte? Wer weiß, ob ich das wollte?

„War sie schön?"

„Sie hat mir gefallen."

„War sie schöner als ich?"

„Ist die Birne schöner als die Himbeere?"

„So eine volle, große, saftige Birne, in die man große Lust hat hineinzubeißen?"

„So eine große, volle, rote, taufrische Himbeere, mit zartem Blütenstaub überzogen?"

„Was für Haare hat sie gehabt?"

„Kastanienbraune. Eine recht alltägliche Farbe also. Aber dicht, üppig, lang. Sie drohte mir, wenn ich einmal tief schliefe, würde sie sie mir um die Kehle wickeln und mich mit ihnen erdrosseln. Mit diesem Haar hätte man das vermocht."

„Die Augen?"

„Die Augen waren grau. Vielleicht ein bißchen blaßblau, aber im Grunde grau."

„Das Gesicht?"

„Ihr Gesicht war fleckig. Ein bißchen rauh, fast narbig. Man nennt das einen unreinen Teint."

„Auch ihr Körper war fleckig?"

„Nein. Nur das Gesicht. Ihr Körper war weiß, strahlend, glatt."

„War sie größer als ich?"

„Sie war groß. Fast so groß wie ich."

„Und ich bin klein, nicht wahr?"

„Bleib ruhig, wie du bist."

„Auch ihre Beine waren lang?"

„Sie hatte lange, gutgeformte Beine."

„Und die Figur?"

„Heute nennt man das sechsundneunzig, achtundsechzig, vierundneunzig."

„Eine Sexbombe?"

„Damals nicht. Damals galten solche Maße als überdimensioniert. Modern waren eher spitze Brüste und viel zartere Hüften."

„Aber sie hat dir gefallen?"

„Sie hat mir sehr gefallen."

„Habt ihr viel Liebe gemacht?"

„Sehr."

„Mein Freund und ich, wir haben auch sehr viel Liebe gemacht. Wir konnten gar nicht genug davon kriegen. Nur daß er ein Kind wollte, und ich hatte Angst. Und manchmal war es nicht schön. Manchmal fiel mir ein, daß mein Vater gehenkt wurde. Sogar dabei konnte ich das nicht vergessen. Und mein Freund war enttäuscht."

„Mein Vater wurde gehenkt ... mein Vater wurde gehenkt ... damit wirst du es nicht sehr weit bringen. Schließlich lebst du dein Leben, nicht seines."

„Das weiß ich. Das sagen mir alle, auch mein Freund hat mir das immer wieder gesagt, und ich werde mir dessen langsam selbst bewußt. Aber nicht alles auf dieser Welt läßt sich begreifen und erklären und mit dem Verstand lösen. Und ich vermag mich nicht aufzubäumen, wenn diese Qual über mich kommt. Den ganzen Nachmittag habe ich mich auf das Abendessen mit dir gefreut. Ich wollte mit irgend jemandem sein, mit jemandem klönen. Und so schaut mein Klönen nun aus. Immer übermannt es mich. Kann ich etwa dafür, daß ich Deutsche bin? Ich habe mir weder die Nationalität noch den Ort, noch die Zeit meines Daseins ausgesucht. Das ist ungerecht."

„Man hätte es dir nicht sagen müssen. Deine Mutter hätte dir und ebenso sich selbst das Leben anders einrichten können."

„Nein. Ich liebe die Wahrheit. Mag sie bitter sein, aber sie ist das einzig Mögliche. Nur ... was ist Wahrheit? Ständig tappe ich zwischen zwei Mauern herum. Die eine ist in mir selbst, die andere außerhalb von mir. Vor zwei Jahren bin ich mit meinem Freund an der Adria gewesen. Dort benahm man sich sehr korrekt zu uns, anständig, aber man mag uns nicht. Nirgends mag man uns. Andere machen sich vielleicht nichts daraus, aber ich halte das nicht aus. Ich kann nirgends hingehen, wo man mich nicht mag, ich bin zu lebenslänglichem Kerker verurteilt, der Deutschland heißt. Sympathie, Liebe kann man für kein Geld der Welt kaufen. Einmal fragte ich beim Abendessen einen jungen Dalmatiner, den wir am Strand kennengelernt hatten, was er von uns Deutschen denkt. Er antwortete mir: Ihr seid sehr laut.

Damals verstand ich ihn nicht, aber heute weiß ich, was er damit meinte. Wir haben Minderwertigkeitskomplexe Europa gegenüber, und die verdrängen wir in uns, indem wir eigene Würde und Wichtigkeit vortäuschen, überall die Aufmerksamkeit auf uns ziehen, durch lautes Sprechen, Singen, lautes Gehen, durch Posiererei, wir sind Deutsche, damit ihr es nur wißt, Deutsche sind wir ... Der dalmatinische Bursche hat sich noch sehr schonend ausgedrückt.“

„Unlängst habe ich bei uns einen Deutschen getroffen, der mich fragte — was denkt ihr über uns Deutsche? Ich antwortete ihm — ihr seid sehr laut ... Ich lud ihn zu einer größeren Abendgesellschaft ein. Wir tranken, und wenn bei uns getrunken wird, werden die Leute manchmal sehr heiter und übermütig. Wir sangen, eigentlich war es eher ein Gegröle als ein Singen. Der Deutsche trank mit. Er vertrug nicht viel. Er setzte sich verdattert in einen Winkel und sah sich die ganze Bescherung an. Dann erhob er sich plötzlich, kam zu mir, unterbrach unseren Gesang und begann hysterisch zu lachen — und dieser Mensch hier ... er zeigte auf mich — und dieser Mensch hier hat mir heute nachmittag gesagt, daß wir Deutschen sehr laut sind ...“

„Er hat überhaupt nicht begriffen, nicht wahr?“

„Nein, überhaupt nicht.“

„Diesem Dalmatiner habe ich gefallen. Er suchte unsere

Nähe, ständig trieb er sich um mich herum, einmal brachte er mich mit dem Boot weit aufs Meer auf eine kleine öde Insel. Er wollte mich haben, er verschlang mich mit seinen schwarzen Augen. Auch mir gefiel er. Er gefiel mir sehr, ich begann richtig zu zittern. Und, siehst du, nichts wurde daraus. Ich hatte Angst. Ich hatte Angst, wenn alles vorüber ist, würde er mir sagen — du bist doch nur eine Deutsche. Du bist die Tochter eines Kriegsverbrechers. Ich habe mit dir Liebe gemacht, weil das menschlich ist, aber ich verachte dich, weil du eine Deutsche bist ... Du aber, du hast eine Deutsche geliebt, in einer Zeit, als uns die ganze Welt am meisten haßte. Hat dich das überhaupt nicht gestört?"

„Es hat mich gestört, Kleine. Ich war wütend über mich selbst. Und auf sie."

„Aber es war stärker, nicht wahr? Stärker als du, stärker als der Krieg, als die Schranken, die die Menschen zwischen sich künstlich geschaffen hatten. Du wolltest keine Deutsche lieben, aber du konntest sie nicht nicht lieben, nicht wahr?"

„Es war stärker, Kleine. Als ich, als der Krieg ..."

Es war ein ganz seltsamer Abend, Kleine, voll von irgend etwas Undefinierbarem, vielleicht Geheimnisvollem, vielleicht Trauer, so ein Abend, da man Lust hat, über sich selbst zu weinen, über seine Nichtigkeit, über diese ganze Kriegsmisere, die Hoffnungslosigkeit. Es war ein Abend voll Spleens, Sehnsüchte, nicht so einer wie bei Tropenhitze, da sich die Weiber schlaflos, mit glühendheißer Haut, auf ihrem Lager wälzen, auch keine schwüle Nacht am Meer, in der alles am Leibe eng und fremd ist.

Es war nicht schön, eher unfreundlich, ein Dunst lag über der Stadt, eine Feuchtigkeit, gesättigt mit dem Duft modernden Laubes, der Rauch aus den Schornsteinen kroch über den Boden, der Himmel bedeckt, es war dunkel, so dunkel wie heute nacht.

Ich kehrte vom anderen Ufer heim. Ich pfiff irgendeine Improvisation vor mich hin, das passiert mir öfters, irgendeine Melodie fällt mir ein, die ich gleich darauf wieder vergesse. Es war so dunkel, daß ich den Gehsteig unter den Füßen nur ahnen konnte.

Ich ging ein Stück das Ufer entlang, ich pfiff meine Melodie vor mich hin, und plötzlich hörte ich hinter mir Schritte, kleinere Schritte, zweifellos weibliche. Unwillkürlich überlegte ich, ob die in dieser Finsternis nicht Angst hatte. In der Stadt war es nicht mehr sehr geheuer. Die Schritte waren hinter mir, aber sie holten mich ein, sie kamen immer näher, und als ich in diese Gasse dort einbog, hörte ich sie nach einer Weile abermals hinter mir. Eigentlich nicht hinter mir, sondern auf dem gegenüberliegenden Gehsteig. Die Schritte gelangten bis auf meine Höhe und wurden langsamer. Diese Frau wollte irgend etwas, aber mich interessierte das nicht sehr, ich ging meiner Wege und pfiff meine Melodie vor mich hin. So schritten wir in der Dunkelheit weiter, nebeneinander, sie auf dem einen Gehsteig, ich auf dem anderen, ich sah sie nicht, und sie konnte mich nicht sehen, aber sie hielt mit mir Schritt, das konnte ich hören. Es beunruhigte mich. Ich hatte an diesem Abend nicht die geringste Lust auf ein Abenteuer, ich wollte allein sein mit meinem Weltschmerz, diese Frau störte mich nur durch ihre unsichtbare Gegenwart.

Ich blieb stehen. Ich hörte zu pfeifen auf. Mochte sie weitergehen. Aber auch die Schritte auf der anderen Seite verstummten. Auch sie war stehengeblieben. Was wollte sie denn, zum Teufel? Sie konnte alles mögliche wollen, es war nicht einmal so schwer, zu erraten, was sie wollte.

Ich stand da, zog eine Zigarette aus der Tasche, zündete sie an.

„Was war das?" vernahm ich eine recht tiefe weibliche Stimme.

„Was denn?" antwortete ich unwirsch.

„Was Sie gepfiffen haben?"

Sie kam mir lächerlich vor. Sie will eine Bekanntschaft machen, das war sicher, und dafür ist jeder beliebige Vorwand gut. Was ich gepfiffen hatte? Nichts hatte ich gepfiffen.

„Nichts . . .", sagte ich.

„Ich wollte nur wissen, wer das komponiert hat", fuhr die Altstimme fort.

„Niemand."

„Sind Sie Musiker?"

„Nein."

„Dann können das nicht Sie erfunden haben."

„Dann habe ich es eben nicht erfunden. Es ist egal, ob ich etwas erfunden habe oder nicht."

„Könnten Sie das wiederholen?"

„Ich glaube nicht."

„Haben Sie eine Zigarette?"

Ach so. Eine Hure. Das hätte ich mir gleich denken können. Sie hatte eine schöne Altstimme, aber sie war eine Hure. Und ich hatte weder auf eine Hure Lust noch auf irgendein anderes Abenteuer.

„Zigaretten sind rar . . ."

„Ihr Ausländer leidet noch keinen großen Mangel."

„Wieso wissen Sie, daß ich Ausländer bin?"

„Für einen Deutschen ist Ihr Deutsch zu rein."

„Sie sprechen ebenfalls ein völlig reines Deutsch, aber Sie sind keine Ausländerin."

Ich ging auf die andere Straßenseite hinüber, dorthin, wo ich sie vermutete.

„Haben Sie denn gar keine Angst vor einem Ausländer? Ich bin doch ein lästiger Ausländer. Vielleicht einer von der allerübelsten Sorte."

„Ich habe keine Angst vor Ihnen. Sie lieben Musik . . ."

So ein Dummkopf. Wenn die wüßte, wer alles Musik liebte!

Fast wäre ich gegen sie geprallt. Ich bemerkte sie im allerletzten Augenblick.

„Haben Sie tatsächlich keine Angst?"

„Lassen Sie mich. Ich rufe um Hilfe . . ."

„Das würde Ihnen nicht viel nützen. Aber Sie brauchen keine Angst zu haben. Sie haben wohl große Lust zu rauchen?"

Nun konnte ich sie bereits erkennen. Ich reichte ihr eine selbstgestopfte Zigarette.

„Es ist guter Tabak."

Ich zog die Zündhölzer heraus, gab ihr Feuer. Absichtlich hielt ich das Zündholz dicht vor ihr Gesicht. Sie war keine Hure. Sie mochte alles mögliche sein, aber eine Hure war sie nicht.

„Zufrieden?" fragte sie spöttisch.

„Womit?"

„Mit mir."

„Ich dachte, Sie wären eine Hure."

„Ach . . . jetzt sind Sie sicherlich enttäuscht."

„Liegt Ihnen etwas daran?"

„Mir nicht."

„Mir auch nicht."

„Sind Sie Balkanese?"

„Ich bin Franzose."

„Sie haben eine Aussprache wie ein Balkanese."

„Liegt Ihnen etwas daran?"

„Eigentlich nicht. Ich wollte nur . . . leihen Sie mir die Zündhölzer . . ."

Sie tat das gleiche wie ich. Sie leuchtete mich an.

„Zufrieden?" Ich versuchte, ihren spöttischen Ton nachzuahmen.

„Liegt Ihnen etwas daran?" setzte sie das Spiel fort.

„Eigentlich nicht. Die Zigarette schmeckt Ihnen."

„Heute ist bei der Zigarette nicht der Geschmack das Wichtigste."

„Gut, dann gehe ich."

„Wenn Sie zufällig Lust auf einen Kaffee hätten . . ."

„Ich mag keinen Ersatzkaffee."

„So einen hätte ich Ihnen gar nicht anzubieten gewagt", sagte sie belustigt.

„Haben Sie wirklich so viel echten Bohnenkaffee?"

„Haben Sie wirklich so viele Zigaretten?"

Sie amüsierte sich über mich. Und ich mich über sie. Sie war keine Hure, aber ich wußte genau, was sie war. Ein Ferkelchen. So ein besseres Ferkelchen.

„Vielleicht bin ich Pole . . .", schreckte ich sie.

„Sie haben kein ,P' auf dem Rockaufschlag. Und selbst wenn Sie einer wären . . ."

Ein Ferkelchen war sie. Ein Ferkelchen. Sie wußte, daß ich kein Pole war, sie wußte das sehr genau. Aber sie hatte eine schöne Altstimme, und ihr Lachen klang angenehm. Nun hatte ich plötzlich doch das Gefühl, Lust auf einen Kaffee zu haben, wie man das so nennt.

„Nun, einen richtigen, duftenden Kaffee würde ich nicht verschmähen . . ."

„Ich wohne nämlich hier . . ."

Sie zog den Schlüssel aus der Handtasche. Sie ertastete das Schlüsselloch, öffnete.

„Aufpassen, zwei Stufen . . .", sagte sie.

Ich bemerkte, daß das Tor gar nicht knarrte. Nicht, daß mich das überrascht hätte.

„Warten Sie hier, ich mache in der Halle Licht . . ."

Als es drinnen hell wurde, ging ich weiter. Ich stand in der Tür einer fremden, unbekannten Wohnung, vor mir lag eine geräumige Halle, die das ganze Erdgeschoß einnahm. Das Ferkelchen stand in der Mitte und betrachtete mich neugierig. So standen wir ein Weilchen da und maßen einander. Sie trug ein graues Kostüm, sie war groß, sie hatte eine gute Figur, ihr Mann war wahrscheinlich eingerückt, sie wollte, sie brauchte einen Mann, vorhin, draußen, hatte ich mich nicht geirrt, sie gehörte zu jenen, die ohne Mann nicht auskommen können. Wenn das über sie kommt, schnappt sie sich jeden x-beliebigen von der Straße. Sehr wählerisch war sie wohl nicht. Einen Mann, irgendeinen, nur her mußte er.

Ich hatte weder die Möglichkeit noch die Zeit, mich umzusehen, wo ich eigentlich war. Wir standen einander gegenüber, und es war nicht nötig, auch nur ein Wort zu sagen, nichts, ihre Nasenflügel zitterten, und auch mich überlief es heiß. Ich ging auf sie zu, und sie kam mir entgegen, wie hypnotisiert. Ich riß sie an mich, daß sie leise aufschrie, ihr Blick wurde trüb, sie bog den Kopf nach hinten, bot mir ihre Brüste, bot sie mir an, pack sie, presse sie, beiß sie, daß es schmerzt, daß es sehr, sehr schmerzt. Stehend zog ich sie aus, schnell, ungeduldig und ungeschickt, ich warf die Kleidungsstücke auf den Boden, alles zerrte ich ihr vom Leibe, ich fühlte, wie dabei meine Hände zitterten, ich hob sie auf, warf sie in die Luft wie eine Daunenfeder, trug sie auf ihre übergroße Couch, die dazu da war, das Ferkelchen, sie hatte die Augen geschlossen und atmete rasch, ihr Mann ist im Krieg, oder sie ist Witwe, aber wahrscheinlich war sie keine, und sie war so weiß . . . sie lag da, die Augen geschlossen, sie wartete, bis ich mich entkleidet hatte, ich legte mich zu ihr, sie bäumte sich auf, sie flüsterte wie von Sinnen, das ist ja toll, das ist toll, das ist toll, sie zog mich an sich, streckte mir ihre Brüste entgegen, pack sie, presse sie, beiß sie, daß es schmerzt, daß es sehr, sehr schmerzt . . . sie waren straff, fest, rund wie eine halbe Melone, ich spielte mit ihnen, sie öffnete ein wenig ihre feuchten Lippen, sie hatte einen unreinen, fleckigen Teint, etwas rauh, sie kreischte auf, triumphierend, glücklich, schmerzlich, noch, flüsterte sie, noch, ach, mein Gott, das schmerzt, das schmerzt so sehr, noch, daß ich vor Schmerz wahnsinnig werde. Ich war von Sinnen, ich verschwand, ich verlor mich in dieser wilden Raserei, sie verbiß sich in meine Lippen, wand sich, bäumte sich auf, manchmal schrie sie auf, ach, Gott, Gott, Gott im Himmel . . .

Dann kam die große Ruhe, Stille. Im Kopf verebbte das Dröhnen. Der Puls hörte auf, wie wild zu schlagen. Meine

Brust war wie in Öl gebadet, aber es war Schweiß. Auch ihr ganzer Körper glänzte. Ich leckte sie ab, sie war salzig.

„Du bist salzig . . ." Meine heisere Stimme kam mir wunderlich vor, sie schien aus großer Tiefe zu kommen.

„Wie heißt du?"

„Luise. Und du?"

„Das tut nichts zur Sache. Ich wollte nur wissen, wie du heißt."

Ich griff nach dem Sakko, das auf dem Sessel lag. Ich zog zwei Zigaretten heraus.

„Zünde nur eine an. Wir rauchen sie zusammen."

Ich mußte mich strecken, um meine Hose zu erreichen, wegen der Zündhölzer. Ich legte mich auf die Seite, stützte den Kopf auf den Unterarm, ich steckte ihr die Zigarette in den Mund, sah zu, wie sie tief den Rauch einsog, durch die Nase ausblies. Sie lag friedlich, zufrieden da.

„Du bist so jung."

„Nicht ganz so. Und du auch nicht."

„Es ist ja toll, ganz toll, es ist toll . . .", lachte sie, sie lachte, wie wenn Glocken läuten.

„Was lachst du . . .?"

„Ach, nichts", sagte sie lachend, „es ist toll, ganz toll . . ."

„Du warst einmalig . . ."

Sie knurrte wie ein Hündchen, es war so ein gemütliches Knurren, aus der Lunge, nicht aus der Kehle. Wahrscheinlich hörte sie das gern.

Ich streichelte sie. Ich sah sie mir genau an, von den Zehen bis zum Haar. Sie hatte eine unreine Haut, aber so einem Stück begegnete man selten, fast nie. Noch klang alles in ihr ab. Sie war ein entzückendes Ferkelchen. Eines von der höheren Sorte.

Wir rauchten zu Ende. Wie so eine Zigarette schmeckt! Wir rauchten zu Ende, und sie regte sich, streckte, reckte sich, sagte — du hast schöne Augen und hast zarte Hände, wenn die einen berühren, beginnt man zu zittern, sie nahm meinen

Kopf in beide Hände, zog ihn an sich, küßte meine Augen, die Stirn, fuhr leicht mit ihren Lippen über meine, ließ mich los, schob mich fort, setzte sich auf, sagte — ich bin hungrig, du auch? Ich nickte. Auch ich war hungrig.

Sie glitt von der Couch. Sie ging in die Mitte des Raumes, stand kopfschüttelnd da und starrte auf das Häuflein ihrer Kleider auf dem Boden, sie hob Stück um Stück auf, zuerst die Strümpfe, dann das Höschen, dann den Rock und die Kostümjacke, sie legte es behutsam, bedächtig über einen Sessel. Sie ging nach nebenan, kehrte in einem schwarzen Samtmorgenrock zurück, aus dem Schwarz quollen ihre großen, runden Brüste mit strahlender Helligkeit, sie ging wie eine Tigerin durch das Zimmer, elastisch, biegsam, sie trat zu mir, küßte meine Nase, sagte — nimm die Decke und deck dich zu, ich gehe etwas anrichten, du bleib ruhig liegen und denke an nichts.

Ich blieb allein. Ich stand auf, zog mein Hemd an, die Hose, ich bin nicht gern nackt. Ich zog auch die Socken an und schlüpfte in die Schuhe. Ich sah mich um, wo ich eigentlich war ...

Alles hier war solid und gründlich. Der Raum hatte fast zu große Dimensionen, er war hoch, mit großen Fenstern, die die ganze Stirnwand einnahmen. Hier herrschte Holz vor, solides Holz und solides Leder. Ein massiver ovaler Tisch in der Mitte, darauf ein schwerer Gobelin. Eine Bibliothek, die die ganze Breite der Seitenwand einnahm, in den Regalen Serien von gleich großen Büchern, in Schweinsleder oder in Kalbsleder gebunden. Gesammelte Werke. Nur gesammelte Werke. Goethe, Schiller, Hauff, Freytag. In französisch Balzac, Flaubert, Maupassant. In englisch Shelley, Byron, Dickens, Thackeray und Shakespeare. Letzterer in etlichen, verschiedenen Ausgaben. Turgenjew, Tolstoi und Dostojewskij in deutscher Übersetzung. Ibsen, Strindberg, Walter Scott in deutscher Übersetzung. Nichts aus dem zwanzigsten Jahrhundert. Es war eine Repräsentationsbibliothek, keine zum Lesen. Den Großteil dieser Bücher mochte überhaupt noch niemand gelesen haben.

Eine ganze Abteilung Memoirenliteratur. Eine große Sammlung diplomatischer Dokumente, Korrespondenzen, Jahrbücher, Jahresberichte wissenschaftlicher Gesellschaften. Reisebeschreibungen und geographische Handbücher. Ein Regal mit Erstdrucken. Alles unter Glas. Die Bücher standen stramm wie Soldaten da. Nirgends fehlte ein Band, auf keinem der Regale gab es auch nur das kleinste Plätzchen, um noch ein Buch einzuschieben. Eine überflüssige Bibliothek, nur zu Dekorationszwecken. Wahrscheinlich stand sie so da, unverändert, immer gleich, seit der Zeit, da man sie eingerichtet hatte. Nichts war hinzugekommen. Nichts fortgekommen.

Die vier mächtigen Klubsessel beim ovalen Tisch waren mit weichem, solidem Leder bezogen. Die Ecke des Raumes füllte ein hölzerner — mich überraschte, daß er hölzern war —, geschnitzter Kamin. Er sah eher wie ein Kirchenaltar aus. An der Wand gegenüber dem Fenster stand eine Vitrine mit einer Mineraliensammlung, farbige geschliffene Steine und mineralische Kristalle. Achate, Bernstein, Amethyste, Topase, Aquamarine, das spielte in bunten, frohen Farben, das einzige Bunte, Lebendige in dieser soliden Halle. Von der Decke hing ein Sezessionsluster in Bronze. Von den sechs Kugeln leuchteten nur zwei. Vor der Bibliothek stand ein alter Globus aus dem achtzehnten Jahrhundert. Die Halle bedeckte ein dicker grauer Teppich, weich wie Moos. Die Eindrücke der Füße blieben in ihm zurück. Das Fenster war halb mit Brokatvorhängen, zart gemustert, bedeckt. An der vierten Wand hing ein einziges Bild, ein großes, längliches Bild in einem mächtigen, braungebeizten Rahmen. Das wellige, uferlose, unendliche Meer, nichts, nur Meer, kein Schiff darauf, kein Riff, das es umspült hätte, nur das unendliche Meer und darüber ein unendlicher, bleierner Himmel.

Vor dem Fenster stand ein Arbeitstisch, ebenfalls recht

mächtig, geschnitzt, mit einer Intarsienplatte. Und ein hölzerner, harter Stuhl ohne Polster. Auch das Diarium, in Leder gebunden, das einzige, was auf dem Schreibtisch lag, schien unbenützt, nur zur Dekoration.

In der Halle war es warm, aber ich fand nicht die Quelle, aus der diese Wärme kam.

Ich überlegte, was das alles wohl gekostet haben mochte. Ich erschrak über das Ergebnis meiner Schätzung. Ich fühlte mich beengt. Hier hatte ich nichts zu suchen, hierher paßte ich ganz und gar nicht. Im Deutschland des fünften Kriegsjahres herrschte wahrlich keinerlei Not an Überraschungen, aber es existierten nach wie vor bestimmte unüberschreitbare Grenzen. Wie war das geschehen, daß ich hier war? Wie war ich hergelangt?

Das einzig Störende hier war die Couch. Die breite, bequeme Schlafcouch. Sie paßte nicht her, sie verletzte die Würde und den Zweck des Raumes. An seiner Stelle hatte früher bestimmt ein massiver Diwan gestanden, mit dem gleichen Leder überzogen wie die Klubsessel. Irgendwo oben, hinter der Tür, hinter der die Frau verschwunden war, gab es sicherlich Schlafgemächer, Boudoirs, Badezimmer, eine Küche. Für die Couch in der Halle konnte es nur eine einzige Erklärung geben.

Der Gatte? Natürlich der Gatte. Wahrscheinlich ein Gatte aus dem neunzehnten Jahrhundert. Vielleicht ein Tatterich. Aber ein Tatterich wäre wohl nicht bei der Wehrmacht gewesen. Und — das hatte ich festgestellt — Militärliteratur gab es in der Bibliothek keine. Aber wenn es der Gatte war, wenn er ein Tatterich war, wenn er nicht in der Armee diente, weshalb war er nicht hier? Weshalb ließ er seine junge Frau allein? Sie war allein in diesem großen Haus, es stand außer Zweifel, daß sie allein hier war, sonst hätte sie das nicht tun können.

Doch was ging mich das an? Verschwinden, so rasch wie möglich gehen, ich fühlte mich hier nicht wohl.

Aber es ließ und ließ mir keine Ruhe. Sie konnte nicht allein im Haus sein. Irgend jemand mußte heizen, jemand aufräumen, alles in Ordnung, sauberhalten. In den Villen am anderen Ufer, und das waren die Villen der Privilegierten, wurden amtshalber Ausgebombte und deutsche Flüchtlinge aus dem Osten einquartiert. Kraft eines amtlichen Dekrets, gegen das es keine Berufung gab. Ich mochte gar nicht zu Ende denken, wo ich mich hier wohl befand, obwohl vieles gegen meine Vermutung sprach. Kein *Mein Kampf*, kein Hakenkreuz, kein Führerporträt.

So oder so, das beste würde sein, ich ginge.

Von ihr wußte ich alles. Es ist nicht schwer, von so einer gleich alles zu wissen. Sie war mannstoll, ein Ferkelchen, vielleicht eines der höchsten Kategorie, doch sie war tief gesunken, wenn sie sich schon mit einem Ausländer zufriedengab, den sie von der Straße aufgelesen hatte, den sie nicht einmal hatte sehen können, von dem sie bis jetzt nichts wußte, nicht einmal seinen Namen kannte sie. Vielleicht gingen ihre Neigungen in dieser Richtung, vielleicht befriedigte, reizte sie gerade das: da geht sie am Abend auf die Kaipromenade, holt ein Mannsbild ein, ein x-beliebiges Mannsbild, einen Soldaten auf Urlaub, einen Polizisten, einen Chauffeur, einen Ausländer, vielleicht je muskulöser und je dreckiger, desto besser. Gegen Morgen sagt sie dann — du mußt gehen, du mußt fort, solange es noch dunkel ist, es könnte dich jemand hinausgehen sehen, ich danke dir, wir sehen uns nie wieder, es war fein, aber du mußt dir nicht die Mühe machen, mich auf der Straße zu grüßen, wenn wir uns einmal begegnen, ich muß ein wenig auf meinen Ruf bedacht sein, nicht einmal so auf den Ruf als auf das Dekorum, nicht sehr, aber ein bißchen doch.

Was würde sie wohl für ein Gesicht machen, wenn ich ihr plötzlich sagte — gib mir zweihundert Mark dafür! Würde sie sie mir geben? Vielleicht würde sie sie mir wirklich geben. Einerlei, mutig war sie, das konnte man ihr nicht absprechen. Einmal konnte sie auf jemanden stoßen, der sich nicht so leicht abwimmeln ließ. Einmal konnte man sie mit durchschnittener Kehle auffinden.

Nein, an ihr war überhaupt nichts Rätselhaftes. Ich hatte schon alles mögliche gesehen, ich hatte alles mögliche gehört, alles mögliche erlebt. Rätselhaft war nur dieses Haus hier, nicht sie.

Ich sah mir die Steine in der Vitrine an. Ich entdeckte einen Schalter, ich betätigte ihn, die Vitrine wurde in eine Flut diffusen Lichtes getaucht, die Steine begannen zu leben, sie strahlten in voller Pracht, geäderte, reine und durchscheinende, grüne, blaue, rote, schwefelgelbe, metallglänzende Kristalle, kantige Steine, ovale, herrlich geformte Würfel, weiß der Teufel, wie das alles hieß, doch ich konnte meine Augen nicht von ihnen losreißen. Das mußte einen ungeheuren Wert haben, diese Sammlung.

Es veränderte den ganzen Raum bis zur Unkenntlichkeit. Das Gefühl der übertriebenen Geräumigkeit, der gezierten Solidität, der massiven eichenen und ledernen Kühle verschwand. Als würden diese Steine im ganzen Raum Leben, Freude ausstrahlen. Das ist raffiniert, flüsterte ich vor mich hin, raffiniert!

Ich ging zum Lichtschalter neben der Tür, verlöschte die Deckenbeleuchtung. Plötzlich war ich in einer anderen, verzauberten Welt. Die versteckten Leuchtkörper in der Vitrine vermochten nicht den ganzen Raum zu erhellen, lediglich die groben Umrisse der Möbelstücke; das Schwarz des Leders bekam eine andere Schattierung, die goldenen Prägungen auf den Buchrücken schienen zu phosphoreszieren. Erst jetzt traten die Farben der Steine hervor, Azurblau, Blutrot, Violett, Schwefelgelb, Milchweiß.

Sie trat ein. Sie trug ein Tablett. Sie stellte es auf den Tisch.

„Märchenhaft..." Ich konnte meine Bewunderung nicht unterdrücken.

„Sie sind wie lebendig. Ganze Stunden stehe ich vor ihnen. Es kommt mir vor, als veränderten sie sich fortwährend. Es stimmt nicht, daß Steine eine tote Masse sind. Steine leben. Nur mit einem viel, viel langsameren Leben. Aber irgendwann sind sie entstanden, sie wurden geboren, und sie gehen auch zugrunde, sterben, verwittern. Wir messen die Zeit mit menschlichen Maßstäben. Wir können uns nicht vorstellen, daß etwas Millionen Jahre leben, widerstehen, sich verändern, absterben kann. Die Philosophen behaupten von der Natur, daß sie vollkommen ist durch die Zweckmäßigkeit ihrer Zusammensetzung und ihrer Formen. Doch wozu sind diese Farben? Diese verschwenderische Schönheit? Diese phantastischen Formen? Bei Lebewesen haben Farbe und Form einen Zweck, die Differenzierung der Arten. Aber wozu die Steine? Ist das nicht eher ein Übermut der Natur? Etwas, was sie sich in ihrer ständig sich wandelnden Ewigkeit leisten kann? Sinn für Schönheit? Sinn für das Spiel?"

Sie sagte das so, als kennten wir uns nicht erst eine knappe Stunde, als wäre es die Fortsetzung eines alten, langen, vertrauten Dialogs zwischen uns. Aber vielleicht hatte das dieser unwirkliche, märchenhafte Zauber verursacht?

Gleich darauf zerstörte sie ihn.

„Komm essen, ich bin hungrig . . .", sagte sie sachlich. Auch ich war hungrig, aber in diesem Augenblick kam mir das vor wie eine Entweihung. Natürlich, wir konnten hier nicht die ganze Nacht herumstehen, aber auch solche Augenblicke sollten natürlich ausklingen.

Sie zündete die Lampe über der Couch an.

„Im Eßzimmer ist es kalt. Ich heize jetzt nur hier und in meinem Zimmer."

„Du heizt?"

„Der Hausbesorger natürlich. Er wohnt unten im Souterrain. Mit dem Koks gibt es große Schwierigkeiten."

Mit dem Koks gab es viel größere Schwierigkeiten, als ihre sachliche Stimme verriet. Wer konnte es sich heute in Deutschland leisten, mit Koks zu heizen? Wo bekam sie ihn her?

Ich riß meinen Blick von den strahlenden Steinen. Ich drehte mich um und blieb verwundert stehen. Sie war hergerichtet, gekämmt, mit frischem Make-up, sie trug ein schlichtes schwarzes Kleid mit einer Brosche auf der Brust. Im gedämpften Licht und unter der Puderschicht verschwanden die störenden Flecken auf ihrem Antlitz beinahe ganz. Sie stellte die Teller auf den Tisch.

„Hier können wir am besten zu Abend essen . . .“

„Schon gut.“

Ich ließ mich in den Klubsessel sinken. Der Tisch war tatsächlich zu hoch.

Auf dem Tisch standen Herrlichkeiten. Schön geschnittener Schinken, aus einer Porzellanschüssel duftete heißer Spargel. Und eine entkorkte Flasche Wodka war da.

„Wodka . . .“, staunte ich laut. Ich nahm die Flasche in die Hand, las die Etikette.

„Du kannst das lesen?“

Ich buchstabierte die Aufschrift auf der weißen, schlichten Etikette. Alles verstand ich nicht. Ich hatte schon manches getrunken, Wodka noch nicht.

„Schenk ein . . .“, forderte sie mich auf. „Ich mag Wodka.“

Und nun war er da. Der Krieg war da. Eine Flasche russischen Wodkas in dieser Stadt war der Krieg. Auch sie empfand seine Gegenwärtigkeit bei Tisch. Der Krieg, unser Lieferant von russischem Wodka. Nun sah sie mich unsicher an. Hatte sie etwas getan, was sie nicht hätte sollen? War dieser Ausländer am Ende gar Russe?

Wieder überkam mich das Gefühl der Unsicherheit, der Bangigkeit. Was hatte ich hier zu suchen? Sie war klar, klar und durchsichtig wie zu Beginn, wie auf der Straße, als ich sie mit dem Streichholz anleuchtete, sie war ein Ferkelchen, ein gutes, rassiges Ferkelchen, aber irgend etwas stimmte nicht, etwas störte. Hatte sie so viel Wodka? Hatte sie so viel Schinken, daß sie damit so verschwenderisch Männer bewirten konnte, die sie auf der Straße auflas? Wenn nicht, womit hatte ausgerechnet ich so viel Aufmerksamkeit verdient? Sie wußte nicht einmal, wie ich heiße.

Wodka... Schinken... Spargel... kostbare Steine... Koks im Keller... das große Haus, das sie offensichtlich allein bewohnte.

„Dein Mann gehört zu den ganz großen Bonzen, nicht wahr?" fragte ich rundheraus. „Diplomat, stimmt's?"

Sie erschrak sichtlich. Es riß sie förmlich. Plötzlich wirkte sie gespannt und lauernd. Sie betrachtete mich prüfend, mißtrauisch. Und wer bist du? fragten ihre Augen. Deine Fragen gehören nicht zu diesem Spiel, sie sind unzulässig, taktlos, sind gefährlich. Wer bist du? Wer bist du?

Ich legte die Gabel auf den Teller. Da gab es nur noch eines. Fortgehen. Sie streckte die Hand über den Tisch, legte sie auf meine, als wollte sie mich beim Tisch zurückhalten.

„Mein Vater", sagte sie auf ihre sachliche Art, „ist Botschaftsrat in Schweden."

Das erklärte fast alles. Nicht alles, aber fast.

„Und ich bin einer vom Sicherheitsdienst...", versuchte ich es mit einem Scherz. Sofort fuhr sie hoch.

„Solche Sachen sagt man nicht einmal zum Spaß."

„Ich wollte dir nur bestätigen, was ich in deinen Augen gelesen habe..."

„Du verstehst offenbar gut zu lesen. Aus Augen, auch aus anderem."

Ich schenkte ihr Wodka ein. Wir tranken einander zu. Als hätte sie alles von sich abgeschüttelt, begann sie wieder zu essen. Ich sah zu, wie sie die saftigen Scheiben des harten, halb rohen Schinkens im Mund umdrehte, wie sie sie mit den Zähnen zermalmte, wie sie ihren Saft, ihre Köstlichkeit genoß, sie aß mit dem Mund, mit den Zähnen, den Augen, sie aß schön, langsam, mit Wonne, mit Raubtierwonne. Sie aß konzentriert, sie vergaß auf alles andere. Es war ein schöner, ermutigender Anblick, wie sie eine neue Scheibe anschnitt, wie sie sie auf die Gabel nahm, wie sie sie zum Mund führte, wie sie ihr schmeckte.

„Schmeckt es?" fragte ich lächelnd.

„Schrecklich gut. Und immer. Und dabei sollte ich nicht . . ." Sie fuhr sich mit der Hand über die Hüfte. Es schmeckte ihr. Alles schmeckte ihr, Essen, Trinken, ein Mann schmeckte ihr, sie war eine Genießerin, ein genießerisches Tier, so sah sie auch aus, offenbar war sie gewohnt, sich alles zu nehmen, worauf sie Gusto hatte, es ohne Vorbehalte zu nehmen, sie hielt das für ihr Recht, sie konnte, sie durfte, das einzige Recht und das einzige Gesetz, das sie anerkannte, war das Ego. Ihr Vater war Diplomat in Schweden, ein hoher Diplomat. Im Diplomatengepäck brachte er Herrlichkeiten heim, wie es sie sonst in Deutschland nicht mehr gab. Russischen Wodka, italienischen Schinken, dänischen Spargel für die Hausküche und schwedisches Erz für die Kriegsküche. Er wußte wohl nicht, was sie hier anstellte. Wahrscheinlich wäre er sehr entsetzt, wenn er jetzt plötzlich in der Tür auftauchte. Mochte es sein wie immer, sie gefährdete seine Karriere. Sie spielte va banque. Sie würde sich nicht einmal darum scheren, wenn ich auf dem Aufschlag das blaue „P" im weißen Feld trüge. Vielleicht hätte ihr das noch größere Lust bereitet. Ihr Papa würde das schon für sie erledigen. Der war nicht irgendein Diplomat in irgendeinem vergewaltigten Balkanstaat. Er war deutscher Diplomat in Schweden. Und das hieß Stahl. Stahl, von dem die Deutschen immer weniger besaßen, um so weniger, je mehr sie es benötigten. Und es war nicht nur der Stahl. Und es war nicht nur der Wodka.

„Wie alt bist du?" fragte sie.

„Dreiundzwanzig."

„Ich hätte dich für achtzehn gehalten. Nur deine Sicherheit verwirrt mich."

„Das ist nicht Sicherheit, das ist Frechheit. Ich bin noch nie mit einer Frau beisammen gewesen, wie du eine bist. Mit Frauen habe ich keinerlei Erfahrungen. Als der Krieg ausbrach, war ich achtzehn. Ich geriet sofort hinein, fast vom Anfang an, und dann hat er mich nicht mehr aus seinen Klauen gelassen."

Sie stand auf, brachte Kaffee, das ganze Zimmer duftete.

„Vergessen wir den Krieg . . ."

Warum nicht, vergessen wir ihn. Wir müssen nicht über ihn sprechen. Wir müssen über nichts sprechen. Sie hatte mich zum Kaffee eingeladen, sie war offenbar allein, obwohl das fast unbegreiflich war, man konnte sich doch vorstellen, daß sie das war, was man eine gute Partie nennt. Die Nächte waren lang und bange, sie war Deutsche, sie hatte Angst vor der Gegenwart, Angst davor, was kommen würde. Ihr Vater war Diplomat, aber dann würde er keiner mehr sein, und was dann sein wird, wußte niemand, aber es würde etwas Schreckliches sein, alles, alles würde zusammenstürzen. Und sie hatte einen schönen, unersättlichen Leib, der leben wollte, leben, und das ging im Deutschland von 1944 nicht mehr, im Deutschland von 1944 ging fast nichts mehr. Wozu an den Krieg denken bei italienischem Schinken und russischem Wodka, in einem Raum, der mit Koks geheizt wird, da wir allein waren, da du, mein lieber Jüngling, mir gefällst, du siehst so unschuldig aus, so jung, um so besser, daß du nur so aussiehst, das erregt noch viel mehr. Von mir denke, was du willst, mir ist das egal, das Leben verrinnt, es wird nicht mehr lange dauern. Wozu sich also den Kopf mit dem Krieg schwermachen, mit Dummheiten, mit jenem Ungeheuerlichen, das kommen wird? Nimm, was da ist, was ich dir gebe und was auch ich nehme . . .

Ich stand auf, ging zu ihr, setzte mich auf den Rand des Klubsessels, streichelte ihre Arme.

„Du duftest gut . . .", sagte ich. Es war nett von ihr, daß sie sich meinetwegen so diese Mühe gemacht hatte, sie hatte sich hergerichtet, umgezogen, sie wollte gut aussehen, wollte gefallen, sie hatte sich parfümiert, und das waren alles kostbare Dinge, kostbar in dieser Zeit.

Und so konnte ich gehen. Fortgehen. Nicht auf die Morgendämmerung warten, darauf, daß sie mich selbst fortschicken würde. Ich hörte sie zu streicheln auf. Ich erhob mich.

„Danke für den Kaffee."

Sie sah mich an, sie begriff nicht, was mir da einfiel. Sie verstand erst, als ich den Mantel nahm. Sie war ganz verstört, sie hatte die Sprache verloren.

„Du bleibst nicht?" fragte sie unsicher. Ich schüttelte den Kopf. Nein, ich gehe. Es wäre schön, zu bleiben, so fortzugehen war nicht leicht, aber es würde so besser sein, es ist besser, du Ferkelchen, ich weiß über dich alles, und es ist besser, wenn du über mich gar nichts weißt, ich gehe, und sei es nur deshalb, weil dir das noch nie passiert ist. Einmal kann auch dich jemand hinauswerfen.

„Läßt du mich hinaus?"

Sie wurde bleich. Vielleicht dachte sie, es wäre nur ein Spiel, sie konnte offenbar nicht begreifen, daß ich das eventuell ernst meinen konnte.

„Ist etwas geschehen?"

Ich schüttelte den Kopf. Was hätte geschehen sollen?

„Habe ich dich durch irgend etwas gekränkt? Wenn ja, so wollte ich es nicht."

Nein, schüttelte ich den Kopf. Du hast mich nicht gekränkt, zumindest nicht so, wie du meinst.

Sie wurde noch bleicher.

„War es nicht schön mit mir? Gefalle ich dir nicht?"

Nein, schüttelte ich den Kopf. Du gefällst mir, du hast einen herrlichen Körper.

„Was also? Hast du vor etwas Angst?"

„Wovor sollte ich Angst haben?"

Sie lief zu mir. Sie zog mich an sich, schmiegte sich an mich, rieb sich an mir, begann mich wild zu küssen.

„Ich lass' dich nicht gehen . . .", stieß sie zwischen den Küssen hervor. „Du darfst nicht . . . ich lass' dich nicht fort . . ."

139

Mag da gehen, wer es vermag. Ich nicht. Noch ein Weilchen wehrte ich mich, sie war eine Deutsche, eine Deutsche, du bist ein Rindvieh, sie war eine Deutsche, ein Herrenmensch, am Morgen jagt sie dich mit einem Tritt aus dem Bett in die rohe Kälte, sie wird dir sagen, bemüh dich nicht, mich auf der Straße zu erkennen; komm ihr zuvor, du kannst sie demütigen, zeig ihr, daß sie für dich nichts ist, misch Galle in ihre Nacht, Angst, beleidige sie tödlich, sag ihr — Schlampe, Herrenmenschferkel, ich bin auf einen Kaffee zu dir gekommen, weil ich ein sehr neugieriger Mensch bin, aber ich gehe, wenn ich will... ich hätte ein Rasiermesser mithaben und dich rasieren sollen, wie es dieser Balkanese tut, sei froh, daß es mit dir nicht so geendet hat...

Nichts von alldem tat ich, ich sagte auch nichts. In meine Gedanken drängte sich die Glut ihres an mich geschmiegten Leibes, das Beben ihrer Lippen, ihre weiße Haut, diese heiße, weiße Haut, die ich bereits gesehen und gekostet hatte, und dieses Bild war plötzlich stärker als alles andere. Sie spürte, daß sie mich hatte, sie schrie triumphierend auf, nahm mich an der Hand, sagte — komm... führte mich, und ich ließ mich führen, ich war völlig benommen von ihrer Nähe, von ihrem Duft. Sie führte mich die Treppe hinauf, ich ging willenlos hinter ihr her, das heißt, mit dem einzigen Willen, sie zu haben, ihr alles vom Leibe zu reißen, sie zu haben... Wir betraten ein nicht sehr großes Zimmer, dort stand nichts außer einem riesengroßen Bett, einem Sessel, einem großen Spiegel mit einem Toilettentischchen, es war hier warm, zwei elektrische Heizkörper heizten den Raum.

Sie saugte sich an mir fest. Du Böser. Du Böser, Böser! Du Böser...

Ich schob sie von mir fort. Mit dem Fuß deutete ich auf den Heizkörper.

„Ist das erlaubt?"

„Nein. Aber ich pfeife darauf, was erlaubt ist und was nicht."

„Du pfeifst auf vieles, nicht wahr?"

„Ich pfeife fast auf alles . . ."

Nun war ich wieder zu mir gekommen. Der Wahn war verflogen, und Zorn packte mich, auf sie, auf mich, darauf, wie sie mich hergeschleppt hatte. Ich bekam Lust, ihr weh zu tun, sie zu schlagen, sie irgendwie zu beleidigen.

„Das ist deine Werkstätte, hm?"

Das saß. Sie machte drei Schritte zurück, in ihren Augen stand das Entsetzen über die Worte, die sie gehört hatte und von denen sie nicht glauben wollte, daß sie sie gehört hatte, sie richtete sich auf wie eine Schauspielerin in der Tragödie, erstarrte.

„Geh!" sagte sie eiskalt. Ich kehrte um. Langsam, bedächtig, ging ich aus dem Zimmer, mit langsamen, bedächtigen Schritten ging ich die Treppe hinunter. In der Haustür steckte der Schlüssel. Ich schloß langsam auf und trat in die frische Luft hinaus.

Ich stützte mich auf die Gartentür, ich wollte hinüberspringen. Ich spürte einen Duft. Ihren Duft. Langsam drehte ich mich um. Sie stand dicht hinter mir.

„Mir ist kalt . . .", sagte sie. Ich zog sie an mich. Sie zitterte am ganzen Leib, ihre Zähne klapperten.

„Still . . .", flüsterte ich ihr zu, „ganz, ganz still . . . still . . ."

Ich stützte sie, bis wir im Haus waren. Ich selbst drehte den Schlüssel im Schloß um. Ich führte sie die Treppe hinauf, in ihr Zimmer.

Sie warf sich auf das Lager, sie fiel darauf wie gefällt, mit ausgestreckten Armen, ein Bein ließ sie auf den Boden hängen, das andere beugte sie im Knie, sie weinte, sie weinte, böse, schrecklich, es schüttelte sie bei jedem neuen Schluchzen.

Völlig ratlos stand ich da und beugte mich über sie. Ein Mann ist immer ratlos, wenn eine Frau weint. Nach einer Weile versuchte ich sie zu beruhigen, ich berührte ihre Schulter, sie zuckte zusammen und weinte noch heftiger.

Ich konnte nur warten. Mein Blick blieb auf dem strahlenden Weiß ihres halbenthüllten Schenkels auf dem Bett haften. Es schüttelte sie, aber ich dachte bereits an etwas anderes, daran, was sein würde, wenn sie aufhörte zu weinen.

Ich konnte meine Augen nicht von diesem enthüllten Stückchen ihres Körpers losreißen. So etwas erregt mehr als totale Nacktheit. Schließlich dauerte mir das Ganze schon zu lange.

„Hör auf!" schrie ich sie an. Das half. Das Zucken ließ nach, sie richtete sich ein wenig auf, als erwachte sie aus irgend etwas, Traum oder Ohnmacht, als erwartete sie etwas.

„Hör auf . . .", sagte ich nun schon viel milder. Sie wandte mir das Gesicht zu, sie sah aus, als kehrte sie aus irgendeiner weiten Ferne in die Gegenwart zurück. Ihre Augen waren noch von Tränen verhangen. Ich hob ihr Bein vom Boden, drehte sie auf den Rücken, wischte ihr mit der Handkante die Tränen fort.

„Weshalb hast du das gesagt?"

„Ich weiß nicht. Du bist Deutsche."

„Ich habe es gewußt!"

„Wo immer sie hingekommen sind, haben sie Männer, Frauen und Kinder getötet. Du pfeifst vielleicht auf alles. Ich kann es nicht. Aber glaub nicht von mir, daß ich ein Sonderling bin. An meiner Statt hätte dir heute ein problematisches Glück widerfahren können, hier in der Stadt lebt ein Montenegriner, er sieht gut aus, ein feuriger Balkanese, der weiß mit Weibern sensationell umzuspringen. Du hättest auf ihn gewartet, mit geschlossenen Augen, und er hätte inzwischen ein Rasiermesser herausgezogen. Er hätte dich rasiert. Trocken."

„Nein!"

„Er hätte es getan, verlaß dich darauf."

„Aber warum? Warum?"

„Weiß Gott, was man mit ihm gemacht hat. Vielleicht . . . vielleicht kann er nicht anders. Vielleicht hat man ihm das

Genital zermalmt. Ich bin dessen nicht sicher, aber möglich ist es."

„Warum tun sie das? Warum?"

„Mich fragst du? Du bist Deutsche."

Sie setzte sich auf, zog die Knie ans Kinn. Sie blickte auf die Spitzen ihrer schön geformten Füße. Denk nur nach, denk nach, du wirst es jetzt nicht mehr fassen. Das hättet ihr eher tun sollen, alle.

„Das sagt sich so — reden wir nicht über den Krieg... vergessen wir, daß es ihn gibt. Essen wir. Trinken wir russischen Wodka. Machen wir Liebe, und der Rest kümmert uns nicht... Du kannst das vielleicht. Ich nicht."

„Was denkst du eigentlich jetzt über mich?"

„Ich weiß nicht. Manches stimmt hier nicht. Ich weiß nicht."

„Aber es sind sehr wenig schmeichelhafte Gedanken."

„Nein, sie sind nicht sehr schmeichelhaft."

„Ich kann sie für dich aussprechen. Es belastet dich, daß du überhaupt hergekommen bist. Eine dunkle Gasse, Frauenschritte, das Streichen des Zündholzes, die Einladung zum Kaffee... und du wußtest sofort, woran du bist."

„Es schien mir, als wüßte ich es ganz genau."

„Aber später stimmte das nicht mehr ganz so genau. Nicht nur du hast mich geprüft, sondern ich dich ebenfalls. Da gab es allerlei, was, sagen wir, nicht zu deinen bisherigen Erfahrungen gehörte. Ein großes, leeres Haus. Eine einsame Frau. Wo der Mann? Beim Militär. Nicht irgendein Feldwebel, ein höheres, vielleicht ganz hohes Tier. Ein Nazibonze. Du selbst hast dieses Wort ausgesprochen. Aber wo ist das Hitlerporträt? Wo ist *Mein Kampf*? In der Vitrine, in der die Orden und Verdienstmedaillen sein sollten, waren farbige Steine. Auch die Einrichtung stimmte nicht ganz. Kein aktiver Soldat fühlt sich inmitten so einer Einrichtung seines Arbeitszimmers wohl, seiner, wenn du willst, Repräsentationshalle. Also dürfte es kein Soldat sein. Eher ein verdienter, seniler, zittriger Greis, vielleicht kuriert er seine Senilität irgendwo in einem Bad, und sie genießt inzwischen ihr Leben, sie klaubt Männer auf der Straße auf, je schmutziger, desto besser, sie wälzt sich mit Soldaten im Bett herum, mit Polizisten, sie würde auch einen Polen nicht verschmähen, das wäre für sie vielleicht ein außergewöhnliches Erlebnis in Hinblick auf das Gesetz, das auf ein Verhältnis mit einem Polen die Todesstrafe setzt. Ist es so?"

„Genau."

„Eines Tages schreitet ein Ausländer durch eine dunkle Gasse und pfeift irgendeine Melodie vor sich hin. Auf der anderen Gassenseite hört er die Schritte einer Frau, die er nicht sieht. Er bleibt stehen. Die Frau, die er nicht sieht, fragt ihn, was er da für eine Melodie gepfiffen hat. Er lacht ihr ins Gesicht, das kennt er nur zu gut. Ein Flittchen. Sie bittet ihn um eine Zigarette. Natürlich, ein Flittchen, aber er weiß nicht, ob alt, ob jung, ob ja, ob nein.

Er gibt ihr Feuer. Er gibt ihr so Feuer, daß er ihr Gesicht sieht. Ist das so?"

„Nicht ganz. Es ist sogar ganz anders. Ich blieb stehen, damit du vorübergingst, damit du mich nicht störtest. Und dann wollte ich dich sehen, weil mir deine Altstimme gefiel. Ich hatte überhaupt nicht die Absicht, mit dir zu gehen, ich hatte keine Lust auf eine Frau."

„Warte. Ich will fortfahren. Er stellt fest, daß sie kein Flittchen ist, das kann man doch gleich erkennen. Wenn sie kein Flittchen ist, ist sie eine Kriegerwitwe oder die Frau eines Offiziers, eher eines Offiziers als eines Unteroffiziers. Sie lädt ihn zum Kaffee ein. Alles klar. Frauen von dieser Art können doch nicht gleich sagen, was sie wollen. Meistens nennen sie das eine Einladung zum Kaffee."

„Wärest du mir weiter gefolgt, wenn ich nicht zufällig bei diesem Haus hier stehengeblieben wäre?"

„Ich wäre dir nachgegangen, oder ich hätte dir nachgerufen. Ich habe auf dem Kai gehört, daß da jemand geht und eine ganz seltsame Melodie pfeift. Ein Mann. Ich wollte einen Mann fürs Bett, und weit und breit gab es keinen einzigen, nur dich. Ich beschleunigte meine Schritte. Ein bißchen machte es mich stutzig, daß du Ausländer bist, aber das ging rasch vorüber, im Gegenteil, ich freute mich darüber. Bis hierher stimmt das alles genau."

„Und wo beginnen deiner Meinung die Komplikationen?"

„Ich will es dir sagen. Ich will dir alles sagen, aber noch nicht jetzt. Aha, sagt sich dieser Mann, eine Deutsche . . . und das heißt nicht nur Deutsche, so lehrt ihn seine Erfahrung, das hat seinen Doppelsinn. Eine Deutsche also. Sie schaut gut aus. Jetzt sind wir wieder dort, wo du mich vorhin korrigiert hast. Warum nicht? Zu einem Kaffee, zu einem echten Bohnenkaffee. Warum nicht? Gib mir bitte eine Zigarette. Meine sind aus. Ich rauche nicht viel, aber meine sind aus . . ."

Ich gab ihr eine Zigarette. Ich zündete sie ihr an.

„Im Haus stellt er fest, daß diese Deutsche mannstoll ist. Gierig. Nicht einmal zum Schein widersetzt sie sich. Sie läßt sich alles vom Leibe reißen, sie kreischt dabei vor Seligkeit. Und sie kann etwas im Bett, sie kennt sich in diesen Dingen aus, sie kennt sich überhaupt aus, diese geile Deutsche. Sie glaubt, daß sie alles kann, daß sie alles darf, sie winkt nur mit dem kleinen Finger, und der Ausländer, entwurzelt, aus seinem Milieu gerissen, kommt dahergelaufen wie ein Hündchen. Aber ich will sie kränken, ich will sie beleidigen, daß sie es nie vergißt . . .

Das hast du zustande gebracht. Du hast mich beleidigt. Ich werde es nie vergessen. Schweig, ich bin noch nicht zu Ende. — Wenn ich eine Deutsche haben will, habe ich ein Recht darauf, sie muß. Auch in diesem Fall ist es lasterhaft, unrein, sie zu lieben, aber die Natur ist so, sie läßt sich nicht täuschen, und es ist auch ein gewisser Triumph, eine gewisse Genugtuung, eine gedemütigte Deutsche zu sehen, sie zu beleidigen, wie ein Pfau als Sieger von ihr zu gehen . . . Eine Deutsche demütigen ist auch etwas, was befriedigt. Der

Mensch fühlt sich gleich als etwas mehr. Irgendwo an der Front friert ein Deutscher und schreibt Feldpostkarten mit seiner Sehnsucht voll. Allerdings, er treibt es mit Ukrainerinnen, Serbinnen, Rumäninnen, Polinnen, Tschechinnen; natürlich, er besucht französische, holländische, belgische Freudenhäuser. Aber er ist Deutscher. Und für jeden Deutschen ist das Zuhause eben das Zuhause. Ein schönes Zuhause! Eines Tages erfährt er, daß man seiner Frau den Kopf abgeschlagen hat wegen einer Nacht mit einem Polen. Ist das so?"

„Ungefähr."

„Hier kam noch etwas anderes hinzu. Die deutsche Demoralisierung hat die Grenze des Möglichen überschritten, wenn auch diese hier sich schon so herabläßt. Wenn sie mit ihm zuerst ins Bett geht und ihn erst dann fragt, wie er heißt. Natürlich sagt er ihr es nicht. Wozu sollte er? Mit einem solchen Hinterland können die den Krieg nicht gewinnen, das macht selig, man muß nur noch etwas Galle in den deutschen Becher mischen. Bis hierher stimmt alles, hoffe ich."

Sie verwirrte mich. Ich fühlte mich unbehaglich, irgend etwas schnürte mir bei dieser schrecklichen Analyse die Kehle zu. Es stimmte, es stimmte erschreckend.

„Es stimmt, nicht? Dann können wir auf den Punkt zu sprechen kommen, wo es aufhört zu stimmen. Was denkst du, wäre der Krieg noch möglich, wenn diese Millionen Ausländer nicht tagtäglich in der deutschen Bettfront siegten? Wenn sie nicht mit den verlassenen Deutschen schliefen, wenn diese einzig und allein auf jene Überreste deutscher männlicher Krüppel angewiesen wären, die nicht fronttauglich sind, eventuell auf die sich immer verringernde Zahl der Unabkömmlichen? Wäre dieser Krieg noch möglich, heute, konkret: im Herbst des Jahres neunzehnhundertvierundvierzig? Glaubst du, daß er noch möglich wäre?"

„Ich weiß nicht. Darüber habe ich nicht nachgedacht."

„So sehen deine Siege aus. So sieht in Wirklichkeit eure Demoralisierung des deutschen Hinterlandes aus. Euer Stolz.

Eure Demütigung der deutschen Frau. Das habt ihr erreicht. Ich verüble es euch nicht. Das ist alles gut und richtig. Der Krieg wird bald zu Ende sein. Viele von euch werden heimkehren. Ihr Männer prahlt gerne mit euren Erfolgen bei Frauen. Aber dann, zu Hause, werdet ihr auch Männern gegenüber über das schweigen, was ihr hier getan habt. Ich bin schließlich eine Deutsche."

„Weshalb sagst du mir das alles?"

„Ich sage das nicht dir, eher mir. Ich bin heute auf etwas gekommen. Ich habe mich dir angeboten. Ich habe nicht gejammert — nein, nein, tu's nicht, du darfst nicht. Ein bißchen hat es mich gestört, daß du Ausländer bist, aber nur für ein Weilchen, dann war ich froh darüber. Heute wäre ich mit jedem Mann, mit was für einem Mann auch immer ins Bett gegangen. Aus einem bestimmten Grund war ich froh, daß der erste gute, der einzige, dem ich begegnete, Ausländer ist. Es sollte, es mußte heute sein."

„Warum ausgerechnet heute?"

„Ich bin heute fünfundzwanzig Jahre alt geworden. Ich bin allein. Vater ist fern. Der Bruder ist an der Front. Sechsundzwanzig werde ich nicht mehr. In dieser Villa werden sich zwanzig böse Soldaten einquartieren. Für sie halte ich die Villa sauber und in Ordnung. Heute bin ich fünfundzwanzig Jahre alt, und ich wollte nicht allein sein, und ich weiß, daß ich etwas zu bieten habe, und auch ich sehnte mich sehr nach etwas menschlicher Wärme, nicht nur nach der meinen. Ich wollte den Krieg vergessen. Für mich hat das bedeutet, zu vergessen, daß ich Deutsche bin. Ich wollte, daß wir beide vergessen, daß ich Deutsche bin. Ich war wohl sehr töricht, denn wahrscheinlich geht das nicht."

Die ganze Zeit über stützte sie das Kinn auf das Knie. Jetzt stand sie auf.

„Du bist ein Dummkopf. Diese Mannstolle, diese Besessene, diese Geile war zwei Jahre mit keinem einzigen Mann im Bett. Das wollte ich dir sagen. Deshalb habe ich dich gebeten, noch zu bleiben. Deshalb lief ich dir dann auch noch zum Gartentor nach. Komm. Schließ das Tor auf, damit du nicht drüberspringen mußt . . ."

Sie ging voran. Sie öffnete die Tür weit. Sie schloß das Gartentor auf. Ich trat wortlos auf die Straße, in die kalte Novembernacht. Nach wenigen Schritten blickte ich mich um, aber ich sah nur Finsternis. In mir herrschte ein fürchterliches Chaos. In meinem Mund war es, als hätte ich Galläpfel gegessen. Ich ging ins Atlantic, verschaffte mir vom Schankwirt eine Flasche stinkenden Fusels. Ich trank sie mit Boris und mit seiner neuen Französin leer. Davon wurde mir übel.

6

„Das ist alles?"

„Selbstverständlich nicht, Kleine. Wenn das alles wäre, wäre es nichts. Gestern abend habe ich das Haus nicht gefunden, aber das passierte mir schon zum zweiten Mal. Auch damals fand ich es nicht wieder. An jenem Abend war es dunkel gewesen, ich konnte nichts wahrnehmen, mir nichts merken, und diese Villen in den Gartenvierteln sind trotz der verschiedenen Stilarten alle irgendwie gleich. Ich dachte, ich würde sie bei Tag finden, aber es konnte jede beliebige sein, und ich wußte nicht einmal, wie jene Frau hieß.

Das brachte mich ganz durcheinander. Charly fragte mich einige Male, was denn mit mir los sei. Er fühlte, was es war.

‚Verlieb dich am Ende noch in eine Deutsche, du Trottel, das hat dir gerade noch gefehlt . . .', spottete er.

Abend für Abend ging ich hin, in der Hoffnung, ich würde sie treffen. Es hätte natürlich nur so, nur wie ganz zufällig aussehen sollen. Manchmal pfiff ich vor mich hin, auch das hätte ganz ungewollt wirken sollen.

An jenem Abend war ich vom anderen Ufer zurückgekehrt, ich schalt mich ein sentimentales, lächerliches Rindvieh und noch andere Tiere. Dichter Nebel fiel ein, es war feucht, ein Wetter zum Krepieren. Auf meinen Schuhen klebte aufgeweichtes Kastanienlaub.

Ich bemerkte sie erst, als ich einen Schritt vor ihr war. Sie stand beim offenen Tor. Sie sagte — komm. Ich weiß nicht, ob sie mich erwartete, es konnte auch so aussehen, aber sie sprach darüber nie ein Wort, und ich hatte nicht den Mut, sie danach zu fragen. Vielleicht war es nur ein dummer Zufall. Ich weiß es nicht."

„Glaubst du, daß sie recht hatte?"

„Inwiefern?"

„Mit dem, was sie über die Ausländer und die deutschen Frauen gesagt hatte."

„Ich weiß nicht. Wohl nicht. Sie dachte mit ihrem ganzen Körper. Darin übertrieb sie wohl. Aber bis heute denke ich mir, daß doch etwas Wahres an ihren Worten gewesen sein muß."

„Soll ich jetzt Kaffee kochen?" fragte die Kleine und lächelte vielsagend.

Sie kochte Kaffee, sie setzte sich neben mich, nahm meine Hand.

„Erzähle . . ."

„Willst du nicht schlafen?"

„Willst du?"

Wir lachten beide laut. Was immer wir sagten, sie wie ich, es wurde zwischen uns zu einer Zweideutigkeit.

„Erzähl doch . . ."

Ich habe mit ihr gelebt. Ich verlor Charly. Eine Frau zerstört immer die Freundschaft zwischen Männern. Es ist unmöglich, für beides Zeit zu haben. Ich sah ihn nur noch selten. Er fragte mich nichts, aber ich weiß, daß er mir böse war. Es ist etwas anderes, mit deutschen Frauen zu spielen, und wieder etwas anderes, mit einer Deutschen zu leben. Einer Deutschen den Kopf verdrehen, das war in Ordnung, ihr den Kopf verdrehen und sie dabei auslachen. Aber sich selbst den Kopf verdrehen zu lassen, das war alles andere als in Ordnung.

Von Kopfverdrehen konnte bei mir allerdings nicht die Rede sein. Ich lebte mit ihr zusammen, es war gut, mit ihr zu leben. Ich machte mir vor, daß es eine rein biologische Angelegenheit sei. Einmal geht alles zu Ende, auch das hier, dann sag' ich ihr — leb wohl, Luise, es war schön mit dir, aber was nützt das alles, du bist eine Deutsche ... und auch sie machte sich keinerlei Illusionen.

Ich wohnte noch immer bei Charly, aber ich schlief nie dort. Ich trug den Tabak aus, wenn es nötig war, wir teilten das Geld, saßen ein Weilchen beisammen, tranken ein bißchen, aber es war nicht mehr wie früher. Die alte Vertrautheit, wie sie nur unter Männern sein kann, die durch ein gemeinsames Los und gemeinsames Risiko verbunden sind, war dahin. Nach Luise fragte er nie, und ich erzählte ihm nie über sie. Wenn ein Mann seinem Freund nichts über eine Frau erzählt, mit der er lebt, dann stimmt zwischen ihnen etwas nicht. Charly sah darin einen Verrat am Kameraden. Solange ich im Dreck steckte, war er mir gut genug gewesen. Und jetzt hustete ich auf ihn.

Und mit Luise war es schön. Wir machten einander nichts vor, da gab es nichts, was wir uns hätten schwören können, sie war glücklich, wenn ich sie streichelte und wenn ich ihr sagte, daß sie schön sei, wir sprachen nicht von Liebe, wir machten keinerlei Zukunftspläne, die Zukunft war uns beiden klar, ihr wie mir. Sie wollte, daß ich ganz zu ihr zöge, aber das lehnte ich ab.

Je näher ich sie kennenlernte, um so gründlicher mußte ich alle Vorstellungen korrigieren, die ich mir von ihr gemacht hatte. Luise war eine zartfühlende, zärtliche, tief veranlagte Frau. Trotz ihrer privilegierten Möglichkeiten hatte sie es im Leben nicht ganz so leicht. Deutschland war ein Kerker, ein lebenslänglicher Kerker, auch für die Deutschen. Da gab es kein Entrinnen, keine Perspektiven. Ich glaube, Kleine, daß sich die Deutschen von diesem Gefühl bis heute nicht freimachen konnten. Wer kann, flieht von hier, und sei es nur für die zwei oder drei Urlaubswochen, die Deutschen sind wohl das reiselustigste Volk auf der ganzen Welt, in Millionen verlassen sie Deutschland, stürzen sich auf Europa, überfluten Afrika, den Norden, den Süden, den Osten, den Westen. Was suchen sie? Was fehlt ihnen denn daheim so sehr? Sie haben Berge, sie haben auch die See, es ist allerdings weder die Côte d'Azur noch die Adria, aber es ist die See, zumindest so eine See wie die in Scheveningen, wo die Deutschen alle Hotels und jeden Meter Strand einnehmen.

Sicherlich, ihr Verhalten an jenem Abend, an dem wir uns kennenlernten, war ungewöhnlich. Was sonst hätte ich also von ihr denken können? Schließlich war es nicht einmal ganz so ungewöhnlich, sie unterschied sich in nichts von den anderen, sie wollte einen Mann haben, allein war es ihr bange, sie hielt es nicht aus, sie hatte recht, es würde nicht mehr lange dauern, dann kämen böse Soldaten, alles würde kompliziert und unsicher sein. Aber die Unverhülltheit, mit der sie sich meiner bemächtigte, jene Unverhülltheit, die mich anfangs gegen sie aufbrachte, war im Grunde ein Akt des Aufruhrs, es war das Suchen nach einem Entrinnen aus der Hoffnungslosigkeit, in der sie lebte. Sie wollte einen Mann, sie konnte es nicht mehr aushalten. Sie wollte ihn für eine Nacht, so wollte sie ihr Vierteljahrhundert feiern, gegen all die sterilen Jahre des Wartens auf das Verderben protestieren, das unabwendbar kommen mußte und gegen das es kein Mittel gab.

Sie hatte etwas zu bieten, und sie wußte, wie es bieten. Und unsere Körper hatten einander gern, freuten sich aufeinander, trotz der unüberbrückbaren Hindernisse, die zwischen uns beiden bestanden.

Es ist das erste Mal, daß ich jemandem über sie erzähle, Kleine, und auch das nur deshalb, weil ich hier in dieser Stadt bin. Ich habe niemandem von ihr erzählt, nicht, weil ich mich für etwas hätte schämen müssen, etwa für dieses Verhältnis mit einer Deutschen. Eher deshalb, weil unsere Trennung in mir tiefere Spuren hinterlassen hat, als ich mir eingestehen wollte, sooft ich darüber nachdachte, ehe es noch zu dieser

Trennung kam. Sicherlich hätte ich ihr am Tag des Kriegsendes gesagt — leb wohl, es war schön mit dir. So hätte das geschehen sollen, natürlich, nicht durch jenen brutalen Eingriff anderer Kräfte, die jäh beendeten, was noch nicht enden sollte. Damit meinte ich nicht einmal so sehr die Gestapo, ich meinte damit stets eher die Bomben, bis heute, da ich erfuhr, was tatsächlich mit ihr geschehen ist.

Etwas Außergewöhnliches ist das nicht, Kleine, es war Krieg, und der zermalmte Millionen Schicksale. Aber es ist etwas anderes, zu wissen, daß er Millionen Schicksale zermalmt, und etwas anderes, selbst in sein ehernes Räderwerk zu geraten. Als mich jener Gestapomann abführte, war es das Ende. Alles war zu Ende. Aber es war mein Ende, nicht das ihre. Als er mich abführte, dachte ich an alles andere, nur nicht an sie. Ich redete mir ein — ich habe hasardiert, ich habe verloren, ich werde bezahlen, einmal mußte es ja so kommen... Niemals hatte ich mit Charly darüber gesprochen, wir waren frech und unverschämt, nach außen hin taten wir wie Neunmalkluge, denen nichts zustoßen kann, aber auch er mochte irgendwo in der Tiefe das Vibrieren der unterdrückten Angst empfunden haben. Wir verkauften gestohlenen Tabak, mit dem Bewußtsein, daß uns das einmal teuer zu stehen kommen könnte. Aber dann kam es ganz anders. Jener Gestapomann war für mich im Grunde die Rettung. Sein Eingreifen hatte ihr Ende zur Folge, nicht das meine. Zumindest habe ich das bis heute so gesehen. Ich muß dahinterkommen, was damals eigentlich geschehen ist, Kleine. An jenem Abend kamen zwei in den Keller, der eine führte mich ab, ich habe damals darüber nicht sehr viel nachgedacht, heute sehe ich das anders. Es kommt mir vor, als wären sie eher hinter ihr hergewesen als hinter mir, vielleicht wußten sie überhaupt nichts vom Tabak, und aus irgendeinem Grund wollten sie uns nicht zusammen abführen. Der andere mußte gleich nach uns mit ihr das Lokal verlassen haben, im Atlantic sind alle umgekommen. Ich muß es erfahren, Kleine.

Als er mich abführte, dachte ich an alles andere, nur nicht an sie. Aber plötzlich änderte sich dann alles, ich war frei, und mein erster Gedanke galt ihr. Nur der Gedanke, denn zu tun war da nichts mehr, absolut nichts. Vielleicht hätte ich mich in die Flammen gestürzt, wenn ich gewußt hätte, daß ich sie retten kann. Aber zu retten gab es damals ebenfalls nichts. Damals, Kleine, damals wohl wurde mir bewußt, daß ich etwas verloren hatte, etwas, was ich nie wieder finden würde.

Es war gut, mit ihr zu sein, Kleine. Unsere Körper liebten, verschlangen einander, bebten vor Sehnsucht nach dem anderen, wollten wieder und wieder und abermals beisammen sein. Wie oft habe ich ihren Leib von den Füßen bis zur Stirn geküßt, wie oft hat sie mich blutiggebissen. Aber solche Nächte, das ist nicht nur ein gegenseitiges Sichverbeißen, das Reiben und Beben nackter Körper. Wenn sie nichts weiter sind, dann taugen sie nichts, dann bleibt von ihnen nur die Traurigkeit am Morgen zurück. Unsere waren nicht so. Wir sprachen nicht von Liebe, wir schworen einander nichts, Charly lachte ich aus, wenn er sich empörte, daß ich wegen einer Deutschen den Verstand verloren hatte. Wir sagten uns das nicht, weder ich ihr noch sie mir, aber wir mochten einander, und wer weiß, ob unser Lebewohl so leicht gewesen wäre, wie ich mir das damals vorgestellt habe, als der Krieg allmählich zu Ende ging und man darüber nachdenken mußte, was sein würde, was mit der Welt sein würde und mit allem übrigen.

Sie erzählte mir:

„Papa ist Diplomat. Er ist ein Diplomat von der alten Schule, offiziell ist er Botschaftsrat in Stockholm, du bist Ausländer, ich sollte mit dir nicht darüber sprechen, aber ich will dir nichts verheimlichen, Papa hat eine Sonderstellung, er ist einer der wenigen Deutschen, die in der Welt noch nicht alle Achtung eingebüßt haben, allein deshalb läßt man ihn noch auf seinem Posten. Sie brauchen ihn, sie brauchen seine

Kontakte, wer weiß, was kommen wird, und Schweden kann zu allem möglichen gut sein.

Papa war schon lange nicht zu Hause, ich glaube, daß er nach dem Attentat Angst hat, nach Berlin zu kommen, ich glaube nicht, daß er in die Sache verwickelt war, aber ihr Fallbeil ist nicht wählerisch, irgend jemand kann eine private Rechnung mit ihm zu begleichen haben, und schon ist es passiert. Früher kam er öfters nach Hause, er brachte mir alle möglichen Herrlichkeiten mit, damit ist es jetzt Schluß, in der Speisekammer habe ich fast nichts mehr, ich will, daß du das weißt. Sonderbar, daß sie ihn dulden, nach dem Attentat haben sie fast das ganze diplomatische Korps ausgewechselt, mit Papa müssen sie etwas vorhaben, wenn sie ihn dort dulden. Sie haben ihn in der Hand, sie wissen, daß sie ihn in der Hand haben, und auch er weiß, daß sie ihn in der Hand haben, ich bin hier, mein Bruder ist an der Front, Papa liebt mich sehr, ich bin sein alles, und Papa weiß, wessen die fähig sind. Zweimal hat er versucht, mich herauszubekommen, aber ich erhielt nicht die Bewilligung, zu ihm nach Schweden zu reisen. Ich mache mir deshalb Vorwürfe. So viele Millionen sind schon umgekommen und werden noch umkommen in diesem Krieg, ich hänge am Leben, aber ich bin mir bewußt, daß ich nichts bin, einmal werden ohnehin Bomben auf diese Stadt fallen, ich weiß, daß sie fallen werden, und falls ich das überlebe, werden böse, dreckige, ausgehungerte Soldaten kommen, ich mache mir keine Illusionen, ich weiß, daß sie kommen werden, und es ist gut so, daß sie kommen. Mein Leben hat keinen höheren Wert als irgendein anderes Leben, Menschenleben im Krieg, das ist wohl das Wertloseste, aber Papa liebt mich, er kann nicht, wie er möchte, und ich weiß, daß er möchte, er hat es mir einige Male angedeutet, daß er möchte. Er hat nur Angst, was dann mit mir passiert. Soviel weiß ich, wenn ich mit ihm in Stockholm wäre, dann säße er nicht mehr in der deutschen Botschaft. Ich kenne Papa, ich kenne seine Gesinnung. Als er das letzte Mal hier war, wollte ich ihm alles sagen — scher dich nicht um mich, Papa, handle, wie du handeln mußt... aber er fiel mir rechtzeitig ins Wort, er ahnte wohl, was ich will, und auch so glaube ich, daß es nun schon zu spät ist, wenn er so etwas hätte tun wollen, hätte es eher sein müssen, schon längst, jetzt kann man nichts mehr ändern und nichts mehr in Ordnung bringen. Und es geht ja nicht um mich allein. Papa ist Deutscher, und die Deutschen haben einen seltsam verkehrten Sinn für Pflicht, für Ehre, das wissen die dort oben sehr genau, sie haben es bei ihren Plänen einkalkuliert, es ist ihnen gründlich gelungen, die ganze Nation zu entmenschlichen, niemand darf wagen, nach seiner Vernunft und seinen Gefühlen zu handeln, und es wagt auch niemand, so zu handeln. Unser Sinn für Ehre und Pflicht hilft ihnen, das ganze Volk in die Katastrophe zu führen, ins Verderben, aus dem es sich nie wieder erholen wird. Auch Papa ist Deutscher. Er sieht, wohin das alles strebt, aber er ist Deutscher. Und schließlich ist es so richtig: nach diesem Krieg darf kein einziger Deutscher eine Ausrede haben oder ein Alibi. Wir alle stecken drin. Seit der Zeit, da Goebbels den totalen Krieg erklärt hat, sind wir alle total drin."

Sie erzählte mir:

„Einmal ging ich den Fluß entlang, es war ein ganz seltsamer Abend, eine ganz seltsame Nacht, voll herbstlicher Wehmut, von den Bäumen fielen bereits die ersten Blätter, in der Luft schwebte der Geruch von Fäulnis, ich war verlassen, allein, das Gefühl irgendeiner düsteren herbstlichen Zärtlichkeit stahl sich in mich, ich sehnte mich nach etwas, was geschehen sollte, nach irgend etwas, was sein sollte, vielleicht kennst du das, es ist einem schwer ums Herz, aber irgendwie angenehm schwer.

Jemand war vor mir. Der Abend war sternenlos, wolkenverhangen, dunkel, ich sah nichts, nicht einmal einen Schatten, aber jemand war vor mir, jemand pfiff eine ganz sonderbare, eindringliche Melodie vor sich hin, voll Jammer, voll ähnlicher Sehnsucht, wie ich sie empfand. Dieser Jemand vor mir zog mich an, es war ein Mann, und er war sicherlich allein, und er suchte etwas, er zog mich an, und aus einer unbestimmten Melancholie wurde etwas sehr Bestimmtes, Konkretes, ich fragte mich, wozu mein geschmeidiger, schöner Leib da ist, meine Hüften; meine Brüste welkten unnütz, meine Wärme wärmte niemanden, niemand streichelte mein Haar, niemand küßte meine Lippen. Bald würden die Bomben kommen. Bald würden die Soldaten kommen. Böse Soldaten, vielleicht amerikanische Soldaten, vielleicht russische Soldaten, sie kommen, sie werden nicht fragen, sie werden dreckig und ausgehungert sein, sie werden siegreich sein und willkürlich handeln, sie werden das Haus beschlagnahmen, und in der Nacht, betrunken, werden sie die Tür meines Schlafzimmers eindrücken ... jener, der da vor mir war, fühlte sich vielleicht genauso verlassen wie ich, vielleicht war er jung, vielleicht hübsch, gesund; und da gab es noch eine Freude, die den Menschen geblieben war, und wenn keine Freude, so wenigstens Vergessen ... und ich war gerade fünfundzwanzig Jahre alt, auf den Tag genau, und es war schade um jede Stunde, um jeden Tag ... es hat mich ein bißchen gestört, daß er Ausländer war, aber dann war ich froh darüber, ich leuchtete ihn an, er war jung, er war nett, er war gesund, er gefiel mir, ich wollte ihn haben.

Ich weiß, daß du einmal von mir gehen wirst. Dich umzustimmen gelänge mir nicht. Aber es ist gut, daß du hier bist, es ist gut, mit dir zu sein, ich bin glücklich, daß ich damals soviel Mut hatte, dazu braucht man nämlich Mut. Ich weiß nicht, wie du lebst, was du treibst, ich warte auf dich, bis du bei mir bist, ich habe Angst, es könnte dir etwas zustoßen, und wenn du fortgehst, bleibst du in mir, solange ich lebe und vielleicht noch länger, denn vielleicht bleibt etwas von unseren Nächten in der Erinnerung dieser Welt bestehen. Auf mehr habe ich kein Recht. Es ist Krieg, ich bin Deutsche und bin glücklich ..."

Sie erzählte mir:

„Ich bin Kriegerwitwe. Das hast du nicht gewußt. Ich bin Kriegerwitwe, die Frau eines Helden, der irgendwo auf dem Grund des Ozeans in einem stählernen U-Boot liegt, dessen Kommandant er war. Ich trage nicht seinen Namen, er steht nicht einmal in meinem Ausweis, hier in der Stadt weiß es überhaupt niemand, schließlich, ich komme kaum mit jemandem zusammen, für die paar Bekannten, Kaufleute und Menschen aus der Umgebung bin ich nach wie vor Fräulein Dekker, aber das tut nichts zur Sache, ich war richtig verheiratet, mein Mann ist tot, also bin ich Kriegerwitwe. Ich habe auch auf die hohe Pension und ebenso auf die Begünstigungen verzichtet, auf die die Witwe eines Ritterkreuzträgers Anspruch hat, ich will nicht meinen Rechtsstatus anerkennen, ich fühle mich durch ihn in keinerlei Weise gebunden, ich bin niemandem Rechenschaft für mein Tun schuldig, aber offiziell bin ich Kriegerwitwe.

Auch ich war einmal ein dummes deutsches Mädel. Als ich auf dem Hauptplatz Hitler sah, vergoß ich Tränen der Freude, ich schrie Heil, Heil, bis ich heiser war, ich versuchte den Polizeikordon zu durchbrechen, ich wollte ihn berühren, meinen Führer, meinen geliebten Führer, meinen Gott. Auch ich fiel in eine erotische Ekstase, als es mir schien, als blickte er mich an.

In der Nacht träumte ich von ihm. Ich träumte davon, seine Gefährtin zu sein, seine Geliebte, nur schien es mir, als wäre ich viel zu unbedeutend, zu gewöhnlich, zu unwürdig seines Genius.

Auch ich warf einen großen Ziegelstein in ein jüdisches Schaufenster, in jener Nacht, als das Glas aller jüdischen Schaufenster in Deutschland klirrte, Papa war über mich verzweifelt, als ich ihm auf seine Frage nach meinen Plänen antwortete, ich wolle nichts anderes sein als Mutter, deutsche Mutter, Soldatenmutter und daß ich es für meine erste und einzig würdige Pflicht halte, dem Reich und dem Führer Soldaten zu schenken, so viele Soldaten wie möglich, gesunde, blonde, große, tapfere Soldaten.

Ich kam mir unschön und minderwertig vor, weil ich kein blondes Haar und keine blauen Augen hatte. Der erste Mann, dem ich mich hingab, war ein SS-Mann mit einem solchen Haarschopf und solchen Augen, ich flüsterte ihm dabei zu — mach mir einen Knaben, mach mir einen Knaben, der so ist wie du, der dir ähnlich sein wird, der noch größer und härter und stärker sein wird als du ... auch ich verfiel völlig der deutschen Raserei, der deutschen Räude, dem Bewußtsein, daß ich zu den Auserwählten gehörte, daß ich ausersehen sei, daß ich mehr sei als eine Französin oder als eine Polin, daß ich demnach auf alles ein Recht habe und nur eine einzige Pflicht: Auserwählte zu gebären.

Auch ich verschlang begeistert die Nachrichten, wie unsere prächtigen Jungs mit hochgekrempelten Ärmeln durch ganz Europa marschierten, wie sie spielend und mühelos jeden Widerstand brachen, wie sie dieses jüdische, polnische, balkanesische Geschmeiß ausmerzten.

Von Kindheit an kannte ich einen Burschen, es war ein netter Junge, meine Eltern verkehrten mit seinen Eltern, die Ferien verbrachten wir oft zusammen. Er war ein wenig älter als ich, er ging freiwillig zur Marine, kam rasch vorwärts, schließlich wurde er der jüngste und tapferste U-Boot-Kapitän, das war damals, als noch im Rundfunk so begeistert das Lied erklang *Denn wir fahren gegen Engeland*. Einmal kam er zu mir und sagte — Luise, ich bin oft auf Fahrt, und auf Fahrt lauere ich manchmal wochenlang auf feindliche Schiffe, oder ich trachte angreifenden Zerstörern zu entrinnen, dort unten gibt es weder Tag noch Nacht, und dort hat man manchmal sehr, sehr viel Zeit, und ich kann mir nicht helfen, ich denke fortwährend an dich, schon lange denke ich an dich, aber noch nie so wie diesmal. Ich stehe im Kampf, und vielleicht kehre ich einmal nicht zurück. Ich sterbe gerne für Deutschland und für den Führer, aber ich würde leichter sterben in dem Bewußtsein, daß du mein bist, daß du mein Weib bist, daß du auf mich wartest und daß du um mich trauern wirst, wenn ich einmal nicht mehr bin ...

Wie klingt das in deinen Ohren? Für mich klang das damals wie Musik, endlich war mein Held gekommen, mein U-Boot-Kommandant, mein Ritterkreuzträger, die Presse schilderte seine Heldentaten, wie viele tausend feindliche Bruttoregistertonnen er auf seinen Feindfahrten im Atlantik versenkt hatte, wann er sie versenkt hatte, wie er sie versenkt hatte. Ich antwortete ihm — sehr gerne, Helmut, mein Liebster, mein Held, wozu bittest du mich denn, du hast um nichts zu bitten, du hast ein Recht auf mich, und ich bin glücklich, daß du unter so vielen mich auserkoren hast, daß ich deine Auserwählte sein darf, für ewig dein ...

Er mußte noch an demselben Tag nach Le Havre zurück, wir besprachen alles, ich wollte ihm nachfahren, ich freute mich, daß uns der Admiral trauen würde, ich lebte in einer erregenden Erwartung, es schien mir, daß mein Leben endlich einen Sinn zu bekommen begann — ich werde die Frau eines Helden, ich werde bangend auf ihn warten, ich werde stolz die Nachrichten über seine Taten verfolgen, und sollte er einmal nicht wiederkehren, werde ich nicht weinen, es schickt sich nicht, daß die Frau eines deutschen Helden weint, ich werde mein Los mit aufrechtem Haupt tragen, das Los der Witwe der Nation, ich werde seinen Sohn großziehen, auf daß er ihm an Tapferkeit gleiche, an Größe, an Schönheit. Ich werde ihn zu einem mutigen Marineoffizier erziehen, zu einem Kapitän, Admiral ... ich war ein dummes deutsches Mädchen mit einem verdrehten Kopf voll romantischer Vorstellungen.

Papa war dagegen. Papa sah es nicht gern, wie unsere U-Boote die britischen Schiffe versenkten. Papa war anglophil, nach außen hin mußte er das damals geheimhalten, aber zu Hause machte er kein Hehl daraus ... Papa schrieb mir aus Stockholm einen warnenden Brief, in dem er mich ermahnte, vernünftig zu sein und mir alles zu überlegen, aber Papa kam mir damals wie ein alter, hoffnungsloser Konservativer vor, der den neuen Geist der Geschichte nicht begriff. Ich liebte ihn sehr, aber übereinstimmen konnte ich fast in nichts mit ihm.

In Le Havre wurde ich so empfangen, wie ich es mir erträumt hatte. Ich war die Braut eines Ritterkreuzträgers, eines der berühmtesten, verwegensten U-Boot-Kommandanten, ich war Gast des Admirals, des Kommandanten der U-Boot-Basis, er kümmerte sich väterlich um mich, da Papa nicht kommen konnte. Alle begegneten mir dort mit Ehrfurcht, die jungen Offiziere bewundernd und begehrend, die wenigen deutschen Frauen, die es auf dem Stützpunkt gab, mit Neid. Helmut war auf Feindfahrt, ich konnte seine Rückkehr kaum erwarten, ich lief ans Ufer und suchte mit dem Fernglas den Horizont ab, ob ich nicht einen kleinen Punkt auf dem Wasserspiegel entdecken könnte. Dann flüsterte mir sein Kommandant ganz im Vertrauen zu — morgen kommt er! Er hat nach Ihnen gefragt, er möchte sofort Hochzeit machen, denn er muß gleich wieder in See stechen. Es war mir ein wenig bange, aber auch herrlich zumute, er kommt, mein Held kommt, und er ist so bedeutend, daß die Nachrichten über seinen Standort streng vertraulich behandelt werden müssen! Die Engländer würden viel dafür geben, zu erfahren, wo er gerade ist. Ich war aufgeregt — morgen kommt er, ach Gott, hoffentlich wird alles sein, wie es sein soll, das Hochzeitsmahl, hoffentlich wird ihm mein weißes Kleid gefallen, hoffentlich wird ihn mein fleckiges Gesicht nicht stören . . .

In jener Nacht konnte ich nicht einschlafen, freudige Erwartung wechselte mit schwarzen Befürchtungen ab, ob ihm unterwegs nichts zustoßen, ob sein U-Boot nicht auf eine Mine laufen würde, falls die feindlichen Schiffe seine Position feststellten. Ich ärgerte mich wegen dieser Angst über mich selbst — mein Kapitän, mein U-Boot-Kapitän ist unsterblich, und wenn es auch geschehen sollte, daß er auf eine Mine läuft, so würde es gerade jene sein, die nicht explodiert. Ich fühlte mich seiner nicht ganz würdig, die Frau eines Helden hat nicht zu zweifeln, hat keine Angst zu haben.

Am Morgen kam die Gattin des Admirals, um mir beim Ankleiden zu helfen, sie wollte das keiner anderen überlassen, es tat ihr leid, daß ich keine Schleppe hatte, wie nett nähme sich das aus, wenn zwei Leutnants vom U-Boot meine Schleppe trügen! Mit Wohlgefallen betrachtete sie meine enthüllten Hüften, sie seufzte, offenbar in Erinnerungen schwelgend, sie küßte mich, sagte mir — er ist unser Liebling, der Liebling des ganzen Stützpunktes. Um Viertel vor zehn kam mich mein Trauzeuge abholen, ebenfalls ein Bekannter seit meiner Kindheit, ebenfalls Offizier zur See, ich blickte noch einmal in den Spiegel, ich war schön, die Flecken auf den Wangen waren fast gar nicht zu sehen, ich war Braut, ich war schön. Ich stand lange vor dem Bett im Hotelappartement, ach, wäre es schon soweit, ging es mir durch den Sinn, wäre schon alles vorüber, wäre ich endlich mit ihm vereint!

Alle waren an diesem Tag so nett zu mir, im Hafen ankerte ein großer Kreuzer, und der Admiral hatte beim Oberkommandierenden der Kriegsmarine durchgesetzt, daß die Trauung auf diesem Kreuzer stattfand. Mir wäre ein U-Boot lieber gewesen, aber dort hätten die vielen Menschen gar nicht Platz gehabt, die Frau des Admirals bereitete ein großes Bankett vor, alles ging auf Kosten des Stützpunktkommandos. Das alles waren sie meinem Verlobten, meinem Helden, meinem Geliebten schuldig!

Papa schickte ein Telegramm, auch von den anderen allernächsten Bekannten kamen Telegramme, der Großadmiral erließ einen Tagesbefehl, im Augenblick der Unterschrift sollte der Kreuzer eine Salve abfeuern. Mit bebenden Händen nahm ich das Telegramm des Führers entgegen. Er gratulierte uns zur Hochzeit, äußerte die Hoffnung, wir würden uns des Loses eines deutschen Mannes und einer deutschen

162

Frau würdig erweisen, er wünschte uns, daß unser Glück von Dauer sein möge. Der Führer! Mein Führer! Ich kann dir dieses Telegramm einmal zeigen, es ist das einzige, das ich nicht zerrissen habe.

Während der Zeremonie flogen Me-Jäger schützend über dem Kreuzer, damit nichts die Trauung des Helden störe. Es war ein schöner Tag, der Himmel klar und hell, es herrschte Windstille, auf der Kommandobrücke stand ein Tisch, mit der Flagge der Kriegsmarine bedeckt. Als mich der Admiral fragte, ob ich den anwesenden Helmut Brinkmann zum Manne nehmen wolle, durchlief ein glücklicher Schauer meinen Körper, ich sagte ein jubelndes Ja und fügte hinzu, was vielleicht gar nicht schicklich war: mit Stolz! Der Admiral und alle Anwesenden belohnten mich dafür mit einem freundlichen Lächeln, das Spalier der Offiziere rief Sieg Heil, in der Offiziersmesse stand die gedeckte Hochzeitstafel bereit, wir schritten durch das Spalier der Offiziere, die ihre Dolche gezückt hatten, hinunter.

Mein Mann betrank sich bald und fiel aus, ich verübelte ihm das nicht, der Ärmste, er hatte ein Recht darauf, es schien mir selbstverständlich, nett, mochte er sich erst einmal ausschlafen, ich blieb im Kreis der Offiziere und der deutschen Mädchen zurück, die Dienst auf dem Stützpunkt taten. Es fiel mir sogar ein, daß ich eine von ihnen werden könnte, dann dürfte ich wenigstens immer hier sein, auf dieser Basis, wenn er heimkehrte. Es war eine vergnügte Hochzeit, es wurde viel getrunken, gegen Abend kam Helmut zurück, nüchtern und frisch, die Freunde klopften ihm mit zweideutigem Lächeln auf die Schulter, als es dunkel wurde, sang uns der Matrosenchor ein paar Lieder vor, natürlich auch *Denn wir fahren gegen Engeland.*

Und dann trank man weiter, auch Helmut trank wieder, aber nun achtete ich darauf, daß er nüchtern blieb. Der Abend kam mir zauberhaft vor, aber was war an ihm denn so zauberhaft? Heute denke ich ganz anders an ihn zurück, in

Wirklichkeit war alles so gekünstelt, lächerlich und peinlich, diese betrunkenen, stumpfen Gesichter, diese stupiden Gesellschaftsspiele, diese schlüpfrigen Anspielungen, die ordinären Witze, damals gefiel mir das, es war mir zumute, als ginge ich nicht, als tanzte ich nicht, sondern als schwebte ich durch die Lüfte, so leicht und wohl war es mir ums Herz. Ich befand mich in einem wahren Glückstaumel.

Vor elf gingen wir. Wir stiegen das Fallreep hinunter, durch ein Spalier betrunkener Offiziere, die schallend lachten und Helmut laut zuriefen —, du Glücklicher du ... Am Kai verabschiedeten sich seine besten Freunde von uns, ich mußte sie auf die Wangen küssen. Der Chauffeur des Admirals fuhr uns ins Hotel. Dort warf ich mich jauchzend meinem Mann in die Arme — mein Liebster, endlich habe ich dich, endlich wirst du mein sein, nur mein ...

Er entkleidete mich, langsam, zeremoniell. Ich zitterte vor Erwartung, vor Ungeduld. Es schien mir, als wären seine Finger ungeschickt. Er hob mich auf, trug mich auf seinen Armen ins Bett, küßte mich, küßte meinen ganzen Körper.

Ehe er zu mir kam, stellte er das Radio ein. Er flüsterte mir zu — ich mag das mit Musik, mit rhythmischen Variationen. Es überraschte mich ein bißchen, weshalb er mir das sagte, es genügte, das Radio einzustellen, über bestimmte Dinge braucht man nicht zu reden. Bald verlor ich mich in diesem bisher noch nie gekannten Gefühl, ein Beben, ein Sichvergessen im Unendlichen, er war bei mir, war mein, wir liebten uns, er wußte zu lieben ... aus dem Radio klang gedämpfte Musik, ein Walzer, ein Marsch, ein Tango, ich erzähle dir das deshalb, weil es wichtig ist. Wir liebten uns, wir waren beide gerade fast auf dem Höhepunkt, als die Spätnachrichten durchgegeben wurden. Er hatte mir ein herrliches Hochzeitsgeschenk mitgebracht, außer den Perlen, die er mir am Morgen geschenkt hatte: ein paar versenkte englische Schiffe, darunter einen Kreuzer. Das drang aus weiter Ferne zu mir, es war eine hübsche Überraschung, ich wäre vor Glück fast verrückt geworden, ich verlor vor Wonne den Verstand...

Um Mitternacht, das dürfte dir ja bekannt sein, wird im Rundfunk die Hymne gespielt..."

Ich fühlte, wie die Kleine, die neben mir saß, zusammenfuhr.

„Nein!" rief sie entsetzt.

„Aber ja, Kleine. Um Mitternacht wurde im Großdeutschen Rundfunk immer die Hymne gespielt. *Deutschland, Deutschland über alles.* Und das *Horst-Wessel-Lied...*"

„Hör auf. Ich will das nicht hören. Das ist doch unmöglich... das ist doch nicht möglich..."

„Was ist mit dir los, Kleine?"

Sie zitterte. Ihre Augen waren weit aufgerissen. Sie atmete schwer.

„Er... er... das ist nicht möglich... Das hat sie nur erfunden. Oder du hast es selbst erfunden."

Ihre Empörung, ihr Entsetzen verflüchtigten sich. Sie war den Tränen nahe. Ich hob ihr Köpfchen. Sie seufzte. Sie lächelte.

„Es ist schon wieder gut. Erzähl bitte weiter. Alles."

Luise erzählte mir:

„Um Mitternacht, nach den Nachrichten, spielt man im Rundfunk die Hymne, *Deutschland, Deutschland über alles* und *Die Fahne hoch.* Ich war gerade soweit, verstehst du? Ich war außer mir, aber da passierte etwas, etwas Störendes. Er erstarrte, ließ von mir ab. Er hörte auf. Er richtete sich auf. Er war nicht mehr da. Als ich die Augen aufschlug, sah ich gerade, wie er sich neben dem Bett aufpflanzte. Stramm stand. Er stand da, nackt, aus dem Radio klang die Hymne, und er stand nackt stramm. Mich packte der Krampf. So ein böser Krampf, ganz tief innen in den Eingeweiden. Es war mir, als wühlte jemand stümperhaft in mir herum, als marterte er mich mit scharfen Krallen. Und dann begriff ich. Ich begriff, und im nächsten Augenblick begann ich zu lachen, schrecklich zu lachen, laut, hysterisch, der körperliche Krampf verwandelte sich in einen Lachkrampf, ich bekam einen Lachschock, ich konnte nicht mehr aufhören, das Lachen nahm mir die Luft, preßte mir die Lunge zusammen, brannte in der Kehle, stieß Salven aus mir, aachachaaach-achachaachaachachi chachaa ... er beugte sich verwundert, ängstlich über mich, er begriff nicht, weshalb ich so lachte, er rüttelte mich, redete mir gut zu, bat, aber ich konnte nichts tun, ich konnte in mir dieses Lachen nicht ersticken, dieses tödliche Lachen, das schmerzte, entkräftete, marterte.

Ich lachte, ich lachte, ich sah dabei, wie er ratlos nackt im Zimmer umherlief, er schrie mich an, sprang wütend zu mir, begann mich zu ohrfeigen, aber das half alles nichts, nicht die Ohrfeige und auch nichts anderes, ich lachte, lachte ... ich spürte, daß es das Lachen des Todes war, ich wünschte mir, mich von ihm nie mehr zu erholen, ich hörte auf, die Dinge um mich wahrzunehmen, auch ihn, es war ein Lachen, daß es mir schwarz vor den Augen wurde. Ich fühlte, daß ich es nicht mehr lange aushalten würde, es zerriß mir die Lunge, mein Herz sprang, meine Kehle schloß sich, es mußte mich erdrosseln ...

Dann beugte sich ein Arzt über mich. Ein alter, netter Arzt, er sagte irgend etwas, und ich brauchte eine Weile, ehe ich begriff, daß er das zu mir sagte, daß er sich über mich beugte, daß er mir auf die nackte Schulter klopfte, daß er mir zuredete, bald ist es wieder gut, bald ist alles in Ordnung. In der Hand hielt er eine Injektionsspritze, und es war nicht das Hotelzimmer, es war irgendwo anders, ich brauchte abermals lange, ehe ich daraufkam, daß ich im Spital war. Das war das letzte, was ich noch wahrnahm, eigentlich nein, das letzte, woran ich mich erinnern kann, war das Bewußtsein, nackt zu sein, in einem Krankenhausbett zu

liegen, und ich vermochte mir nicht zu erklären, wie ich hierhergelangt war ...

Ich erwachte nach einem langen betäubenden Schlaf,
wieder beugte sich der alte Arzt über mich, mein letzter und
mein erster Kontakt mit der Umwelt, er beobachtete mich
sorgenvoll, dann fragte er mich, wie es mir gehe, ob ich
sprechen könne. Ich nickte, ich wußte noch nichts von alldem,
was geschehen war, aber sprechen konnte ich.

,Wo bin ich? Warum bin ich im Krankenhaus? Was ist mit
mir passiert?'

,Sie müssen ruhig bleiben, ganz ruhig. Sie dürfen sich nicht
aufregen. Sie müssen schlafen, essen, und lange, lange schlafen, das ist jetzt alles, was Sie dürfen und was Sie müssen.'

Ich nickte gehorsam. Ja, ja, gut. Ich würde alles tun, was
er mir befahl. Ich fühlte mich schwach, zu nichts fähig, ich
war noch benommen von der Injektion. Aber da ging die
Tür auf, und ein Mensch in Marineuniform erschien, er
wollte sich meinem Bett nähern, und mir war es plötzlich
bewußt, daß er nichts anhatte, daß er nackt strammstand vor
meinem Bett, und ich begann zu lachen, zu lachen, und der
alte Arzt fuhr den Besucher böse an und schrie 'raus, 'raus,
und er schob ihn eigenhändig aus dem Krankenzimmer und
rief Schwester, Schwester, die Spritze ... und mir wurde es
abermals schwarz vor den Augen, ich schlief, ich schlief lange,
und dann öffnete ich nur mit Mühe unter Schmerzen die
Augen, es war Tag, und der alte Arzt beugte sich über mich,
es wird alles wieder gut, alles wird wieder gut, redete er mir
zu, ich wollte ihm zulächeln, ja, alles würde wieder gut, aber
ich konnte nicht lächeln, und ich konnte nicht die Hand be-
wegen, und ich wollte ihn etwas fragen, aber nichts fiel mir
ein, nun, er verstand mich auch so, er sagte mir, Sie haben
einen bösen, sehr, sehr bösen Traum gehabt, aber jetzt wird
bald alles wieder gut, alles wird gut, nur denken dürfen Sie
an nichts, sich an nichts erinnern, sich über nichts aufregen,
und Sie müssen schlafen.

Dann war ich in Gräfenberg, Wassertherapie, Luft, Wäl-
der, Ruhe, ich war leer, es schien mir, als wäre ich voll Asche,
wenn ich mich in die Hand gestochen hätte, würde statt Blut
graue Asche aus mir rieseln, mein besorgter Papa kam mich
besuchen, später stellte ich dann fest, daß er gekommen war,
um mir mitzuteilen, daß mein Mann in seinem versenkten
U-Boot auf dem Grund des Atlantik lag, aber er hatte nicht
den Mut, es mir zu sagen, obwohl mir nichts mehr geschehen
konnte. Mein behandelnder Arzt, offenbar eine Kapazität
auf seinem Gebiet, wollte immer wieder wissen, was denn
geschehen sei, was es gewesen war, aber ich wollte und konnte
nicht darüber sprechen, ich fühlte mich erniedrigt, geschändet,
leer. Schließlich gab er es auf.

Heute bin ich froh darüber. Über alles. Ich begriff das
Ausmaß der Katastrophe, in die Deutschland hineingetrieben
worden war. Sie hatten alles denaturiert, geschändet, be-
schmutzt. Ich begriff das genau in dem Augenblick, da er dort
neben dem Bett strammgestanden hatte, ich hatte davon
meinen Lachschock bekommen, aber auch ohne Nervenanfall
ist das alles dumm und lächerlich. Das haben die aus uns
gemacht! Kann das denn anders enden?

Niemand hat je erfahren, was geschehen war. Ich hatte
meine Kennkarte noch nicht ändern lassen, ich ließ sie also
erst gar nicht ändern. Ihn gibt es nicht mehr, und ich gehe
nirgends hin, hier in meiner Umgebung, die ich brauche, bin
ich Fräulein Dekker, ich habe längst alles vergessen, aber ich
bin froh, daß es geschehen ist, dieses Erlebnis hat mich von
Grund auf gewandelt. Ich behielt von all dem Tand nur das
Telegramm dieses wahnsinnigen Schizophrenen, das Kleid
verbrannte ich, alles, was mich an meine Erniedrigung erinnern konnte, vernichtete ich, nur dieses Telegramm verblieb
mir, ich behielt es als Warnung.

Dann war ich wieder hier zu Hause, früher hatten wir
ein Dienstmädchen, ich entließ es. Einmal besuchte mich mein
alter Arzt aus Le Havre. Man war seinem Ansuchen nach-

gekommen und hatte ihn wegen seines hohen Alters aus der Armee entlassen. Nie fragte er mich, was mir zugestoßen war, aber sicherlich erriet er es. Er ließ sich hier in der Stadt nieder, er war von hier, er hatte hier eine gutgehende Praxis gehabt, ehe man ihn eingezogen hatte, er eröffnete sie wieder. Er kam oft zu mir, er war sehr rücksichtsvoll und nett, und ich glaube, daß ihm mit mir ein kleines Wunder gelungen ist. Lange Zeit hatte ich Angst, mich im Spiegel zu betrachten. Ich fühlte mich unrein und bildete mir ein, man müsse mir das äußerlich ansehen. Ich hatte Angst, auch nur an die Berührung eines Mannes zu denken, schon bei der bloßen Vorstellung daran schüttelte es mich. Ich glaubte, daß sich das nie mehr ändern würde, und das tat mir nicht einmal weiß Gott wie leid.

Der alte Doktor besuchte mich immer häufiger, und einmal sagte er mir — Luise, ich bin ein alter Mann, manches ist nicht mehr, wie es sein sollte, aber einst, vor langer Zeit, habe ich Ihren Körper gesehen, ich habe in meinem Leben viele Frauenkörper gesehen, aber der Ihre blendet mich bis heute, natürlich bin ich ein unansehnlicher alter Mann, aber das habe ich Ihnen sagen müssen. Es hat mich die ganze Zeit über gequält.

Ich küßte ihn auf seinen kahlen Kopf und dann auf den Mund. Er war zärtlich zu mir, gut, und ich hatte nichts, womit ich ihm das vergelten konnte. Vielleicht wäre es besser gewesen, wir wären Freunde geblieben, doch das geht wohl nicht. Ich empfand nichts, aber gerade deshalb hatte ich nichts zu verlieren, und wenn es ihm auch nur ein wenig Freude bereitete, war ich froh darüber.

,Wenn Sie es nicht ausgesprochen hätten, hätte ich selbst es heute getan', log ich. Ich entkleidete mich, er sah mich an, kniete vor mir nieder, schaute, blickte mich lange an, er war seiner selbst wohl nicht sicher, er fürchtete zu versagen, ich wollte ihm helfen, ich spielte ihm etwas vor, schloß die Augen, ich sagte — so komm doch schon, laß mich nicht warten ... er verlöschte das Licht, ich hörte, wie er sich in der Finsternis entkleidete, er kam zu mir, er war sehr zärtlich, taktvoll, etwas ungeschickt und schüchtern, aber nach und nach war es gut, mit ihm zu sein, es war schön, ich verlor das Gefühl, daß ich voll Asche bin, wieder pulste rotes Blut in mir, es pulste stärker und stärker, mein Leib, mein Schoß, meine Brüste, Schenkel, Hände, Lippen empfanden Vergnügen, sie freuten sich, sie schwelgten, im Grunde war er mein einziger wirklicher Liebhaber, er war zärtlich, Greise wissen wohl zärtlich zu sein, vielleicht wissen nur Greise so zu sein, er hatte einen kahlen, kantigen Schädel, er hatte Brillen mit dicken Gläsern, er war dick, er hatte spindeldürre Arme und Beine, aber mir gefiel er, er gefiel mir viel mehr als all die Siegfriede vor ihm, an die ich nicht denken konnte, ohne nachträglich vor Scham zu erröten. Ich liebte ihn. Zum erstenmal im Leben habe ich wirklich mit allem, mit ganzem Leib und ganzer Seele geliebt. Es war gut, es war herrlich mit ihm. Ich liebte seine Runzeln, seine Glatze, die Falten seines unförmigen Bauches, seine dünnen Beine und Arme, ich sah ihn strahlend schön, aber nur deshalb, weil ich ihn liebte.

Vor zwei Jahren hat man ihn verhaftet. Weil er Radio London gehört hat. Seit damals weiß ich nichts von ihm, vielleicht lebt er noch, aber vielleicht ist er schon tot.

Ich wollte mich vergiften, aber ich hatte nicht den Mut dazu. Und das wäre töricht gewesen. Es ist nur in Ordnung, wenn diese Höllenmühle die anständigen, vor allem die anständigen Deutschen vertilgt. Die haben nämlich früher einmal, vor langer Zeit, versagt ..."

„Das ist eine traurige Geschichte!"

„Es ist eine deutsche Geschichte, Kleine. Sicherlich, etwas Ähnliches ist überall möglich, aber, ob nun so oder so, es ist eine deutsche Geschichte."

„Dich störte es auch weiterhin, daß sie Deutsche war?"

„Sie war doch Deutsche."

„Auch ich bin Deutsche. Die Tochter eines gehenkten Kriegsverbrechers. Auch ich bin eine deutsche Geschichte. Sicherlich ist eine ähnliche Geschichte auch anderswo möglich, aber ich bin eine deutsche Geschichte."

„Du, Kleine, kannst noch alles, was man auf dieser Welt nur vermag: erreichen wie verlieren."

„Willst du damit sagen, daß ich mit den Geschichten, die du mir da erzählst, nichts mehr zu tun habe?"

„Doch, Kleine, du hast damit zu tun. Das weißt du selbst. Dein Vater . . ."

„Ach, mein Gott, mein Vater, ich war damals doch noch nicht einmal auf der Welt, ich wurde erst nach seinem Tod geboren. Und was, wenn er nur Befehle ausgeführt hat? Vielleicht gab es einen solchen Befehl, als die westlichen Flieger begannen, deutsche Städte zu vernichten, als sie Hamburg zerstörten."

„In der Dienstordnung der Wehrmacht, Kleine, gab es so eine besondere Bestimmung. Ich selbst wollte es nicht glauben, ehe ich es nicht gelesen hatte. Darin hieß es, daß der Soldat einen Befehl zurückweisen und die Ausführung verweigern kann, wenn er mit seiner militärischen Ehre nicht vereinbar ist. Der Soldat muß natürlich an der Front töten, aber niemand kann ihn zwingen zu morden."

„Mein Vater war bei der SS. Er unterlag also anderen Vorschriften."

„Aber der SS ist er freiwillig beigetreten. Das bedeutet, daß er sich mit dem Programm der SS identifiziert hat, daß er mit ihm übereinstimmte, daß er schwor, es zu erfüllen. In Nürnberg wurden alle Formationen der SS als verbrecherische Organisationen verurteilt."

„In Nürnberg saßen die Sieger über die Besiegten zu Gericht. Wenn Hitler gesiegt hätte, hätte er jene vor Gericht gestellt, die in Nürnberg zu Gericht saßen. Als Kriegsverbrecher."

„Ich bezweifle, daß er sich diese Mühe gemacht hätte. Aber das alles müßt schon ihr Deutschen unter euch in Ordnung bringen. Vor allem ihr jungen. Die Alten sind alle von ihrer Vergangenheit gezeichnet. Von denen kann man nichts mehr erwarten. Wenn sie vor ihren Richtern stehen, ob nun vor internationalen oder vor deutschen Tribunalen, erinnern sie sich an nichts, sie leugnen, reden sich heraus, daß sie Befehle erfüllen mußten. Wenn du dich schon mit diesen Fragen so gründlich beschäftigst, so sag mir, kennst du wenigstens einen einzigen Fall eines angeklagten Deutschen, der dem Tribunal die Stirn geboten und gesagt hat — ich habe dies und das getan. Was ich in Majdanek, in Oradour, in der Ukraine, auf dem Balkan gemacht habe, ist zu verurteilen, ist verbrecherisch und unverzeihlich. Damals dachte ich mir nicht viel dabei, denn ich war verblendet, angesteckt von der nazistischen Räude. Jetzt sehe ich das ein. Kennst du so einen Fall? Siehst du, du kennst keinen. Auch ich kenne keinen. Alle sind sie unschuldig. Aber wer hat dann all das Grauen in ganz Europa verbreitet, wenn auch drüben bei euch manchmal Stimmen laut werden, daß das alles nur Erfindungen einer antideutschen Propaganda seien? Daß die Deutschen keinem Juden etwas angetan hätten? Wo sind dann die Millionen Juden, Polen, Ukrainer, Serben, Zigeuner geblieben? Wenn ihr das zuläßt, werden die deutschen Historiker nach einiger Zeit behaupten, daß es in Europa überhaupt keine Juden gegeben hat. Und andere werden ihnen dabei behilflich sein. Weißt du, Kleine, was in Auschwitz beim Besuch des damaligen amerikanischen Botschafters geschehen ist? Er machte seinen Rundgang, hörte sich an, was man ihm erzählte, und plötzlich begann er laut zu lachen:

„Ihr wollt mir doch nicht weismachen", brachte er zwischen Lachsalven hervor, „daß das, was ihr mir hier zeigt und was ihr behauptet, die Wahrheit ist!"

„Gut, der konnte ein Dummkopf gewesen sein."

„Ich habe dir schon gesagt, es ist eure Sache, vor allem

172

die Sache von euch jungen Deutschen. Euren Augiasstall wird kein fremder Herakles für euch säubern. Entweder ihr setzt euch mit der Frage der Kollektivschuld der Nation auseinander, oder ihr kümmert euch um die Bestrafung aller Schuldigen. Aber man kann nicht einerseits behaupten, die Nation sei verführt worden, sie habe von nichts gewußt, sie trage an alledem keinerlei Schuld, und anderseits die Schuldigen, die Verbrecher, die gegen die Menschlichkeit verstoßen haben, mit der Rechtfertigung decken und retten wollen, sie hätten nur Befehlen gehorcht. In die SS, die SA, in den Sicherheitsdienst, die Gestapo mußte niemand auf Befehl eintreten. Dort suchten sich die Nazis die bewährtesten, treuesten Männer. Aber alle diese hatten *Mein Kampf* gelesen. Alle diese Menschen wußten, was für ein Programm das war, sie stimmten mit ihm überein und gingen daran, es zu verwirklichen."

„Wußten alle Deutschen, was da begangen wurde? Wußten das alle?"

„Viele wußten es. Viele, es waren Hunderttausende, vielleicht noch mehr, begingen es. Viele hörten etwas, ahnten etwas, aber die wollten nichts Konkretes wissen. Ein jeder hatte in seinem weiteren oder engeren Freundes- und Verwandtenkreis jemanden, der von der Gestapo verschleppt wurde. Aber sogar die Verwandten der Getöteten wollten oft nicht eingestehen, daß das verbrecherisch und grauenhaft war. Millionen deutscher Soldaten durchquerten Polen, die Ukraine, Weißrußland, den Balkan. Aber keiner von ihnen wußte, ahnte etwas. Gegen Kriegsende zirkulierte in Deutschland eine recht häufige Verwünschung — ich lasse dich zu Seife verarbeiten. Aber offenbar hatte niemand eine Ahnung, was das bedeutete."

„Ich weiß, ich werde das nie wieder los. Nie!"

„Loswerden kannst du es auf eine einzige Art. Wenn du das alles in dir auf den richtigen Nenner bringst. Du kannst nicht einige Male während einer Nacht behaupten, daß dein

Vater so und so war, und dann wieder einige Male, so und so sei er nicht gewesen. Du mußt dich endlich entscheiden. Das wird dann für alles Weitere bestimmend sein."

„Bestimmend? Was kann ich schon tun? Nichts, gar nichts!"

„Doch, du kannst. Du kannst verhindern, daß sich das alles wiederholt."

„Ich? Ich allein?"

„Auch du. Ihr seid Millionen. Du bist nicht allein. Aber ihr werdet euch entscheiden müssen. So oder so."

„Luise hat sich schon damals entschieden. Die hatte sich entschieden. Aber was soll ich tun?"

Sie tat mir leid. Was doch alles so in ihrem jungen Köpfchen herumging!

„Das ist eine sonderbare Nacht, Kleine. Statt zu schlafen oder Liebe zu machen, sprechen wir über solche längst vergangenen Ereignisse."

„Du möchtest Liebe machen?"

„Ach, nein, nein, so habe ich das nicht gemeint."

„Willst du schon schlafen gehen?"

„Vielleicht wäre es das beste."

„Geh noch nicht fort. Erzähle. Erzähl mir. Es ist gut, wenn du erzählst. Es ist gut, dir so nahe zu sein, für dich hat das wohl keine große Bedeutung, aber für mich ist es sehr wichtig. Vielleicht hilfst du mir, vielleicht hast du mir bereits geholfen."

„Helfen kannst du dir nur selbst."

So saßen wir da, sie dicht neben mir, ihre Hand lag auf meinem Nacken, und ich hielt sie um die Hüfte umschlungen. Ich hatte den Augenblick bereits verpaßt, da ich sie auf die Couch hätte legen können. Der Augenblick, da ich das tun wollte, war längst vorbei. Ich konnte nicht. Es ging nicht. Ihr Vater war Kriegsverbrecher gewesen. Vielleicht. Vielleicht würde das nicht gut enden. Wenn sie mir das nicht gesagt hätte ... aber sie hatte es mir gesagt, und es ließ sich

174

nicht mehr widerrufen. Aber aufstehen und gehen, danach war es mir ebenfalls nicht zumute.

„Auch du kannst das alles nicht loswerden, nicht wahr? Wenn du mit deinen Leuten beisammen bist, worüber immer ihr zu sprechen beginnt, immer endet es bei diesem Punkt."

„Es gibt auch neuere Probleme, Kleine. Aber im großen und ganzen hast du recht. Ich kann es nicht loswerden. Vielleicht wäre das gar nicht gut."

„Erzähle. Erzähl mir von Charly. Erzähl mir irgend etwas . . ."

7

Charly traf ich in den letzten Wochen, bevor er verschwand, fast nicht mehr. Ich hatte den Eindruck, als ginge er mir absichtlich aus dem Weg, aber ihm mochte es ebenfalls so vorgekommen sein. Er ließ mir die schriftliche Nachricht auf dem Tisch zurück, was mit dem Tabak zu geschehen habe, und ich legte ihm das Geld in die Schublade. Bei Luise kam ich selten dazu, mich auszuschlafen, Kleine, ich schlief dann immer noch in der Wohnung, die ich mit Charly teilte, weiter. Ich legte mich immer nach Tisch nieder. Er wußte das, da hörte er auf, nach der Schicht nach Hause zu kommen. Das wurmte mich sehr, ich war ein Eindringling, ich sagte mir, ich hätte ihn vertrieben.

Einmal war es anders. Er kam früh nach Hause. Ich lag ausgestreckt auf dem Diwan.

„Steh auf!" schrie er mich an. „Wälz dich nicht herum wie ein Schwein!"

Ich stand wortlos auf. Ich raffte meine paar Sachen zusammen. Sehr viel besaß ich ja nicht. Ich hatte keine Lust, einen Streit mit ihm anzufangen. Ich wollte wortlos gehen. Es war an der Zeit, daß wir uns trennten, ich hätte es schon viel früher machen sollen, aber es mußte doch nicht im bösen geschehen. Doch er wollte den Streit. Das hatte ich sofort an seinem Gesichtsausdruck gemerkt, als er eingetreten war.

„Geh getrost zum Teufel", sagte er grinsend. „Zieh nur

ruhig zu deiner deutschen Sau, zu dieser Hure mit einem Busen wie ein Kuheuter."

Ich schlug zu. Ich schlug mit voller Kraft zu. Er flog in die Zimmerecke und schlug mit dem Kopf gegen die Wand. Blitzschnell war er wieder bei mir. Ich hatte in meinem Zorn vergessen, daß er Profiboxer gewesen war. Sein schrecklicher Schwinger riß mir fast den Schädel ab.

Ich schlug hart auf dem Boden auf.

„Steh auf! Aufstehen, du Schwein!"

Ich sprang auf die Beine. Ich stürzte mich auf ihn, es wurde schwarz vor meinen Augen, ich sah alle Sterne. Im rechten Kiefer war mir etwas im Wege, ich fühlte einen salzigen feuchten Geschmack im Mund. Ich wischte mir mit dem Handrücken die Lippen ab, sie waren blutig, das Blut machte mich rasend. Ich sprang ihn an. Er gab mir einen fürchterlichen Schlag in den Unterleib, der machte mich fertig, es schmerzte schrecklich, ich hatte das Gefühl, als müßte ich jeden Augenblick Gedärme kotzen. Gleich darauf hob mich ein betäubender Schlag vom Boden in die Höhe, ich schlug mit dem Kopf stumpf gegen irgend etwas. Ich verlor das Bewußtsein.

Auf dem Diwan kam ich wieder zu mir. Charly legte mir gerade ein feuchtes, kaltes Handtuch auf die Stirn. Er atmete erleichtert auf, als ich die Augen aufschlug.

„Esel, laß dich nie mit einem Boxer ein . . ."

Ich griff mir an den Kopf. Er brauste wie ein Wasserfall. Alles tat mir weh. Ich mußte mit dem Hinterkopf gegen etwas Kantiges gefallen sein, mein Haar war klebrig, meine Hand voll Blut.

„Zeig her . . ." Er hob mich ein wenig auf. „Dein Schädel ist zertrümmert."

„Aber nicht der Knochen", versuchte ich zu scherzen. Es mußte ein sehr jämmerliches Lächeln gewesen sein.

Er setzte mich auf, wusch mir mit dem Handtuch den Kopf ab, rieb ihn mit Jod ein.

„Du solltest zum Arzt gehen."

„Zum Arzt wirst du selbst gehen müssen, wenn wir uns noch einmal in die Haare geraten."

Ich fühlte, wie mein Gesicht anschwoll. In meinem Magen kriegten Kreuzottern Junge. Jede Bewegung war eine Qual. Als ich mich umblickte, wo Charly sei, war er nicht mehr da. Er war gegangen. Er hatte recht. Ich hatte nichts anderes verdient. Ich war ein verblendeter Narr, wegen einer Deutschen hatte ich einen Kameraden verlassen, mehr als einen Kameraden, er hatte sich meiner angenommen, als ich unten durch war, er ernährte mich, kleidete mich, verbrachte mit mir viele schöne Abende, hatte alles mit mir geteilt. Er hatte recht, und er hatte das Recht gehabt, mich derart zuzurichten. Es war Krieg, Millionen starben, wer etwas taugte, stand mit der Waffe in der Hand irgendwo und kämpfte gegen die deutsche Flut, und ich turtelte hier mit einer deutschen Frau herum und trieb Schleichhandel mit gestohlenem Tabak.

Ich würde nicht zu ihr zurückgehen. Nicht heute, überhaupt nicht mehr.

Charly kam zurück. Er stellte zwei Flaschen Schnaps auf den Tisch. Er hatte mich nicht verlassen, er war nur fortgegangen, um Schnaps zu beschaffen, für mich.

„Komm . . .", sagte er düster. Ich rappelte mich mühsam auf, setzte mich ihm gegenüber an den Tisch. Er schenkte ein.

„Trink. Du siehst aus wie eine blutarme Blindschleiche. Es wird dir guttun."

Ich trank. Er ebenfalls. Wir tranken die großen Gläser bis auf den letzten Tropfen leer. Es brannte höllisch im Mund, aber er hatte recht, ich kam wieder zu mir. Ich fühlte, wie sich die Wärme in meinem Körper ausbreitete. Ich schenkte wieder ein, voll.

„Ich war heute bei Frau Schäfer im Krankenhaus", sagte er, „sie wird wohl nie wieder gehen können, obwohl sie es noch nicht weiß. Sie ist einverstanden, daß du hier wohnst, aber sie bittet dich, sie hie und da zu besuchen. Sie wäre froh, wenn die Wohnung nicht ganz ohne Aufsicht bliebe. Sie glaubt, daß du hier ganz normal gemeldet bist, du mußt ihr nicht die Wahrheit sagen. Geh manchmal zu ihr und bring ihr etwas Süßes, Nahrhaftes mit. Mit der Verpflegung ist es im Spital traurig bestellt."

War ich noch benommen? Begriff ich nicht? Was redete Charly da zusammen? Wieso war sie froh, wenn die Wohnung nicht ohne Aufsicht blieb?

„Ich haue morgen ab. Ich habe die Nase voll. Von Deutschland und von dir. Ich war seit neununddreißig nicht mehr in Prag. Einen Paß habe ich bekommen."

Etwas Glühendes drängte sich mir aus dem Magen in die Kehle empor.

„Charly . . .", rief ich, es war eher ein Stöhnen.

„Nur keine Szenen. Du hast auf mich geschissen, also erspar dir das. Ich werde dir gar nicht abgehen. Tabak gibt es hier noch genug, bis zum Frühling reicht er aus, und im Frühjahr ist der Krieg zu Ende. Und sei kein Trottel, die Deutschen sollen ruhig zahlen. Auf dein Wohl . . ."

Eine Stunde später lagen wir uns in den Armen, wir grölten, ich mußte einen sehr komischen Anblick geboten haben, wie ich da mit verschwollenem Maul *Nejsmutnější loučení je s mámou* und *Bramborové placky se škvarkama* sang. Charly schlug von Zeit zu Zeit mit der Faust auf den Tisch, schrie, alles kotze ihn an, auch ich kotze ihn an, der Krieg kotze ihn an, die Welt kotze ihn an . . .

Um Mitternacht riß uns die Türglocke aus unserer Seligkeit. Eindringlich, alarmierend, lange klingelte sie. Charly sprang auf und sah mich forschend an. Wir waren augenblicklich nüchtern. Charly wurde bleich, und ich zitterte wie Espenlaub, Gott im Himmel . . . sie waren da! Morgen hatte Charly abhauen wollen. Für immer. Und heute kamen sie . . .

Die Glocke verstummte, aber gleich darauf klingelte sie noch stärker, noch eindringlicher.

„Wenn etwas passiert . . .", sagte mir Charly, „also, du weißt von nichts. Ich habe dich auf ein Glas Schnaps eingeladen . . ."

Das war anständig, aber vergeblich. Wenn sie im Keller den Tabak fanden, würden sie uns die Seele mitsamt den Eingeweiden aus dem Leib holen.

Charly ging zur Haustür.

Es war Luise.

Wie konnte sie es wagen! Wer hatte ihr das erlaubt? Wie hatte sie mich überhaupt gefunden?

„Was suchst du hier?" fuhr ich sie wütend an. Sie betrachtete mich ganz entsetzt. Charly bat sie mit einer clownhaften Verbeugung weiter.

„Mein Freund hat sich an der Tischkante verletzt . . . aber das heilt bald wieder . . ."

Sie wollte davonlaufen, Charly hielt sie am Ärmel fest.

„Gehen Sie nicht. Sie müssen mit uns trinken. Wir feiern. Ich gehe morgen. Und es fehlen uns ohnehin Weiber, ohne Weiber gibt es kein richtiges Feiern."

Er zog sie zum Tisch. Er zwang sie, auf einem Sessel Platz zu nehmen. Sie war so durcheinander, daß sie alles mit sich geschehen ließ. Charly schenkte ein Glas mit dem stinkenden Fusel voll.

„Auf Ihr Wohl . . .", trank er ihr spöttisch zu, „auf Ihre Schönheit, auf euer beider Glück. Auf das Glück aller deutschen Frauen . . . oder schmeckt der Dame unser Schnaps, unser europäischer Fusel nicht?"

Natürlich schmeckte er ihr nicht, er stank. Charly war in Fahrt.

„Er ist aus Polen. Einen besseren gibt es nicht. Er stinkt nach Krieg, heutzutage stinkt alles nach Krieg, weshalb sollte also der Schnaps nicht stinken? Trinken Sie ihn ex, bis zur Neige, Sie sind uns das schuldig, wir haben schon tüchtig getrunken, Sie müssen aufholen, mit einem nüchternen Weib gibt es keinen Spaß . . ."

Luise sah mich vorwurfsvoll an. Ich verstand sie sehr gut. Das also war mein prächtiger Freund? Dieses Großmaul da? Dieser Rohling mit der platten Nase?

„Niemand hat dich hergebeten . . .", schrie ich sie an. Sie sprang auf, aber Charly drückte sie abermals auf den Sessel nieder.

„Nichts da! Hiergeblieben! Sie sind bei uns eingedrungen, Sie haben das Schönste zerstört, was ein Mann auf der Welt hat, Sie haben mir den Freund geraubt, und ein Freund ist heute alles. Sie haben aus einem Mann ein apportierendes Hündchen gemacht. Er hat kein Mark mehr in den Knochen. Trinken Sie! Sie müssen trinken! Ich will, daß Sie trinken! Ganz aus!"

Sie gehorchte. Er faszinierte sie. Auch mich faszinierte er. Sie war wie ein hypnotisierter Frosch, der der Ringelnatter in den Rachen kriecht. Sie schüttelte sich vor Abscheu, als sie den Schnaps schmeckte, aber sie trank, sie trank ihn bis auf den letzten Tropfen aus. Charly sah ihr zu, bis sie das Glas auf den Tisch gestellt hatte, dann erhob er seines, schüttete den Schnaps in sich, ja er stopfte ihn geradezu in seine Gurgel hinein. Dann riß es ihn, er wurde grün, er griff sich an den Mund und lief ins Klo. Wir hörten, wie er stöhnte.

„Du hättest nicht kommen sollen . . .", sagte ich wütend.

„Was ist mit dir passiert?"

„Nichts. Was geht dich das an?"

Ich wollte grob sein, ich wollte sie davonjagen. So eine Person! Wozu war sie gekommen?

„Habt ihr eine Prügelei gehabt?"

Charly kam zurück. Er war grün.

„Schenk ein . . .", schrie er. „Schenk wieder ein!"

„Trink nicht mehr . . .", bat mich Luise.

„Was schert Sie das? Was haben Sie ihm zu befehlen?

Entweder Sie trinken, oder Sie hauen ab. Niemand hat Sie hergebeten. Sie sehen, daß wir Abschied feiern. Das wird man doch wohl noch dürfen. Ich habe geglaubt, wir werden hier mit Ihnen unseren Spaß haben, ohne Weiber gibt es kein richtiges Fest, aber ein Weibsbild, das nicht trinkt, ist lähmend. Wenn Sie nicht trinken wollen, dann gehen Sie. Niemand hat Sie gerufen, niemand hält Sie zurück!"

Sie rannte hinaus. Die Tür war nicht verschlossen.

„So. Und jetzt heben wir einen. *Chaloupky pod horama . . .*"

Wir grölten. Wir tranken. Wir weinten. Du bist mein allerbester Freund . . ., lallte Charly, mein allerbester Freund . . . ich hab' dich so gern . . . du hast mich wegen einer Deutschen verraten . . . sagte er und begann zu heulen.

Wir brachen die zweite Literflasche an. In meinem Mund hatte ich einen Geschmack wie Jauche. Charly fiel vom Sessel. Auf dem Fußboden schlief er augenblicklich ein. Nur mit Mühe gelang es mir, ihn aufs Bett zu schleppen. Ich legte mich neben ihn hin, in Schuhen, wir schliefen ein, wie wir waren.

Ich erwachte als erster. Charly schnarchte. Mein Kopf war wie Blei, ebenso meine Arme und Beine. Und im Mund war es trocken, trocken und stinkig. Ich griff nach einer Zigarette, sie schmeckte mir nicht. Es war mir übel. Ich ging mich waschen, ich hielt den Kopf unter den Hahn und ließ das kalte Wasser darüberrinnen.

Es half nicht, nichts half. Beim Gedanken an Essen hob es mir den Magen. Der Raum war mit dem Gestank des Fusels gesättigt. Mit großer Mühe öffnete ich das Fenster. Ich blickte in den Spiegel. Mein Mund war geschwollen, das Kinn blutunterlaufen, das eine Auge verklebt. Ich sah auf die Uhr. Es war Nachmittag. Um Gottes willen, Charly versäumte den Zug . . . mochte er ihn versäumen, er sollte nicht fortgehen, er sollte hierbleiben. Ich würde nie wieder zu ihr gehen. Sie war eine Deutsche. Charly hatte recht . . .

Jeder Gedanke schmerzte. Ich setzte mich auf den Sessel und starrte stumpf die Unordnung auf dem Tisch an. Ich würde ihn nicht wecken, wenn er den Zug versäumte, gut, vielleicht ging er dann überhaupt nicht fort, alles würde zwischen uns wieder in Ordnung kommen.

Aber da richtete sich Charly im Bett auf.

„Wie spät ist es . . .", fragte er ängstlich.

Ich sagte es ihm.

„Um Gottes willen . . ."

Sofort war er auf den Beinen, riß sich den Anzug und das Hemd vom Leib, rannte unter die eiskalte Dusche. Er schnaubte, kreischte, kam nackt zurück, rieb sich mit einem rauhen Handtuch ab. Rasch kleidete er sich an, warf seine Siebensachen in zwei Koffer, sie wurden nicht einmal voll.

„Lauf hinunter und hol Tabak. Reiß etwa zwei Kilo ab."

Er verstaute ihn auf dem Boden des Koffers.

„Du hättest bis morgen bleiben können."

„Das geht nicht, ich halte es hier keinen Tag mehr aus."

Wir erwischten die Straßenbahn. Sie verkehrte nur noch selten und unregelmäßig. Ich weiß nicht, wie es uns gelang, mitsamt den Koffern in den Wagen zu gelangen. Die Leute sahen uns gehässig, mißtrauisch an. Ich sah tatsächlich nicht sehr vertrauenerweckend aus.

„Laß dich mit dem Tabak nicht erwischen, Charly . . .", sagte ich besorgt, als wir vor dem Bahnhof ausstiegen.

„Hab keine Angst. Wer von hier kommt, den durchsucht man nicht. Es werden nur Sachen nach Deutschland gebracht, auf die Menschen, die hier ankommen, ist man scharf. Was meinst du, wovon die hiesigen Polizisten so gut genährt sind? Von ihren Rationen wohl nicht. Wir ernähren sie . . ."

Charly begann auf die Stadt zu schimpfen, auf die Deutschen, auf alles.

„Bei uns ist ein Weiler eben ein Weiler. Er steckt irgendwo unvermittelt im Feld, davor gibt es ein paar Linden oder alte Apfelbäume, man hat das Gefühl, daß dort etwas und jemand lebt, der sich abhärmt, der sich nach irgend etwas sehnt, der mit etwas Kummer hat. Geh hier aus der Stadt hinaus, die Dörfer und die Weiler, sie sehen aus wie Operettenkulissen, man hat sie nach Maß in die Landschaft gestellt, eine stilisierte Welt, stilisierte Seelen, die Deutschen haben stets nach den Vorstellungen irgend jemandes anderen gelebt, allerdings ebenfalls eines Deutschen. Und diese Stadt hier ist auch nicht anders. Klischierte Altertümelei, es kommt einem vor, als wäre sie nicht entstanden, sondern als hätte sie jemand auf einen Schlag erdacht. Schau, wie sauber es hier ist. Ich könnte nicht mit einer Frau gehen, die zweimal täglich in die Wanne steigt, die jeden Rest des Duftes ihrer Haut auslaugt, die Angst hat, mit jeder Berührung könnte eine Unmenge Bakterien übertragen werden. Und diese sauberen Städte hier kommen mir ähnlich vor. Die Deutschen leiden am Reinlichkeitskomplex. Der Faschismus konnte auch überall anderswo entstehen, die Deutschen haben ihn nicht erfunden. Doch koppele ihn mit ihren Eigenschaften, und dann wird sich dir sein ganzes Grauen offenbaren."

Wir standen in der Bahnhofshalle. Charly begann von Prag zu schwärmen. Am Abend würde er aus dem Zug steigen, falls es keine mehrstündige Verspätung gab. Die Stadt würde leer sein, die Straßen in einen grauen Dunst gehüllt, Prag ist immer in so einen Dunst gehüllt, ständig liegt eine Decke aus Rauch, Nebel, Staub über der Stadt.

„Ich werde herumschlendern. Sonst nichts. Bis zum Kriegsende werde ich mich herumtreiben, wieder werde ich alle Türme besteigen, werde die unterirdischen Kanäle durchwandern, ich war fünf Jahre nicht dort, ich hoffe, daß sich nicht allzuviel geändert hat."

„Ich konnte nie richtig begreifen, weshalb du nicht schon längst von hier fort bist. Wenn nicht für immer, so doch auf Urlaub, und sei es nur auf einen Sprung. Du hättest doch nicht volle fünf Jahre hierbleiben müssen."

„Hast du mich jemals nackt gesehen?"

Hatte ich? Ich mußte nachdenken. Nein, ich hatte ihn nie nackt gesehen, bewußt zumindest nicht. Das heißt, eigentlich doch.

„Heute habe ich dich gesehen, als du aus dem Bad kamst."

„Nichts hast du gesehen, mein Lieber! Hast du denn eine Ahnung, was mir das bei den Frauen zu schaffen gemacht hat? Nie lag ich eine ganze Nacht neben einer. Nie sah mich eine ganz ohne. Manche Frauen spielen gern mit dem Dingsda. Ich hatte Angst, ich könnte einschlafen, und dann kämen sie dahinter."

Ich wurde aus ihm nicht recht klug. Was hatte das mit seiner fünfjährigen Abwesenheit von Prag, von zu Hause zu tun?

„Ich bin Jude. Ich bin ein beschnittener Saujud. Niemand weiß das hier in der Stadt. Ich hätte es nicht einmal dir sagen sollen, aber heute bin ich irgendwie weich gestimmt, und ich vermag es nicht länger in mir zu unterdrücken. Nur vor einer einzigen Sache hatte ich Angst. Daß ich krank werde und daß man mich ins Krankenhaus schafft. Einzig und allein davor hatte ich wirklich Angst."

„Charly . . .", sagte ich, „Charly . . ."

„Ich gelangte nicht mehr nach England. Als ich mich dazu entschloß, war es zu spät. Doch für einen Juden gab es in Europa keinen Platz, wo er sich hätte verstecken können. Nur eines gab es: Deutschland."

„Aber das ist doch Selbstmord, Charly! Du kannst nicht nach Prag zurück, du darfst nicht, jemand wird dich erkennen, anzeigen. Man erwischt dich bei der ersten Razzia."

„Ich halte es hier nicht länger aus. Keinen Tag mehr. Und ich habe alles genau durchdacht. Der Krieg dauert nicht mehr lange. Ein paar Monate noch. In unserem Haus ist eine prächtige Hausbesorgerin, die wird mir helfen, die liefert mich nicht aus. Mir kann nichts mehr passieren. Ich habe es hier jahrelang ausgehalten, aber jetzt ertrage ich es keine Minute mehr. Wenn man mich erwischt, erwischt man mich eben. Ich kann nicht anders. Noch einen Tag, und ich krepiere."

Dann gab der Fahrdienstleiter das Zeichen. Charly sprang auf. Typisch für ihn, in einen Waggon erster Klasse. Vom Trittbrett rief er mir noch zu, es sollte heiter klingen, aber das gelang ihm nicht recht:

„Nur keine Sentimentalitäten! Nach dem Krieg um sechs im Kelch . . ."

Er verschwand. Dann sah ich, wie er einen Platz im Abteil suchte. Er ließ das Fenster nicht mehr herunter, er winkte nur. Der Zug setzte sich in Bewegung. Lange, lange stand ich da und blickte den Schienen nach, die hinter einer Biegung verschwanden. Ich kehrte zu Fuß nach Hause zurück, wo wir miteinander gewohnt hatten. Im Zimmer war ein entsetzlicher Gestank, es herrschte eine fürchterliche Unordnung, aber das war mir egal. Ich legte mich angekleidet aufs Bett, starrte auf die weiße Decke. Lange. Stundenlang. Ohne etwas zu denken. Ohne Schmerz. Ohne Empfinden. Und ohne etwas zu essen. Ich hatte zu nichts Lust. Weder zu leben noch zu sterben. Nur so dazuliegen und nie mehr aufstehen zu müssen.

So lag ich zwei volle Tage da. Ich erhob mich nur, wenn ich Hunger oder Durst hatte. Ich aß die letzten Reste auf, schließlich war nichts mehr da, nur eine alte Speckschwarte. Am Abend des dritten Tages stand ich auf. Ich wusch mich, zog ein sauberes Hemd an. Ich ging ins Atlantic, aber irgendwie vermochte ich mich dort nicht zurechtzufinden. Boris war da mit seiner jungen Französin. Die hätte sich auch einen anderen aussuchen können! Boris machte mir keinen Spaß, nichts machte mir Spaß. Ich bestellte eine Flasche polnischen Fusel, aber ich rührte sie nicht einmal an.

„Trinkt das aus . . .", sagte ich zu den anderen am Tisch. Ich ging hinaus. In die Dunkelheit.

Eine Woche irrte ich wie ein Schlafwandler umher, ich dachte an überhaupt nichts. Weder an Charly noch an Luise, noch an den Krieg, noch an mich. Ich hatte keine Lust zu sterben, ich hatte keine Lust zu leben. Ich war nicht traurig, auch nicht unglücklich, ich war gar nichts. Ich verwandelte mich in eine Existenz ohne Willen und ohne Gedanken, ich lebte wie ein Gespenst. Ich starrte die weiße Zimmerdecke überm Bett an.

Das war alles.

Dann fiel Schnee...

Am Abend ging ich ins Atlantic, ich saß zwei Stunden neben Boris und seiner Mireille, wir saßen wortlos da, tranken diese Sauerei, der Teufel weiß, woher plötzlich so viel davon herkam. Als ich um Mitternacht auf die Straße trat, lag überall Schnee. Nicht viel. Zwei Zentimeter. Es schneite nicht mehr. Aber der Schnee war weiß, schneeweiß, trotz der Nacht und der Verdunkelung leuchtete er weiß auf der Straße, auf den Dächern der Häuser, auf den Fensterbrettern.

Ich machte einen Umweg und ging das Ufer entlang. Dort war der Schnee unberührt, niemand war vor mir hier gegangen, ich nahm ein wenig Schnee vom Ufergelände, er schmeckte herb, bitter, im Mund blieb von ihm ein Geschmack zurück, den man nicht beschreiben kann, anders als jeder andere Geschmack.

Ich sehnte mich sehr nach Luise...

Ich beschleunigte meinen Schritt. Ich bog in die bekannte Gasse ein, beim Gartentor blieb ich stehen. Was, wenn sie mir die Tür wiese? Was sie mit uns erlebt hatte, war nicht sehr schön gewesen. Wenn mir jemand so etwas angetan hätte, und mochte es wer immer sein, ich würde ihn nie wieder sehen wollen.

Ich ging wieder fort und ließ den Kopf hängen. Ich hatte nicht Mut genug, ihr unter die Augen zu treten, aber die Sehnsucht nach ihr wurde dadurch noch stärker, schmerzlicher. Ich kehrte zurück. Vielleicht war sie noch wach. Die Jalousien waren dicht geschlossen, nicht der schwächste Lichtschein drang auf die Straße. Vielleicht war sie noch wach, vielleicht war sie überhaupt nicht böse, vielleicht erwartete sie mich.

Was war nur mit mir los? Ich hatte sie davongejagt, ich hatte von ihr, der Deutschen, genug, ohne sie könnte Charly noch hier sein, übermorgen war Weihnachten, wir hätten den Abend zusammen verbringen können, Charly und ich. Ich hatte mir vorgenommen, nie wieder zu ihr zu gehen, was also? War ich ein Mann, oder war ich tatsächlich so ein Waschlappen, wie es mir Charly ins Gesicht geschrien hatte?

Ich entfernte mich mit festem Schritt. Was scherte mich die Deutsche, was scherte mich alles. Ich ging nach Hause. Schlafen.

Aber am Morgen ging ich in die Siegfriedstraße.

Die Schieberstraße hatte Hochkonjunktur. Es ging hier viel bunter zu als anderswo. Es war der einzige Weihnachtsmarkt in der ganzen Stadt. Die deutschen Frauen fielen scharenweise über ihn her, sie blieben bei den schäbigen Ausländern stehen, sie waren bereit, was immer zu kaufen. Was immer bedeutete hier tatsächlich was immer. Eine Armbanduhr für den letzten Ring? Einen Weihnachtskarpfen? Eine Schachtel holländischer Ultiezigarren in Blechpackung? Kerzen für das Bäumchen? Neue Stiefel? In der Siegfriedstraße konnte man alles auftreiben. Anderswo nicht. Die Läden im Exklusivviertel gähnten vor öder Leere. Die Sonderzuteilungen an Nüssen, Margarine, Mehl und Zucker hatten schon alle längst abgeholt.

Ich traf den Polen aus dem Atlantic. Noch immer hatte er kein Hemd. Sein Hals war mit einem Fetzen umwickelt, das Sakko bis zum Kinn zugeknöpft, aber ein kleines Dreieck nackter Haut war doch zu sehen. Der Pole hatte nichts, womit er Handel hätte treiben können. Oder er verstand es nicht. Er trieb sich ständig um die Siegfriedstraße herum.

Manchmal brauchte jemand einen Träger, einen Boten, Hilfe. Er hielt mich mit einem „Laß mich mal ziehen" an. Ich gab ihm eine Zigarette. Er war überglücklich.

„Weißt du zufällig, ob Etienne daheim ist?"

Er wußte es nicht. Wie sollte er es auch wissen. Etienne stand viel zu hoch über ihm. Etienne wohnte direkt in der Siegfriedstraße. Er hatte eine eigene Wohnung, ganz für sich allein. Er gehörte der Elite der Siegfriedstraße an. Mit Charly und mir konnte er sich natürlich nicht messen, wir standen viel höher.

Ich wollte zu ihm, aber da fiel mir etwas ein. Ich drehte mich um.

„Wlodek . . .", rief ich dem Polen zu. Er kam zurück.

„Willst du Tabak? Viel Tabak?"

Seine Augen leuchteten gierig auf. Viel Tabak? Wofür? Was sollte er tun? Für viel Tabak macht man alles auf der Welt.

„Ich brauche eine Silbertanne. Eine nicht sehr große, knapp einen Meter soll sie sein."

Das erwartungsvolle Leuchten in seinen Augen erlosch. Für Tabak, für viel Tabak würde er alles auf der Welt tun. Aber eine Silbertanne, das wieder nicht . . . das nicht.

„Im Park gibt es welche. Du mußt sie nicht an der Wurzel absägen, ich habe dir ja gesagt, knapp einen Meter hoch würde genügen . . ."

Er dachte nach. Ich wußte, worüber. Goebbels hatte verkündet, daß das deutsche Volk diesmal freudig auf den Weihnachtsbaum verzichten würde. Nicht wegen der Bäume. Doch es gab nichts, womit man sie hätte behängen können. Für die Polizisten war das eine willkommene Abwechslung in ihrer Tätigkeit. Sie hatten die Stadt gegen eine Invasion von kleinen Fichten abgeriegelt, am Abend lauerten sie im Dunkel der Haustore, hinter den Parkbäumen versteckt. Nur sehr wenige von den zahllosen Fichten, die in die Stadt gelangten, gelangten auch in die Wohnungen. Die einzigen, die einen Weihnachtsbaum haben würden, würden die Polizisten sein.

Aber ich wollte eine Silbertanne. Für den Polen war das ein tödliches Risiko. Er konnte sich nur retten, wenn er niemandem begegnete. Mit einer Tanne unterm Arm, mit einer Silbertanne, in einem Park abgesägt, das war Wahnsinn, Selbstmord. Aber ich hatte gesagt, es würde viel Tabak geben.

„Wieviel?" stieß er mühsam hervor, er kämpfte noch immer mit sich selbst.

„Ein Kilo."

„Zwei . . .", entschied er.

„Gut. Zwei. Die Tanne wickelst du in Papier und bindest das Ganze mit einer Schnur zusammen. Du bringst sie mir um acht zur Neuen Brücke. Du weißt doch, welche das ist?"

Er nickte. Ja, das wußte er. Es machte ihn stutzig, daß ich so leicht auf die zwei Kilo eingegangen war.

„Drei . . ."

Ich wandte ihm den Rücken. Schmerzlich packte er mich an der Schulter.

„Gut, zwei . . ."

„Ich habe sehr große Lust, mir das Ganze zu überlegen. Du kennst mich, du weißt, daß man mit mir nicht spielen kann."

„Ich hab' es ja nur probiert . . .", rechtfertigte er sich.

Etienne war zu Hause. Er kniff die Augen zusammen, als er mich erkannte.

„Ach, das sind aber rare Gäste, vornehme Gäste! Ich habe es ja immer gesagt. Jedermann braucht Etienne . . ."

Etienne war ein junger Franzose, ein lebhafter, dabei aber rauher gallischer Hahn. Wenn er sprach, fuchtelte er mit den Armen herum. Er war fast legal hier. Er mußte gute Beziehungen haben, nie machte man bei ihm eine Haussuchung. Er verstand alles zu organisieren.

„Was brauchst du?" fragte er lauernd.

„Ich weiß nicht. Etwas Hübsches. Etwas wirklich Hübsches. Aber ich weiß nicht genau, was es sein soll."

„Zu spät, mein Freund, viel zu spät, du hättest eher kommen sollen, aber heute, zwei Tage vor Weihnachten . . ."

Ich verstand sehr gut. Alles wird es geben, wirklich alles, was du haben willst, aber es wird teuer sein. Es wird sehr teuer sein. Ich machte ein enttäuschtes Gesicht. Ich griff nach der Klinke.

„Ich habe geglaubt", sagte ich bedauernd, „daß du nicht ganz ausverkauft bist. Ich habe mir gesagt, nirgends gibt es etwas, aber da ist ja noch Etienne, der wird schon etwas haben. Schade. Entschuldige, daß ich dich belästigt habe . . ."

„Warte . . ." Mit einem Satz war er bei mir. Plötzlich war er sehr interessiert.

„Also, was soll es sein? Schokolade? Kaffee? Schinken?" Ich schüttelte den Kopf. Nichts Derartiges. Aber schließlich und endlich, wenn er Kerzen hätte und ein bißchen Flitter für den Baum . . .

„Aber . . . Mark nehme ich keine, das ist dir wohl klar . . ." Ich zog eine volle Blechtabatiere aus der Tasche, ich begann mir eine Zigarette zu drehen, so eine ganz dicke, darin hatte ich schon meine Übung, ich konnte sie mit einer Hand rollen, ich benetzte sie mit Speichel, drehte sie noch einmal zwischen den Fingern, sie sah aus wie aus der Fabrik.

„Mach dir auch eine . . .", bot ich ihm an.

„Gut. Es wird Kerzen geben. Auch den Flittertand. Wunderkerzen willst du keine?"

Nein, Wunderkerzen keine.

„Wie teuer?" fragte ich. Ich wollte kein Risiko eingehen.

„Nichts. Das gebe ich dir gratis."

Ich wurde hellhörig. Wenn der mir etwas gratis anbot, hatte er große Pläne mit mir.

„Ich will nichts umsonst, Etienne. Das weißt du sehr genau."

„Aber ich gebe es dir umsonst. Als Draufgabe. Du bist

191

doch nicht nur wegen dieser Scheißsachen zu mir gekommen?"

Ein Fuchs. Er war ein schlauer Fuchs.

„Du schlauer Fuchs!"

Er lächelte, es schmeichelte ihm.

„Wenn du zu mir gekommen bist, so steckt eine Dame hinter der Sache. Nicht irgendeine Schnalle. Eine Dame. Alles andere hättest du anderswo aufgetrieben. Ich habe Coty. Eine herrliche Kollektion. Original ..."

„Mag ich nicht. Aber wenn du einen guten Lippenstift und Nagellack hättest ..."

Wieder lachte er, der Schlaumeier.

„Aber es ist amerikanische Ware, weißt du?"

In seiner Sprache bedeutete das — frag lieber nicht nach dem Preis!

Er verschwand irgendwo im Hintergrund. Er verriegelte die Tür hinter sich. Etienne war vorsichtig. Einmal könnte ihm irgendein Kunde den Schädel einschlagen. Ich hätte schrecklich gern sein Magazin gesehen. Nach einer Weile kehrte er zurück, er hatte die Arme voll flacher Schachteln, er legte sie auf den Tisch.

„Pardon ...", sagte er, tänzelte zur Tür, verschloß sie. „Damit uns niemand stört. Mit dir Geschäfte machen ist ein wahres Vergnügen. Leider ein viel zu seltenes."

Er zeigte mir die Farbmuster.

„Du kannst wählen ..."

Bei diesen Dingen kannte ich mich nicht aus, und das war ein Fehler, denn sich nicht auskennen, das kam einen bei Etienne teuer zu stehen.

„Blond? Schwarz? Rothaarig?"

„So kastanienbraun."

„Und der Teint? Weiß, rosa, braun?"

„Eher etwas ins Bräunliche."

„Groß? Schlank? Zierlich?"

„Recht groß. Vollschlank."

„Augen?"

„Grau. Etwas ins Blaue, aber grau."

„Und hier?" er deutete auf seinen armseligen Brustkorb. „Fest?"

„Ein bißchen zuviel."

„Magst du sie zart? Oder lieber leidenschaftlich?"

„Zart."

„Das hier", und er zeigte mit Sicherheit auf ein recht dunkles Karminrot, ein intensives, dabei aber unauffälliges, nicht schreiendes. Da paßte nun eine nicht ganz so auffällige Schattierung der Fingernägel dazu. Ein Weilchen betrachtete er die Farbskala der Muster, hielt sie dicht vor seine Augen, als wäre er kurzsichtig, prüfte sie im Halbschatten, prüfte sie beim Fenster. „Fertig . . .", sagte er. Etienne war ein großer Komödiant. Irgendeines der exklusiven Geschäfte auf den Champs-Elysées hatte in ihm einen fabelhaften Geschäftsführer verloren. Etienne liebte das Geschäft, es war für ihn eine Leidenschaft, es bedeutete ihm alles. Selbst der Krieg wußte ihn nicht zu stoppen.

Ich sah mir mißtrauisch das Fläschchen mit dem Nagellack und die Hülle mit dem Lippenstift an. Kein Betrug. Sie waren amerikanisch.

Aber Etienne war mit mir noch lange nicht fertig. Er begann, die flachen Schachteln auf dem Tisch zu öffnen. Vor Überraschung stieß ich einen leisen Schrei aus, und Etienne wuchs um ein paar Zentimeter.

„Schwarze Seide. Batist. Grüne Seide", legte er mir stolz seine Damenkollektionen vor . . . „Wenn das nicht erstklassig wäre, würde ich dir nicht sagen, daß es erstklassig ist. Ich garantiere dafür . . ."

Ich wollte ihn ironisch fragen, womit er mir dafür bürge. Aber auch so war es eine Riesenüberraschung. Vor allem die reiche Auswahl.

„Seide ist bei Damen beliebter. Aber ich würde dir Batist empfehlen. Darin kenne ich mich aus. So einen findest du heute nirgends mehr."

„Hast du das auch in Weiß?"

Ich hatte es noch gar nicht ausgesprochen, da hielt er auch schon die Schachtel mit der weißen Garnitur in der Hand. Es war die Originalpackung eines Pariser Kaufhauses. Mit Garantieschleife.

Ich stimmte zu. Etienne nickte und seufzte:

„Alles umsonst, weiß ist eben weiß . . ."

„Wieviel?" fragte ich.

„Warte, ich bin noch nicht fertig. Es stimmt, als Geschenk soll man nur ein einziges Stück geben, als Sonderüberraschung. Aber jetzt ist Krieg. Heute gilt vieles nicht mehr."

Er zog etwas heraus, was in Cellophan verpackt war. Er packte es aus. „Da, schau!"

Er breitete einen hauchdünnen Damenstrumpf vor mir aus, einen ganz, ganz hauchfeinen, durchsichtigen, er schob die Hand hinein und fuhr mit gespreizten Fingern von innen über das Gewebe. Damenstrümpfe.

„Nylon."

Das sagte mir gar nichts, und Etienne hatte das sofort heraus.

„Das hätte ich dir gar nicht zeigen sollen. Du bist ein Barbar. Du weißt nicht, was Nylon ist", ärgerte er sich. „Nylon ist die Revolution, verstehst du? Die Revolution. Sieh nur, wie die sind, dünn, zart, auf dem Bein sitzt das wie angepickt, und sie sind doppelt so dauerhaft wie Seidenstrümpfe. Nur jeden Abend in kaltem Wasser leicht durchwaschen. In heißem dehnen sie sich aus . . . Amerika ist heutzutage Europa weit voraus, mein Freund . . ."

Ich nickte wieder. Die nahm ich.

„Wieviel also?"

Unsere Verhandlung trat nun in die entscheidende Phase. Der kleine Franzose kratzte sich hinterm Ohr. Das bedeutete viel.

„Zeig den Tabak her . . ."

Ich zog die Blechdose heraus. Er schnupperte daran, nahm

etwas Tabak zwischen zwei Finger, zog ihn in die Höhe, ob er lang genug war, knetete ihn zwischen den Fingern, legte sich ein Stäubchen auf die Zunge, kaute es, spie es aus, schneuzte sich die Nase. Jetzt würde er beginnen, ihn schlechtzumachen.

Er tat es nicht.

„Hast du nur den da?"

„Nur den da."

„Er ist dritte Qualität, zu stark gebeizt. Aber alles in allem gut, er hat lange Fäden, einen feinen Schnitt. Einen besseren kann man hier wirklich nicht auftreiben. Ich nehme ihn."

„Also wieviel?"

„Zehn. Aber ohne Feilschen."

Er verblüffte mich. Mir kam das wenig vor. Aber dann sagte ich mir, Tabak ist Tabak. Zehn Kilo, das stellte in Etiennes Händen ein Kapital dar.

Ich war sofort einverstanden. Ganz ohne Begeisterung, aber sofort.

„Wohin kann ich ihn mir holen kommen?"

Ach so! Darum ging es also! Zehn Kilo Tabak, das war umfangmäßig sehr viel. Du denkst, ich bin so ein Narr und lade dich zu mir ein? Das schlag dir schön aus dem Kopf!

„Du brauchst dich nicht zu bemühen. Ich komme mir am Nachmittag die Sachen holen. Ich bringe ihn dir her."

Wenn er nun enttäuscht war, ließ er es sich nicht anmerken. Er sagte — gut.

Wir reichten einander die Hände.

„Das Zeug für den Baum mitsamt den Kerzen pack bitte separat ein."

„Gut."

Er begleitete mich auf die Straße. Unterwegs überlegte ich, wie ich diese Menge Tabak transportieren sollte. Ich hatte keine Ahnung, ein wie großes Paket das ergeben würde. Vielleicht konnte ich alles in einen Koffer stopfen? Mit einem Koffer würde ich nicht so auffallen. Ich mußte ihn bei Tageslicht bringen. Am Abend würde ich viel eher Aufmerksamkeit erregen.

Den Koffer mußte ich verschnüren. Er war so vollgestopft, daß ich Angst hatte, die Verschlüsse würden aufspringen. Ich hatte den Eindruck, ein gutes Geschäft gemacht zu haben, aber auch der Franzose sah zufrieden aus. Er brauchte den Tabak sehr dringend für irgend etwas.

„Den Lippenstift und den Nagellack habe ich dir in die Schachtel gelegt. Die Strümpfe solltest du dir als besondere Überraschung aufheben. Das lohnt sich immer."

Er war ein Talent. Schade, daß er so vegetieren mußte.

„Du hast es leicht . . .", seufzte er. „Tabak ist Tabak. Was muß sich meinesgleichen plagen, was muß ich spekulieren! Du hast Tabak, du bist ein Herr. Aber wo ist dein Partner? Ich habe ihn schon lange nicht mehr gesehen."

Woher wußte er etwas von Charly? Etienne wußte wohl alles. Auch das gehörte zu seinem Geschäft.

„Er ist nach Prag zurückgekehrt."

„Für immer?"

„Ja."

„Das hätte er nicht tun sollen. Prag ist jetzt schlecht. Hier hatte er vor den Deutschen Ruhe, dort wird er keine haben."

Es hätte mich nicht gewundert, wenn dieser Etienne alles über Charly gewußt hätte.

Am Abend wartete ich mit der Schachtel voll Tabak bei der Brücke. Eigentlich war ich ein Krösus. Im Keller lag noch ein ganzer Ballen Tabak. Der Pole war pünktlich, obwohl er wohl nicht einmal eine Uhr besaß. Was würde er mit so einer Menge Tabak beginnen? Hatte er ein Versteck dafür?

„Was willst du damit beginnen?"

„Das überlaß nur mir . . .", antwortete er unfreundlich. Er gab mir das Bäumchen, ich überzeugte mich, daß es tatsächlich eine Silbertanne war.

Also wieviel?...

... die immer gleiche Frage. Die Währungen ändern sich, die Zeiten, die Wünsche – die Frage bleibt: Wieviel? Denn für irgendwas muß man immer bezahlen. Und man bezahlt mit dem, was gerade zählt. Das ist nicht in jedem Fall das Geld.

Nun schneite es wieder. Ich ging zu Luise. Ich würde nicht sofort hineingehen, ich wollte zuerst läuten. Ich wollte ihr sagen — ich habe dir ein Weihnachtsbäumchen gebracht. Bestimmt würde sie sich freuen.

Gerade wollte ich klingeln, als ich im frischen Schnee Spuren entdeckte. Ich zog die Hand vom Klingelknopf zurück. Die Sicht war schlecht, aber es waren Spuren. Zwei. Die eine groß, männlich, höchstwahrscheinlich rührte sie von Stiefeln her. Die andere weiblich. Sie war nicht allein. Sie war irgendwo gewesen, sie hatte jemanden mitgebracht. Vielleicht einen Polizisten? Aber weshalb sollte sie sich ausgerechnet einen Polizisten ins Haus nehmen?

Ein Soldat!

Einen Soldaten hatte sie sich mitgebracht. Die Spuren waren ganz frisch. Es konnten, seitdem sie hinterlassen worden waren, noch keine zehn Minuten vergangen sein.

Ich stand mit dem verpackten Weihnachtsbaum unterm Arm da. Ich war enttäuscht, verraten, wütend. So war das also!

Dann fiel mir etwas ein. Ich zog den Schlüssel heraus, schloß das Gartentor auf, ich mußte nicht auf den Fußspitzen gehen, der dicht fallende Schnee dämpfte meine Schritte. Vorsichtig schob ich den Schlüssel ins Schloß. Innen steckte ebenfalls ein Schlüssel. Ich drückte leise die Klinke nieder. Die Tür war verschlossen. Kein Zufallsbesuch also für fünf Minuten. So eine Schlange! So eine Schlampe! Ich wurmte mich über mich selbst. Ich war ihren schönen Worten auf den Leim gegangen. Keinem Menschen ist es wohl in seiner Haut, wenn er feststellt, daß er jemandem auf den Leim gegangen ist. Aber was sonst hätte ich von ihr erwarten können? Ich war gerade greifbar, in der Nähe gewesen, aber ein paar Tage vergingen, in denen wir uns nicht sahen, und schon hatte sie Ersatz gefunden.

Nun denn, leb wohl, Luise! Vergnüge dich gut! Bis die Bomben fallen, bis diese bösen, rohen Soldaten kommen!

Das Bäumchen warf ich in den Garten. Mitsamt Flitter und Kerzen. Was sollten sie mir?

Ich stieg in die Straßenbahn. Ich Narr, ich Trottel! Ich wollte ihr ein nettes Weihnachtsfest bereiten! Ich hatte nie schöne Weihnachten gehabt, mir hatte dieses Fest nie etwas bedeutet, aber die Deutschen hielten große Stücke auf ihr Weihnachten, und sie war eine Deutsche. Eben. Sie war Deutsche.

Im Atlantic war es bumvoll. Irgendein Jüngling machte mir neben Boris Platz.

„Heini! Zwei Flaschen Polnischen!" rief ich. Er warf mir einen vorwurfsvollen Blick zu. Was schrie ich so? Er bekreuzigte sich, prost Mahlzeit, heute würde es hier wieder hoch hergehen!

Sie umringten den Tisch. Gierig, durstig. Sie ahnten, daß meine laute Bestellung der Beginn einer wilden Sauferei sein würde. Und ich war genau in der richtigen Stimmung.

„Heini, schenk allen ein! Wir bringen das miteinander schon in Ordnung, du weißt ja."

Wieder blickte er mich vorwurfsvoll an. Wozu das viele überflüssige Gerede?

Die Schattengespenster stürzten zum Pult. Er mußte sie fortjagen. Jeder wollte mit mir anstoßen. Boris wiederholte immer wieder, du bist ein feiner Kamerad, du bist ein Kamerad ...

„Wo steckt deine Mireille?"

Er zuckte mit den Achseln. Keine Ahnung.

Sie kam etwa eine halbe Stunde später. Da waren wir schon richtig in Fahrt. Eine weitere Stunde später schwankte Boris. Er war voll wie ein Badeschwamm. Er war nicht gerade ein lustiger Kumpane. Die zarte Französin zerrte ihn am Haar.

Er murmelte irgend etwas. Sie sah ihn mit unverhüllter Verachtung an. Sie setzte sich zu mir.

„Du bist nett", sagte sie und legte mir die Hand auf den

198

Oberschenkel. Das war ziemlich deutlich. Und mir kam dabei Luise in den Sinn.

„Wo wohnst du?"

„Im Lager."

„Da gehe ich nicht hin."

„Wir können gehen, wohin du willst. Aber draußen im Hof ist es kalt."

„Geh hinaus. Ich komme dir in einer Weile nach."

Nun tat mir Boris doch ein bißchen leid. Sie machte ihm das wahrscheinlich oft, aber er mußte nicht erfahren, daß sie es auch mit mir tat. Ich holte mir von Heini noch eine Flasche.

„Morgen, Heini..."

Er winkte ab, schon gut.

Sie hakte sich bei mir ein. Wir erwischten noch die letzte Straßenbahn. Ich nahm sie mit zu mir. Das hatte ich noch nie getan.

Nach einer Weile prasselte Feuer im Ofen.

„Ich bin hungrig...", sagte sie kläglich.

Ich fand noch irgendwelche Reste. Sie verschlang den Speck mit dem altbackenen Brot.

„Darf ich noch?"

„Iß alles auf..."

„Du bist lieb. Auch ich werde lieb zu dir sein. Es wird alles sein, wie du es haben willst..."

Im Gesicht hatte sie eine dicke Schicht schmutzigen Puders. Wahrscheinlich wusch sie sich überhaupt nicht, um das Zeug nicht abzuwaschen. Sie tat mir leid. Bei Boris war ihr wohl nicht viel Überfluß oder Freude beschieden.

„Was machst du hier?"

„Liebe."

„Was hast du zu Hause gemacht?"

„Ich war Verkäuferin. In einem Lebensmittelladen."

„Wann hast du dich zum letzten Male gewaschen?"

„Wann... das heißt natürlich heute früh! Was fragst du so?"

„Geh ins Badezimmer. Warte, ich zünde den Durchlauf-
erhitzer an."

Ich sah, wie sie im stillen mit sich kämpfte, ob sie beleidigt
sein solle, ob nicht. Sie kam wohl zu dem Schluß, daß sie
sich das nicht leisten konnte.

„Draußen hängt ein sauberes Handtuch ..."

Ich hörte durch die Tür, wie sie vor Wonne über das heiße
Wasser gluckste. „Ach, ist das gut, ist das gut ...", kreischte
sie immer wieder.

„Du brauchst dich nicht anzukleiden ...", rief ich durch
die Tür.

„Soll ich nackt herauskommen?"

„Nein, wickle dich ins Handtuch ..."

Das Wasser hörte zu plätschern auf. Nach einer Weile kam
sie, frisch, die Stirn ein bißchen verschwitzt, lachend. Das
Badetuch hatte sie wie einen Sari um ihren Körper gewickelt.
Eine Schulter war bloß.

„Komm her ...", rief ich und deutete auf den Tisch. Ich
öffnete die flache Schachtel. Sie stieß einen Schrei aus. Ach,
ist das herrlich, ist das herrlich ...

„Probier es ..."

„Darf ich?"

„Du darfst, es gehört dir."

Sie wollte es nicht glauben. Sie dachte, ich machte mich
über sie lustig. Ängstlich streckte sie die Hand nach der
Batistwäsche aus, ob das alles wirklich da ist. Vorsichtig berührte sie die Sachen. Dann packte sie sie, streifte das Badetuch ab, begann nackt im Zimmer herumzutanzen, das
Hemdchen hielt sie vor sich hin.

„Es ist dir etwas zu lang."

„Macht nichts, das kann man ändern ..."

Dann verflog ihre Freude. Sie begann sich vor etwas zu
fürchten.

„Du ... du bist ein Sonderling, nicht wahr?"

Ich verstand nicht gleich.

„Du hast recht", antwortete ich lachend, „ich bin sicherlich ein großer Sonderling."

„So habe ich das nicht gemeint..."

„Ach..." Sie war ein Schlager, wirklich, sie war ein Schlager! „Nein, nein", lachte ich, „ich bin ganz normal."

„Warum gibst du mir das dann?"

„Ich wollte wissen, ob heutzutage überhaupt noch jemand Freude haben kann."

„Ach, du..." Sie sprang zu mir. „Ich kann es nicht glauben, ich kann es nicht glauben."

„Zieh es nur an."

Sie schlüpfte in das Hemd.

„Auch das?" Sie zeigte in die Schachtel.

„Probieren kannst du es ja..."

„Ach, ist das herrlich, ist das herrlich... wie sich das anschmiegt...", rief sie. „Gefalle ich dir?"

„Du bist recht hübsch. Dein Körper ist noch nicht ganz ruiniert."

„Du bist nett. Du bist so nett... weißt du?"

Im Bett zog ich ihr dann alles aus, aber am Morgen, als ich erwachte, hatte sie das Hemd an. Sie lag abgewendet da, gekrümmt, mit nacktem Popo.

Sie erwachte, ich mußte sie fortschieben, damit sie das Spiel nicht von neuem beginne.

„Die ganze Nacht konnte ich vor Freude nicht schlafen!" Die Arme.

„Jetzt steh auf. In der Küche ist Kaffee in der Dose. Koch einen starken. Irgendwo wirst du auch ein altbackenes Brot finden. Mach Toast, etwas anderes habe ich nicht. Etwas Fett wird auch noch da sein..."

Sie sprang aus dem Bett. Sie wollte so in die Küche gehen, wie sie war, barfuß, nur im Hemd.

„Und zieh dich an. Lauf mir da nicht so herum."

Das begriff sie nicht. Sie begriff manches nicht, ich glaube, sie begriff überhaupt nichts.

Sie war nett. Rührend. Ihr Gewerbe hatte sie noch nicht ganz gezeichnet.

Wir aßen, und dann schickte ich sie fort. Ich schenkte ihr drei Schachteln Tabak.

„Zwei gibst du Boris, heute ist Weihnachten, weißt du?"

„Ich bliebe lieber bei dir."

„Wir sehen uns im Atlantic."

Sicherlich wäre sie lieber bei mir geblieben. Aber ich ärgerte mich ein bißchen über mich. Wegen Boris. Sie machte ihm das bestimmt auch mit anderen, aber dennoch ärgerte es mich.

„Weshalb lebst du überhaupt mit ihm?"

„Er tut mir leid. Er ist so verloren, ungeschickt, und ich bin nun einmal so. Immer muß ich mich um jemanden kümmern. Das ist eben mein Naturell."

„Verübelt er es dir nicht, daß du ihm solche Sachen anstellst?"

„Er kann es sich nicht leisten, irgend jemandem etwas zu verübeln. Von irgend etwas müssen wir schließlich auch leben, nicht? Immer hat ihn jemand ausgehalten. Vorher die Kameraden, jetzt ich."

„Hast du ihn gern?"

Sie dachte nach. Hatte sie ihn gern? Oder nicht?

„Das sind alles nur Worte. Mit ihm fühle ich mich wohler als vorher, als ich ganz allein war. Boris ist gut und gescheit. Nur paßt er irgendwie nicht in diese Welt. Ich kann mir nicht einmal vorstellen, daß er jemals Soldat gewesen sein soll. Der Krieg hat seltsame Dinge mit den Menschen angestellt."

„Du brauchst ihm nicht zu sagen, daß du mit mir gewesen bist."

„Das stört ihn nicht. Ich glaube, er wird sich freuen, wenn er erfährt, daß ich mit dir war. Du bist hier der einzige, den er mag. Und er hat einen Monat lang etwas zu rauchen. Eine Zigarette bedeutet ihm alles."

„Wenn der Tabak zu Ende ist, sag es mir. Ich habe noch eine kleine Reserve."

Ich suchte etwas, was ich ihr geben könnte. Aber in der Speisekammer war nichts mehr. Ich würde etwas organisieren müssen. Auf dem Haken hing der Mantel, den Charly hier zurückgelassen hatte. Es war ein leichter Mantel, aber besser als gar keiner. Boris hatte gar keinen. Charly hatte ihn hier vergessen, oder er hatte ihn nicht mitnehmen wollen. Ich gab ihn ihr. Sie freute sich. Sie freute sich fast so sehr wie über die Unterwäsche.

„Du bist wirklich sehr, sehr nett. Heute kümmert sich jeder nur um sich selbst. Wenn du magst, kannst du mich immer haben. Und ich kenne alle Spielchen, die es so gibt."

Ich streichelte sie.

„Geh jetzt, Mireille. Sonst macht sich Boris noch Sorgen um dich . . ."

„Ach, der hat sich daran schon gewöhnt."

Sie ging.

Ich kehrte ins Bett zurück. Ich schlief nicht, ich starrte nur die weiße Zimmerdecke an. Schließlich trieb mich der Hunger auf die Beine. Ich ging in die Schenke, in die mich Charly damals geführt hatte. Wir waren öfters hingegangen. Dort brauchten wir keine Lebensmittelmarken. Tabak war mehr als Marken, für Tabak gab es alles.

In den Straßen lag fast ein halber Meter Schnee. Die Straßenbahnen verkehrten nicht. Niemand räumte den Schnee weg. Die Menschen traten sich schmale, gewundene Pfade. Die leeren Läden waren noch geöffnet. Viele Leute hatte die Weihnachtspsychose ergriffen. Sie hatten sich auf die Socken gemacht, um noch etwas aufzutreiben, egal was. So also sieht das Ende einer großen Hoffart aus: die letzte deutsche Kriegsweihnacht. Ein Abend beim warmen Ofen, man hatte für heute Kohle sparen müssen, denn Sonderzuteilungen hatte es kaum welche gegeben, sie würden *Stille Nacht, heilige Nacht* singen, Weihnachten ist nirgends so sentimental wie in Deutschland. Dieses Fest würde böse sein. Millionen Witwen. Millionen Waisen. Millionen Männer an der Front, die nicht den geringsten Sinn mehr hatte, die nur die Leiden Europas verlängerte. Jede neue Schwierigkeit hatte ich stets mit Schadenfreude kommentiert — recht geschieht es euch, ihr habt nun, was ihr haben wolltet. An diesem Tag empfand ich keine Freude, nur Zorn. Sie sind dumm, sie sind immer die gleichen, subaltern, sie haben Ehrfurcht vor der Obrigkeit, sind gehorsam, diszipliniert. Allein kommen sie aus dieser Sache nicht heraus, sie sind zu keiner Tat fähig. Sie werden nichts zu ihrer Rettung unternehmen. Sie wissen schon, daß sie verloren haben. Und sie wissen auch, was sie überall getan haben. Sie ahnen es, sie wissen es, sie haben Angst vor der Vergeltung. Vergeltung? Es konnte keine Vergeltung geben. Sie hatten nichts, womit sie hätten zahlen können. Auch ihre Leben waren nicht mehr gleichwertig mit jenen Leben, die sie vernichtet hatten.

Es gab keine Menschenwürde hier. Die Herrenrasse. Ach...

Ich verließ die Schenke. Über die Hauptstraße zog eine endlose Kolonne von Wagen, die von Pferden gezogen wurden. Armselige Tiere, verhungerte, mit auffällig hervortretenden Rippen. Manche Wagen hatten ein Plachendach, andere waren offen. Flüchtlinge. Sie mochten schon lange unterwegs sein. Hie und da ein alter Mann, aber vor allem Frauen, verängstigte Frauen, und Kinder mit großen Augen. Die waren aus Polen hergezogen. Großgrundbesitzer aus Galizien und den Masuren. Vielleicht nahm man sie hier auf, falls es noch irgendwo eine leerstehende Schule gab oder eine Werkstätte, die stillgelegt worden war, aber vielleicht würde man sie weiterschicken, wie man sie schon in vielen Städten weitergeschickt hatte. Die Zeitungen schrieben rührselige Betrachtungen über sie, aber in Wirklichkeit waren sie nur eine Last. Den Ihrigen waren sie eine Last.

Ich hätte für sie ein Dach überm Kopf gewußt. Es hätte

Platz genug für alle gegeben. Ich wußte von einem Haus mit zwölf Zimmern, das von einer Person bewohnt wurde. Es war nicht das einzige Haus dieser Art in der Stadt hier, es gab unzählige davon. Sie könnten ins Rathaus gehen, sie könnten fordern, daß man ihnen dieses Wohnviertel zuteile. Aber das würden sie nicht tun, sie würden auch nicht versuchen, die Häuser eigenmächtig zu besetzen. Sie könnten hier abbiegen, in den Straßen der Gartenstadt halten, sagen — wir gehen nicht weiter, wir werden hier vor euren Augen erfrieren, wenn ihr uns nicht einlaßt. Sie würden das nicht tun, sie waren gehorsam, ordnungsliebend. Wer hat denn so etwas schon je gehört, ohne Bewilligung, ohne Befehl?

Sie würden weiterziehen. Über Nacht würden sie in irgendeinem Dorf haltmachen, würden in Scheunen übernachten, würden ein altersschwaches Roß schlachten und verspeisen. Dann würden sie weiterziehen, westwärts, denn sie flohen vor dem Osten. Im Westen gab es vernichtete, ausgebombte Städte. Dort gab es Tausende obdachlose Menschen. In ganz Deutschland gab es keine leeren Schulen mehr. Diese Stadt hier könnte unter ihren Dächern eine ganze Million Flüchtlinge aufnehmen, aber sie zogen weiter. Irgend jemand hatte ihnen geraten, gesagt, hinter der Stadt sei ein großes Lager für Flüchtlinge. Sie hatten schon einige solche Lager passiert, in manchen hatte man sie aufgenommen, aber in anderen gab es keinen Platz für sie. Auch hier würde man sie weiterschicken. Aber irgendwo werden sie dann doch eine Bleibe für eine Nacht finden, und sie werden heute nacht singen: *Stille Nacht, heilige Nacht* . . .

Die Worte des französischen Flittchens fielen mir ein — Er tut mir leid, er ist so verloren, so ungeschickt, und ich muß mich immer um jemanden kümmern, das ist eben mein Naturell . . .

Irgendeine ältere Deutsche sagte hinter mir zu jemandem: „Heute hätte man sie nicht durch die Stadt ziehen lassen sollen . . .“

Ich drehte mich um. Da stand eine Gruppe Menschen. Entsetzt betrachteten sie den traurigen Zug. Sie brauchten kein Wort zu sprechen, ich konnte mich nicht irren, ich wußte, woran sie dachten — Wann werden *wir* uns auf diese Wanderschaft begeben? Und wo werden *wir* noch eine Bleibe finden, wenn wir an die Reihe kommen? Diesen dort geht es gut, sie haben Wagen und Pferde, aber wie werden *wir* fliehen mit unserem Bettzeug?

Sie werden. Sie werden fliehen, so es dann noch ein Wohin geben wird. Die Schlaueren bastelten bereits heute ihre Fahrräder in zweirädrige Karren um. Aber sie taten nichts, um nicht fliehen zu müssen. Nichts würde geschehen. Sie waren Deutsche.

Am Abend ging ich ins Atlantic. Die Gassen waren leer, die Fenster verdunkelt. Die Stadt versank unter einer hohen Schneedecke. Und es schneite ständig weiter. Selbst die herrenlosen Hunde, deren Zahl immer größer wurde, hatten sich irgendwo verkrochen.

Ich brach mit dem alten Grundsatz, den mir Charly eingeprägt hatte: Ich stopfte eine leere Schuhschachtel mit Tabak voll. Die Hälfte für Heini, den Rest für die übrigen. Ich hätte das nicht tun sollen, aber ich konnte nicht anders, ich mußte. Nicht, daß sie nicht davon gewußt hätten, aber es ist etwas anderes, etwas beiläufig zu wissen, und etwas anderes, handgreifliche Beweise zu haben. Und wenn sich das Atlantic auch eines schier unfaßlichen Wohlwollens der Polizei erfreute, war es sehr wahrscheinlich, daß dort dauernd irgendein Spitzel herumsaß, ein Zuträger aus den Reihen der Ausländer. Aber ich hatte einfach keine Lust mehr, vorsichtig zu sein.

Ich wurde mit Hurra empfangen.

„Die Hälfte ist für dich, Heini, den Rest sollen sich die anderen nehmen. Ich habe es nicht abgewogen."

Heini nickte.

„Du hast was gut bei mir", sagte er.

Ich setzte mich zu Boris. Er sagte nichts, er drückte mir nur dankbar die Hand. Mireille war hübsch, frisch gewaschen und hergerichtet. Boris war ein schrecklicher Jammerlappen, mit diesem Mädchen ließe sich noch manches anfangen. Sie war noch nicht ganz unten durch, wenn sie einen tüchtigen Burschen fände, würde sie noch kehrtmachen können. Im Atlantic herrschte geradezu Feiertagsstimmung. Heute würde es hier lustig sein, lustiger als sonst.

Ich bestellte zwei Flaschen von dem stinkenden Zeug. Das war das Signal. Lojzík ließ die Säge vibrieren, *Bramborové placky se škvarkama* grölten die Polen, Serben, Slowaken, Tschechen, Franzosen, Dänen, Holländer.

Da verstummte alles. Gegen meine Gewohnheit saß ich mit dem Rücken zum Raum. Ich zuckte zusammen, ich hatte Angst, mich umzudrehen. Eine Razzia. Ausgerechnet heute. Aber in Mireilles Augen sah ich, daß es keine Razzia war.

In der Stille klang Lojzíks Säge gespenstisch.

Ich drehte mich um. In der Tür stand Luise. Verwirrt, unsicher, verdutzt, ihre Augen irrten durch den Raum, sie hatte mich noch nicht bemerkt. Alles starrte sie an. Was sollte das, was hatte so eine hier zu suchen?

Weshalb ließ sie mich nicht in Ruhe?

„Lojzík, *Stille Nacht, heilige Nacht* zu Ehren des Christkindls...", rief ich. Wie auf Befehl begann alles wild zu grölen. Sie hatte meine Worte nicht verstanden, aber sie wußte, daß sie sich auf sie bezogen und daß es etwas Häßliches war. Sie kam zu mir, blieb vor meinem Tisch stehen, vermochte kein Wort hervorzubringen. Sie drehte sich schnell um und lief hinaus.

Ich ging ihr auf die Straße nach, ich hatte die größte Mühe, sie einzuholen.

„Was willst du? Weshalb gibst du keine Ruhe?"

Sie wollte sich losreißen und weitergehen, aber ich hielt sie fest.

„Geh, hau ab und komm mir nie wieder unter die Augen.

Geh zu dem anderen, zu dem Kerl, den du dir gestern mit nach Hause genommen hast. Du bist nichts als ein gewöhnliches, deutsches Ferkel. Glaub nicht, daß du mich hast täuschen können, ich habe immer gewußt, daß du so eine bist."

„Was ... was redest du da?" fragte sie mit geradezu engelhaft ahnungslosem Antlitz. Da packte mich die Wut, ich langte ihr eine. So eine, daß sie taumelte, sich die Wange hielt, aufschrie.

Und dann begann sie zu lachen. Laut, herzlich, glücklich, es war ein befreiendes Lachen. Sie umarmte mich, zog mich an sich, du bist ja eifersüchtig, rief sie, eifersüchtig bist du, eifersüchtig, ach, du bist wirklich eifersüchtig ... ihre Schreie gingen in ein jubelndes Trällern über, und ich war total verwirrt. Ich befreite mich aus ihrer Umarmung.

„Spiel doch keine Komödie. Gestern ist jemand bei dir gewesen ..."

„Natürlich war jemand da", lachte sie laut und jubelnd. „Er war da, und er ist noch immer da. Natürlich war er da, aber du bist ein böser Mensch, ich habe dich schon den ganzen Abend gesucht, schließlich fiel mir ein, daß du in dieser Schenke sein könntest. Natürlich war diese Nacht ein Mann bei mir, und er ist noch immer da, ich habe ihm alles von dir erzählt, komm schon, das Abendessen steht auf dem Tisch, er ist gestern früh von der Ostfront gekommen, ich glaube, er wird sich freuen, dich kennenzulernen ..."

Nun wußte ich, von wem sie sprach. Und plötzlich tat sie mir ganz schrecklich leid, ich zog sie an mich, wischte ihr die Tränen ab, die ihr über die Wangen liefen, ich streichelte ihre Wangen. „Verzeih, Luise, ich war böse, ich war unglücklich und böse, Charly ist fort, und mir war es traurig und trostlos zumute, ich wollte niemanden sehen, auch dich wollte ich nicht sehen, aber gestern abend bin ich zu dir gegangen, und da habe ich im Schnee eine Männerspur gesehen."

„Das tut nichts, das tut doch nichts", lachte sie unter Tränen, „jetzt ist alles in Ordnung, jetzt ist alles noch viel mehr

als in Ordnung ... ich bin so froh, und auch über die Ohrfeige bin ich froh, jetzt bist du mein, und alles ist in Ordnung ..."

Im ledernen Klubsessel saß ein junger, schlanker Offizier
in schwarzer Panzeruniform, nach den Spiegeln Hauptmann.
Er stand höflich auf, schlug militärisch die Hacken zusammen, verbeugte sich und reichte mir die Hand.

„Es freut mich, Sie kennenlernen zu können. Es freut mich
tatsächlich, das ist wirklich keine Phrase ...", sprach er zu
mir.

Luise ging zum Tisch, der für drei Personen gedeckt war,
nahm die Gläser, füllte sie mit irgend etwas Braunem.
Kognak. Sie trat zwischen uns, sie strahlte, sie war glücklich.

„Wir wollen trinken ... auf das Kriegsende, auf den Frieden. Heute ist ein Tag, da man das kann."

Wir tranken einander zu, und mir fiel etwas ein. Ich ging
zur Tür.

„Ich bin gleich wieder da ...", sagte ich. Ich ging hinaus,
in den Garten. Auf der dicken Schneedecke war eine leichte
Wölbung zu sehen. Ich scharrte das Bäumchen aus, ebenso
die Schachtel mit den Kerzen und dem Christbaumschmuck.

Vor der Tür beutelte ich alles tüchtig, schüttelte den Schnee
vom Päckchen. Im Vorraum packten wir es aus. Es war ein
herrliches Tannenbäumchen, eine Silbertanne.

Luise schrie vor Freude auf.

„Hast du einen Ständer?"

„Irgendwo müßte einer sein."

Nach einer Weile brachte sie einen metallenen Dreifuß.

„Auch Kerzenhalter hast du?"

Auch die gab es. Ihr Bruder und ich schmückten das Bäumchen.

„Wo hast du das her? Wo hast du es hergezaubert?"

„Gestern habe ich es im Garten weggeworfen. Bis zum
Morgen war es zugeschneit."

„Er hat gedacht ... er hat von mir gedacht ...", erklärte

sie ihrem Bruder, „daß ich mir jemanden mit nach Hause genommen habe. Deshalb ist er nicht gekommen, deshalb haben wir vergeblich auf ihn gewartet."

Der Deutsche lächelte. Was er sich dabei dachte, weiß ich nicht.

Wir zündeten die Christbaumkerzen an und setzten uns zum Tisch. Aber das Gespräch stockte, jeder war mit seinen eigenen Gedanken beschäftigt, weder der gute Wein noch der Kognak nachher vermochten eine wärmere Atmosphäre zu schaffen. Nach dem Abendessen fiel mir ein, daß ich in der Rocktasche noch die Strümpfe hatte. Ich gab sie Luise, sie freute sich sehr, immer wieder las sie die englische Waschanweisung auf der Cellophanhülle. Aber alles in allem war es ein Abend voll Spannung, die wir nicht überwinden konnten. Luise maß uns immer wieder, verglich uns, vielleicht bereute sie nun, uns zusammengebracht zu haben. Mir hatte sie fast nie über ihn erzählt, ich hatte keine klare Vorstellung von ihm, aber mir konnte er gleichgültig sein, schließlich lebte er nicht mit meiner Schwester, sondern ich mit der seinen. Wer weiß, was er sich über mich dachte, ob er mich so sah, wie sie mich beschrieben hatte?

Es hatte gar nicht den Anschein, als beschäftigte ihn das allzusehr. Er war ernst und wortkarg, wahrscheinlich weilte er in Gedanken irgendwo an der Front, bei seinen Kameraden. Und was konnte ich ihm gegenüber empfinden? Er war deutscher Soldat, Panzeroffizier. Unter anderen Umständen hätten wir einander gegenübergestanden, hätten einander töten können. Luise war unglücklich, sie hatte einen netten Abend arrangieren wollen, es war ihr nicht geglückt.

Nach dem Abendessen stand ich auf und sagte, ich wolle gehen. Luise war ratlos, sie wußte nicht, wie sich verhalten, ob sie mich zurückhalten solle, sie wußte nicht, ob ich mich zurückhalten ließe, ich wäre gerne geblieben, sie gefiel mir an diesem Abend, aber da war ja doch noch ihr Bruder!

Er selbst half uns.

„Machen Sie keinen Unsinn . . .", sagte er, „es ist nicht die Zeit, Rücksichten zu nehmen, und ich beanspruche keine für mich. Schade um jeden Tag, um jede Nacht, niemand weiß, wie viele wir noch haben werden. Viele bestimmt nicht."

Luise atmete erleichtert auf.

Während sie den Tisch abräumte, brach er das Schweigen, das er den ganzen Abend gewahrt hatte.

„Die Russen werden in drei Monaten hier sein. Nichts hält sie mehr auf. Dann wird es auf dieser Welt kein Plätzchen mehr für einen Deutschen geben.

Unser Lebensraum wird zu einer Grube von ein mal zwei Meter zusammenschrumpfen. Meine Schwester ist mir sehr teuer. Sie liebt Sie. Wenn es möglich ist, wenn Sie die Vorurteile in sich überwinden können, die wir geschaffen haben, nehmen Sie sie mit, bringen Sie sie irgendwohin, wo sie wird leben können und vergessen, daß sie Deutsche ist. Falls es dann so einen Ort überhaupt noch irgendwo gibt."

Er mochte aus meiner Miene gelesen haben, daß es so einen Ort wahrscheinlich nicht gab.

„Ich glaube, Sie kennen die Russen nicht sehr genau."

„Ich kenne sie. Ich stehe ihnen schon Jahre gegenüber. Es geht nicht darum, was sie hier treiben werden. So oder so können sie durch nichts zurückzahlen, was wir ihnen angetan haben. Aber es sind nicht nur die Russen. Ich spreche deshalb von ihnen, weil es gerecht wäre, daß sie, gerade sie ganz Deutschland besetzen. Es wird gut sein, wenn sie es sind."

Damit hatte er mir fast alles über sich gesagt. Aber weshalb kämpfte er dann noch? Wenn er wirklich so dachte, wie er redete, weshalb war er nicht schon längst anderswo?

Ich mußte ihn nicht danach fragen, er begann selbst darüber zu sprechen.

„Diese schreckliche Maschinerie wird bis zum Ende durchhalten. Das ist gut so. Deutschland muß die ganze Bitternis der Besetzung erleben, der Entehrung und des Elends. Das allein ist für uns so etwas wie eine Zukunftsaussicht. Für Deutschland ist es gut, daß dieser Wahnsinnige um keinen Preis Frieden schließen will, daß er entschlossen ist, das ganze Land ins Verderben zu führen. Nichts Ärgeres hätte uns widerfahren können, als daß der Putsch der Generale gelungen wäre. Schon einmal haben sie behauptet, nicht sie hätten den Krieg verloren. Nein, Deutschland darf nie mehr in die Position eines Partners gelangen, der Frieden schließt. Man muß es zerschlagen, man muß es zur bedingungslosen Kapitulation zwingen. Wenn wir daraus nicht lernen, ist uns überhaupt nicht zu helfen."

„Aber Ihr Wunsch wird noch Hunderttausende Menschenleben kosten."

„Das weiß ich. Aber das ist nun einmal dieser Krieg. Und vielleicht ist das, was sich heute an den Fronten abspielt, bereits der dritte Weltkrieg. Vielleicht wird gerade deshalb in zehn, zwanzig Jahren kein nächster beginnen."

„Wann haben Sie das erkannt?"

„Ich? Schon lange. Ich war nie Nationalsozialist. Allerdings, ich war Deutscher. Ich war viel zuviel Deutscher, als daß ich anders hätte handeln können, als es uns unser Los bestimmt. Und konkret habe ich über all dies in Rußland nachzudenken begonnen. Ich habe gesehen, was wir dort machen. Gestatten Sie nach dem Krieg keinem von jenen, die dort gekämpft haben, sich auszureden, er habe nichts gesehen und nichts gehört. Sie werden versuchen, es zu tun."

„Aber wie können Sie mit dieser Erkenntnis, mit solchen Gedanken kämpfen?"

„Sie haben mich offenbar nicht verstanden. Deutschland darf keinen Frieden schließen, es muß die Bitternis der totalen Niederlage bis zur Neige auskosten. Es wäre ungerecht, und für uns wäre es vielleicht unselig, wenn uns nach dem totalen Krieg, den wir führen, irgendein Kompromiß gelänge. Ich kämpfe dort an der Ostfront mit letztem Einsatz. Und ich werde kämpfen bis zu dem Augenblick, da ich getötet werde, oder solange noch ein allerletztes Fleckchen deutschen Bodens da ist, das man verteidigen kann. Im vorigen Weltkrieg ist es geschickten Deutschen gelungen, einen Waffenstillstand zu schließen, als die französischen Heere die deutsche Grenze erreichten. Das darf sich nicht wiederholen. Wahrscheinlich würde auch niemand mit uns verhandeln, die Russen ganz bestimmt nicht, aber Deutschland muß alles verlieren, und es muß es im Kampf verlieren, nicht auf Grund irgendwelcher Abkommen über ein Besatzungsstatut. Und das kann nur geschehen, wenn bis zum Ende Widerstand geleistet wird."

„Das ist, entschuldigen Sie, eine grauenhafte Logik."

„Nennen Sie sie getrost treffender, und haben Sie vor dem Wort keine Angst: eine deutsche Logik. Wir stehen im Ruf, gründlich zu sein. Wenn eine Niederlage, so eine gründliche. Eine totale."

„Sagen Sie, gibt es viele, die so denken wie Sie?"

„Kaum. Darüber kann man mit Deutschen nicht sprechen. Nein, so denkt wohl sonst kaum einer. Manche kämpfen aus Angst, andere glauben noch immer, andere sind gehorsame Deutsche, und niemand gibt ihnen den Befehl, den Kampf einzustellen. Viele warten schon längst auf diesen Befehl, aber er erfolgt nicht, also kämpfen sie. Ich werde bis zum Ende kämpfen. Ich werde so einem Befehl nicht gehorchen. Die Wut der Russen gegen uns muß bis zum Äußersten aufgestachelt werden."

„Das ist aber der sichere Tod."

„Ich weiß. Aber ich habe ihn so häufig gesehen, daß ich aufgehört habe, ihn zu fürchten. Was erwartet mich denn? Soll ich irgendwo in der Gefangenschaft vegetieren? Oder mich verstecken und behaupten, ich sei Zivilist?"

Er war noch jung. Ein, höchstens zwei Jahre älter als Luise.

„Meine Schwester hat mir gestern abend viel über Sie erzählt. Ich bin froh, daß sie in diesen Zeiten nicht allein ist.

Daß sie mit einem Ausländer lebt, mit Ihnen. Wahrscheinlich wird ihr das nicht viel helfen, aber jetzt ist sie glücklich. Das ist mehr, als heute irgendeine deutsche Frau verdient. Ausnahmsweise gönne ich es ihr. Sie ist ja doch meine Schwester."

„Das ist so schrecklich kompliziert...", unterbrach mich die Kleine.

„Ja. Es ist schwer, sich da auszukennen. Das war Deutschland."

„Was war dieser Panzeroffizier? Patriot? Oder Nihilist? Verräter? Oder Held? Verbrecher oder Humanist?"

„Versuch doch, die Antwort selbst zu finden."

„Die Nazis haben jene als Verräter und Defätisten hingerichtet, die nicht kämpfen wollten, die sich weigerten zu kämpfen. Aber er, er wollte doch bis zum Ende kämpfen. Demnach mußten ihn gerade die Nazis als einen der Ihren betrachten, mußten ihn dekorieren. Nun hat er aber behauptet, daß ihn, ausgerechnet ihn die Pest des Nationalsozialismus nicht angesteckt habe. Weshalb wollte er den hoffnungslos verlorenen Krieg fortsetzen? Ist das logisch?"

„Glaubst du, daß er sich wirklich so sehr irrte?"

„Wie viele Menschen hätten nicht umkommen müssen!"

„Auch ich habe ihm das vorgehalten. Aber vielleicht gibt es bei euch in der Bundesrepublik gerade deshalb viel weniger Menschen, die wieder ins Feld ziehen möchten. Und es gibt dort solche, das weißt du selbst sehr gut."

„Ja, aber die nimmt keiner ernst."

„Du nimmst sie nicht ernst. Doch es gibt viele junge, dir ähnliche Deutsche, die sie ernst nehmen. Aber Hitler haben seinerzeit ebenfalls viele nicht ernst genommen."

„Aber bis zum Schluß kämpfen, tapfer und verbissen kämpfen, nur deshalb, damit die Niederlage so schwer wie möglich, total sei..."

„Andere kämpften bis zum Ende im Glauben an den End-sieg. Noch nach der Einkesselung von Berlin glaubten sie an ein Wunder. Die würden heute laut verkünden — wir wurden nicht besiegt! Verrat hat uns dem Feind preisgegeben, Verrat, nicht die Niederlage! Nein, er hatte das schon richtig durchdacht."

„War hier damals überhaupt noch jemand klar bei Vernunft?"

„Es scheint, als wäre er es doch gewesen. Auch wenn das eine grauenhaft klare Vernunft war."

„Eine deutsche Vernunft, nicht wahr?"

„Du selbst hast das gesagt. Ich mag es nämlich nicht immer und immer wiederholen."

„Aber du, du hast eine klare Vernunft, nicht wahr? Du hattest sie auch damals, als du jenen schrecklichen Schemen über der Stadt zuriefst — schlagt, vernichtet, verbrennt alles, legt in Trümmer, laßt hier nicht einen Stein auf dem anderen. — Nun?"

„Du bist eine liebe Bestie, Kleine."

„Das war doch die gleiche Logik wie die des Panzer-offiziers, nicht?"

„Ich verstehe dich nicht recht."

„Nun, schlagt, vernichtet, verbrennt alles, schert euch nicht um mich, ich gehe hier zugrunde, ich gehe gern zugrunde, obwohl ich leben möchte, aber auf mich braucht ihr keinerlei Rücksicht zu nehmen, bereitet diesem Deutschland ein Ende, ich komme gern dabei um . . ."

„Ich bin nicht Deutscher, Kleine. Meine Motive waren völlig andere."

„Und wie war das weiter? Der Gestapomann führte dich ab, wahrscheinlich ist während des Luftangriffes etwas passiert, und du warst frei. Wäre jener Gestapomann dich nicht holen gekommen, du würdest heute wohl nicht leben, das stimmt doch?"

„Das ist sehr, sehr wahrscheinlich, Kleine."

„In jener Nacht sind in dieser Stadt unzählige Menschen umgekommen. Aber dieser Luftangriff hat gerade dir das Leben gerettet. Da hattest du es leicht, zu schreien, schlagt, vernichtet, da du doch aus einer Lage befreit wurdest, die für dich ein sehr böses Ende bedeutet hätte. Du hast gesehen, wie überall um dich die Menschen umkamen, aber du warst froh, nicht nur deshalb, weil es Deutsche waren, die da umkamen, es sind ja nicht nur Deutsche umgekommen, aber du warst froh, weil es für dich die Rettung bedeutet hat."

„Ich hatte damals andere Sorgen, als über solche Dinge nachzudenken. Und es konnte mich erwischen wie jeden anderen."

„Es konnte, sicherlich konnte es, aber es hat dich eben nicht erwischt. Doch hätte es den Luftangriff nicht gegeben, du wärest der Gestapo nicht mehr entkommen. Es blieb dir keine andere Hoffnung, nicht?"

„Fast keine."

„Wahrscheinlich hätten sie dich geköpft, wie sie."

„Das ist sehr wahrscheinlich."

„Und vorher hätten sie dich hergenommen, sie hätten dir die Knochen gebrochen, sie hätten alles aus dir herausgekriegt, nicht wahr?"

„Das ist nicht geschehen, Kleine. Ich kann dir nicht sagen, was gewesen wäre und was nicht."

„Aber sie, sie haben sie doch geköpft. Glaubst du, daß das deinetwegen war? Sie hatte ja mit deinem Tabak nichts zu schaffen. Und auch dich hätte wegen des Tabaks nicht die Gestapo verhaftet."

„Nein, das war sicherlich nicht wegen des Tabaks."

„Aber du hast dich gefreut? Du hattest Freude? Obwohl du überzeugt warst, daß auch sie in den Bomben umgekommen ist?"

„Sie ist nicht in den Bomben umgekommen."

„Das weißt du heute, seit heute. Damals hast du es nicht gewußt, damals warst du überzeugt, daß sie durch die Bomben umgekommen ist. Aus dem Atlantic hat sich doch niemand gerettet, alle sind im Keller geblieben, nicht? Also, wie ist das eigentlich gewesen? Dich hat der Luftangriff gerettet, du hast dich über ihn gefreut, und nicht nur deshalb, weil er dich gerettet hat. Sie ist, wie du glaubtest, in dieser Spelunke umgekommen. War dir da wohl zumute? Hast du eine große Genugtuung empfunden?"

„Das hier ist eine deutsche Stadt, Kleine. Während des ganzen Krieges fiel keine einzige Bombe auf sie. Aus welchem Grund hätten die Flieger gerade eine einzige deutsche Stadt verschonen sollen, außer Heidelberg?"

„Weshalb erst damals? Früher, das könnte ich begreifen. Weißt du, was man heute hier und manchmal auch drüben im Westen über diese Nacht schreibt? Es gibt Autoren, die behaupten, daß sie die Amerikaner deshalb vernichtet haben, damit sie nicht unbeschädigt den Russen in die Hände falle. Die Bombardierung hatte damals keinerlei strategische Bedeutung mehr. Das war Mord. Hätte man diese Unmenge Flugzeuge nicht gegen nützlichere Ziele einsetzen können? Vielleicht hätten sie dadurch das Ende des Krieges zumindest um ein paar Stunden oder sogar um ein paar Tage beschleunigt."

„Das sind alles nur Vermutungen, Kleine. Vielleicht wäre das Ende um ein paar Stunden beschleunigt worden. Im Krieg spielen verschiedenartige Komponenten eine Rolle."

„Berlin war einen Katzensprung von hier entfernt. Dort hätte eine Bombardierung vielleicht einen Sinn gehabt. Dort saß Hitler in seinem Bunker. Hier hatte das keinen Sinn. Hier nicht. Hier gab es keine Rüstungsindustrie, und die Industrie, die es hier gab, haben sie ohnehin nicht vernichtet. Sie zerstörten, sie verbrannten, sie vernichteten die Wohnviertel, die Kathedralen, die Kunstdenkmäler . . ."

„Hör auf damit, Kleine. Fahr einmal nach Leningrad, unweit von dort liegt Petrodworez. Geh hin und schau dir an, was die deutschen Soldaten mit den vergoldeten Wassernymphen, Najaden, griechischen Göttern, herrlichen Wasserspielen, kostbaren Bildern und Gobelins gemacht haben, ohne Kampf, Kleine, ohne Grund, nur aus Zerstörungswahn! So ein Vandalismus kennt in der modernen Geschichte nicht seinesgleichen."

„Gut, das haben die Deutschen getan, aber du willst mir einreden, daß die anderen anders gewesen sind als die Deutschen. Waren sie anders? Betrachte doch diese Stadt, wie sie heute, nach so vielen Jahren, aussieht."

„Wenn Bomben geworfen werden, Kleine, Bombenteppiche, kann sich der Flieger nicht sagen — hier werfe ich keine Bombe ab, hier ist eine Schule, der Mariendom, hier ist ein historisches Bauwerk, ein künstlerisch wertvolles Schloß..."

„Hier ist ein Gefängnis. Ich habe über dieses Gefängnis gelesen. Hunderte Häftlinge wurden darin bei lebendigem Leibe geröstet, sie schauten durch die Gitter zu, wie die Flammen näher und näher kamen. Das waren doch keine Feinde, das waren Verbündete, politische Gefangene... Glaubst du, daß auch sie Freude hatten, als sie zusahen, wie die Flammen das Gebäude beleckten, wie sie unerbittlich näher kamen? Glaubst du, daß auch sie schrien — werft eure Bomben ab, schlagt zu, nehmt keine Rücksicht auf uns!"

„Darauf konnten die Alliierten keine Rücksicht nehmen."

„Nenne mir nur einen, einen einzigen logischen Grund, weshalb sie das getan haben!"

„Ich weiß es nicht, Kleine. Da müßte ich das dokumentarische Material kennen. Irgend jemand muß diesen Befehl gegeben haben. Die Flieger konnten nichts daran ändern."

„Aber die Deutschen, die hätten die Befehle nicht befolgen sollen, nicht wahr? Nur die Deutschen?"

„Die Deutschen haben der Welt diesen Krieg gebracht, Kleine. Die Deutschen haben ihn gewünscht, haben ihn gebilligt, sie riefen auf den Marktplätzen ihr Sieg Heil, sie feierten ihre Siege, sie mordeten — ich meine dabei nicht die

Kampfhandlungen — Millionen Menschen. Sie haben ganze Länder, ganze Staaten vernichtet, sie brüsteten sich damit, wie sie ganz Europa versklaven wollten, wie es ihnen dienen würde. Noch hatten sie den Krieg nicht gewonnen, und schon stritten sie untereinander um den Lebensraum. Sie teilten den ukrainischen und den polnischen Boden untereinander auf, schon bereiteten sie die Eingliederung der Gruben und Hochöfen am Donetz in den Göringkonzern vor. Was hältst du mir denn da so aufgebracht immer wieder diese eine vernichtete Stadt vor? Das ist eine Episode. Vielleicht war diese Bombardierung tatsächlich überflüssig, vielleicht hatte sie keinerlei militärische Bedeutung, aber was willst du eigentlich vergleichen? Nach der wahllosen Bombardierung Londons durch Raketengeschosse sprichst du den Engländern das Recht auf solche und ähnliche Aktionen ab? Die Briten haben die Deutschen oft genug gewarnt, sie aufgefordert, mit dem Terror aufzuhören. Den Luftterror haben nicht sie erfunden. Damit hat Hitler in Belgien und in Frankreich begonnen und in Coventry, und er verheimlichte gar nicht seine Pläne, daß er England aus der Luft vernichten wolle."

„Sowohl die Engländer als auch die Amerikaner haben deutsche Städte zerstört. Berlin, Hamburg, das Ruhrgebiet. Aber das hier hätten sie nicht tun sollen. Schon deshalb nicht, damit die jungen Menschen, die den Krieg nicht am eigenen Leib erlebt haben, keinerlei Möglichkeiten zu solchen Vergleichen hätten. Habe ich nicht recht?"

Was weiß ich? Sie hatte recht, zumindest soweit sie an Nagasaki dachte. Darin hatte sie völlig recht. Die Amerikaner hätten nicht die zweite Atombombe auf eine dichtbesiedelte Stadt werfen müssen, um die Japaner davon zu überzeugen, daß sie mehr von diesem Vernichtungsmittel besaßen, das sie in Hiroschima eingesetzt hatten. War diese Stadt hier das europäische Nagasaki?

„Ich hätte das alles schon hinter mir haben können. Ich hätte heute mit dem Bewußtsein leben können, die Tochter

eines Kriegsverbrechers zu sein. Es ist ein bitteres Bewußtsein, aber ich mußte mich damit abfinden. Vielleicht hat auch
so ein Mensch ein Recht auf sein Leben. Aber diese Stadt
hier bringt mich ständig durcheinander. Ich weiß nicht, woran
ich bin. Ich kann zu keinem Ende gelangen. Vermag man so
zu leben? Natürlich, was bin ich schon, wen interessiert es
denn, daß irgendwo eine junge Deutsche lebt, die sich mit
der unlösbaren Frage abquält, ob ihr Vater Kriegsverbrecher
gewesen ist oder nicht, ob er, was ihm widerfahren ist, verdient hat, oder ob wirklich die Sieger über die Besiegten zu
Gericht gesessen haben. Und du erzählst mir da von einem
Deutschen, der hartnäckig um den letzten Fußbreit Boden
kämpfen wollte, weil er sich die Niederlage wünschte, und
von dir, wie du geschrien hast — werft, werft nur, werft
mir das Zeug doch endlich auf den Schädel ... und gleichzeitig versicherst du mir, du seist bei klarer Vernunft. War
damals überhaupt noch jemand normal? Alle seid ihr in
eurem Haß, in euren Erinnerungen, in eurem Elend befangen, und von uns verlangt ihr, daß wir euch glauben, daß
wir euch begreifen, daß wir euch ernst nehmen. Aber wohin
habt ihr, ihr Neunmalklugen, diese Welt denn geführt? Wie
sieht euer Sieg denn aus, euer Friede ein paar Jahre danach?
Du hältst mir vor, daß die Westdeutschen wieder die Köpfe
recken. Aber was heißt denn da Westdeutsche? Wir Jungen
werden den Kopf nie wieder recken. Es sind jene Deutschen,
für die wir uns schämen müssen. Mein Vater wurde gehenkt.
Aber andere, vielleicht Schlechtere als er, um die buhlten die
Sieger, sie kauften sie sich, sie suchten sich unter ihnen ihre
Berater aus. Auch unter SS-Leuten. Bei uns drüben hat man
die Todesstrafe abgeschafft. Sehr human, nicht? Aber vielleicht hat man sie nur deshalb abgeschafft, damit man jene,
die sie noch vor Gericht stellen müssen, für ihre Verbrechen
nicht köpfen muß. Und ich frage mit Recht, weshalb dann
mein Vater? Weshalb nicht jene, die vor Gericht standen
und viel größerer Verbrechen überführt wurden? Was ver-

220

langt denn die Welt eigentlich da von mir? Daß ich mich meines Vaters schäme und gleichzeitig anderen zulächle, Schlimmeren, als er gewesen ist, und daß ich ihnen die Hand reiche? Sie sind doch überall, im Parlament, in der Regierung, in der Armee, in der Justiz. War es also ein Akt der Gerechtigkeit, oder könnte man es auch so sagen, daß mein Vater eben Pech gehabt hat? Vielleicht hätte man ihn zwei oder drei Jahre später überhaupt nicht mehr verurteilt. Und ich wäre heute nicht die Tochter eines Kriegsverbrechers, sondern eines erfolgreichen Unternehmers."

Hatte sie recht? Wahrscheinlich ja. Sie war ein kleines Raubtier, sie verbiß sich in etwas und ließ nicht mehr locker. Sie hatte recht, aber das war ja wieder jene, war wieder ihre deutsche Wahrheit. Leider, es war doch nicht allein ihre Sache, wie sie sich aus diesem Sumpf befreite.

„Und Europa, Kleine? Nach dem Krieg, den die Deutschen entfesselt haben und der alle so teuer zu stehen kam, hätten wir ihnen da zulächeln und ihre Entschuldigung zur Kenntnis nehmen sollen? Pardon, wir haben uns geirrt, wir waren nicht genügend vorbereitet, um die Welt zu beherrschen, entschuldigen Sie bitte vielmals, geben Sie uns eine Gelegenheit, wir versuchen es noch einmal, anders und besser, wir führen euch einen Prachtweltkrieg mit Ringelpietz und Atombombe vor, Hitler war ein armseliger Stümper mit seiner Kriegführung nach Ladenschwengelart, wir wollen ihn vervollkommnen, ganz nach wissenschaftlichen Gesichtspunkten . . ., schreien sie das nicht in die Welt hinaus? Doch, sie tun es, dort drüben bei euch. Nicht ganz mit diesen Worten, heute begründen sie die Forderung nach der Atombombe mit der Behauptung, daß die Deutschen ein allzu großes und wehrhaftes Volk sind, als daß sie sich mit der Rolle einer Nation zweiter Ordnung begnügen könnten. Und ihre Marschrichtung, Kleine? In Helmstädt beim Grenzübergang ist ein Kilometeranzeiger. Dort findest du unter anderem — Danzig soundso weit, Königsberg soundso weit . . . Die Straße und die Straßenmarkierung ist Sache des Staates, der Regierung, Kleine. Niemand kann da kommen und sagen, daß es das Werk irgendeiner bedeutungslosen Organisation sei, die zwar im Geiste der Demokratie existiere, die aber nicht die Politik der Regierung bestimme. Heute steht dort Danzig, Königsberg, Breslau. Die SS hat das im Krieg viel eindeutiger gesungen: *Denn heute gehört uns Deutschland und morgen die ganze Welt...*"

„Aber es gab einen Deutschen, der das nicht wollte, und es gab eine Deutsche, die das ebenfalls nicht wollte..."

„Dieser Deutsche, Kleine, ich weiß nicht, was mit ihm geschehen ist, aber höchstwahrscheinlich lebt er nicht mehr. Irgend etwas Böses ist ihm widerfahren, ich weiß nur nicht, was. Und diese Deutsche, die das nicht wollte, wurde geköpft. Du hast es selbst gehört: sie wurde geköpft."

Es war herrlich, in dieser Nacht mit Luise zu sein, Kleine, Luise war schön und zärtlich, und mir war es nicht mehr einerlei, was mit ihr geschehen würde.

„Wir gehen fort von hier, Luise...", tröstete ich sie, „wir gehen irgendwohin, es muß doch auf der Welt irgendeinen Ort geben, wo wir friedlich werden leben können."

„Gibt es so einen Ort?" fragte sie.

„Wenn es ihn nicht gibt, dann erfinde ich ihn und nehme dich dorthin mit."

Bis zum Morgen versuchten wir so einen Ort zu ersinnen, und wir konnten keinen finden.

Ein paar Tage nach Neujahr traf ich Boris' Französin, die Mireille.

„Was macht Boris, Mireille?"

„Boris gibt es nicht mehr."

„Hast du ihn verlassen?"

„Nein. Boris ist nicht mehr, er ist gestorben."

Das traf mich unerwartet. Boris war sicherlich ein Jammerlappen gewesen, aber ich hatte ihn gern gehabt.

„Was hat ihm gefehlt?"

„Nichts."

„An nichts stirbt man nicht, Mireille."

„Boris ist an nichts gestorben. Eines Tages legte er sich in seiner Baracke ins Bett und weigerte sich aufzustehen. Er sagte mir, er habe die Lust verloren zu leben. Und daran starb er dann auch. Er hatte keine Lust zu leben. Das Warten war ihm zu lange geworden. Ich weiß nicht einmal, ob er überhaupt auf etwas gewartet hat . . ."

„Und was machst du, Mireille?"

„Was ich mache? Ich mache, was ich kann und wovon ich etwas verstehe."

Ich wollte weitergehen, aber sie hielt mich zurück.

„Sag, diese Sachen, die du mir damals gegeben hast, die wolltest du doch einer anderen Frau schenken?"

„Stört es dich?"

„Jener, die dich zu Weihnachten abholen gekommen ist?"

„Ja."

„Du bist ihr wie ein Hündchen nachgelaufen. Ist sie Deutsche?"

„Ja, Deutsche."

„Liebst du sie?"

„Ich weiß es nicht, Mireille. Vielleicht liebe ich sie, aber sie ist Deutsche."

„Ich will dieses Zeug nicht haben."

„Du bist ein Narr."

„Ich mag es nicht. Ich trage es nicht. Du hast es für die Deutsche gekauft. Du hättest es mir überhaupt nicht geben sollen."

Luise entging es nicht, daß ich irgendwie anders war.

„Mein Freund ist gestorben. Der Russe, der sein ganzes Leben Soldat gewesen ist."

223

„Was ist mit ihm passiert?"

„Nichts. Er wollte nicht leben."

Nein, offenbar gab es auf dieser Welt keinen solchen Platz für uns beide.

„Heute waren Geheime hier . . .", sagte sie ernst.

„Was wollten sie?"

„Das weiß ich nicht genau. Ich bin aus ihren Fragen nicht sehr klug geworden."

„Nach mir haben sie nicht gefragt?"

„Nein. Über dich fiel kein Wort. Sie sahen nicht aus, als kämen sie von der Kriminalpolizei oder von der Gestapo."

Sie schmiegte sich an mich.

„Ich mache mir Sorgen. Ich glaube, es hängt irgendwie mit Kurt zusammen. Kurt kam mir so sonderbar vor, als er wegfuhr. Als würde er für immer Abschied nehmen, als wäre irgendein verzweifelter Entschluß in ihm herangereift."

„Haben sie dir nichts Konkretes gesagt?"

„Nein. Sie erkundigten sich nur einige Male, so hinten herum, wer meine Verwandten sind, wo sie sind, wo Kurt ist, ob er ein guter Soldat ist, sie kamen einige Male auf ihn zu sprechen, ob er daheim gewesen sei, wann er zu Hause war, ob mir nicht eine gewisse Nervosität an ihm aufgefallen sei, eine Müdigkeit . . . ob er heiter gewesen ist, ob er hier ein Mädchen hat . . . ich befürchte, daß mit ihm etwas nicht in Ordnung ist."

„Ich glaube, eher das Gegenteil stimmt, mir schien es, als wäre mit ihm alles in Ordnung."

„Ich meine das anders. Du weißt genau, wie!"

Aber zwei Tage später war sie dann vor Freude ganz aus dem Häuschen.

„Papa kommt! Endlich kommt er! Ich habe vom Ministerium ein Telegramm bekommen, daß er zu einer Beratung heimkehrt und mir sagen läßt, daß er auf einen Sprung herkommen wird. Papa ist gut und klug. Er wird dich mögen . . ."

Aber mir wollte jener Besuch vor ein paar Tagen nicht aus dem Kopf. Ich wollte sie nicht unnütz beunruhigen, aber ich hatte kein gutes Gefühl.

„Die beiden sind nicht wieder hier gewesen?" fragte ich ganz beiläufig.

„Nein. Weiß der Teufel, was die wollten. Vielleicht waren es nur irgendwelche Gauner."

Gauner sicherlich. Supergauner. Nein, ich konnte meine böse Vorahnung nicht loswerden.

„Zerbrich dir darüber nicht den Kopf. Papa kommt, das ist jetzt die Hauptsache."

Ich erhob mich.

„Ich gehe noch auf einen Sprung ins Atlantic. Ich bin bald zurück."

„Nimm mich mit. Einmal will ich mir das ansehen. Nimm mich mit..."

Sie ließ sich nicht abwimmeln. Vergeblich erzählte ich ihr, was für ein Schweigen sie ausgelöst hatte, als sie damals in der Tür erschienen war. Ich wußte nicht, weshalb sie es so hartnäckig wünschte. Sicherlich, für sie war das eine Art Exotik. Für mich war es harte Wirklichkeit.

„Ich will überall mit dir sein. Wo du bist, dort will auch ich sein..."

Sie hatte es sich in den Kopf gesetzt, mitzukommen.

„Aber ich garantiere für nichts...", gab ich schließlich nach.

Das Atlantic war voll, wie immer. Am großen Sägemehlofen wärmten sich jene, für die es sonst keine Wärme gab. Niemand rief mir eine Begrüßung zu, wie sonst. Wir setzten uns neben Wlodek.

„Hast du noch immer kein Hemd, Wlodek?"

„Wozu brauche ich ein Hemd? Im Hemd hausen die Läuse, so friere ich sie aus."

Ich blickte mich um. Ich stieß auf feindliche Blicke. Auch Luise fühlte sich unbehaglich.

Sie neigte sich zu mir.

„Was soll ich tun? Er greift mir auf den Schenkel."

„Du wolltest herkommen, jetzt mußt du mitmachen."

Ich warf dem Polen einen strengen Blick zu. Er ließ von Luise ab.

Ich konnte mit Luise nicht gleich wieder gehen, wir mußten wenigstens das Gesicht wahren. Noch ein Glück, daß Mireille nicht da war, die wäre fähig gewesen, einen Skandal zu machen. Wir blieben eine halbe Stunde sitzen, die Stimmung war unterm Hund, und ich wußte weshalb.

Wir wollten gerade aufstehen, als die beiden eintraten. Sie versuchten ganz unauffällig zu tun, als wären sie nur auf ein Bier gekommen. Aber alle wußten sofort, was für welche das waren. Ich sah Luise fragend an. Sie gab mir mit den Augen ein Zeichen, nein, es sind nicht die beiden.

Sie traten an die Theke und unterhielten sich ein Weilchen mit dem Schankwirt. Alle, die am Pult standen, zogen sich aus ihrer Nähe zurück. Lojzík begann zu fiedeln, aber in der Spannung, die das Kommen der beiden Männer hervorgerufen hatte, klang es höchst kläglich. Und ich hatte das ungute Gefühl, daß sie meinetwegen da waren. Das stimmte auch. Der eine von ihnen löste sich von der Theke, ging zur Tür, und von dort aus zwinkerte er mir unauffällig, aber sehr bestimmt zu. Ich sah Heini an, der verdrehte die Augen, er wisse von nichts. Ich stand auf. Luise ergriff erschrocken meine Hand.

„Wo gehst du hin . . .?"

„Nichts, nur hinaus."

„Ich komme mit."

„Bleib ruhig sitzen. Ich bin gleich wieder da."

Ich ging in den dunklen Korridor hinaus. Dort war nur der Mann im Ledermantel. Ehe ich mich fassen konnte, stieß er mir den Lauf seiner Pistole in den Bauch.

„Dreh dich zur Wand und heb die Hände hoch . . ." Er tastete mich nach Waffen ab.

„Los. Und keine Dummheiten!"

Auf der Straße schob er mich ständig vorwärts, weiter, weiter, und keine Dummheiten, ich weiß durch den Rücken die Blase zu treffen, daran verreckt man elend, mach keine Dummheiten, benimm dich, wie es sich gehört.

Er zwang mich, den gewünschten Weg einzuschlagen. Er hätte sich die Mühe sparen können, ich wußte, wo die residierten. Ich hätte darauf gefaßt sein können, in letzter Zeit war ich unvorsichtig gewesen. Was mochten sie wissen? Jemand hatte sicherlich aus der Schule geplaudert. Für einen Augenblick kam mir der böse Gedanke, es könnte die Französin von Boris gewesen sein. Nun, einmal hatte es ja so enden müssen. Solange Charly hier war, waren wir sehr vorsichtig gewesen, aber dann hatte ich keine Lust mehr, vorsichtig zu sein. Jetzt war es passiert. Sie würden mich prügeln. Sie würden wissen wollen, woher ich den Tabak hatte. Sie würden eine Haussuchung machen. Ich würde ihnen nichts sagen. Kein Wort sollten sie aus mir herausbekommen. Aber — würden sie wirklich keines herausbekommen? Aus anderen hatten sie alles herausgekriegt...

Das ging mir gerade durch den Sinn, als hoch in den Lüften das Dröhnen einsetzte. Für einen Augenblick erfüllte mich eine wahnsinnige Hoffnung, doch sie erlosch gleich wieder. Sie flogen nach Berlin. Schon einige Male waren sie diesen Weg nach Berlin geflogen.

Das Dröhnen wurde stärker. Es mußten Hunderte sein. Die Sirenen begannen verspätet Alarm zu heulen. Der Gestapomann stieß einen Fluch aus, doch noch immer ermahnte er mich — keine Dummheiten, sonst schieß' ich dir die Blase kaputt.

Ich stand ganz dicht an einer Wand, mit dem Gesicht zur Mauer. Der Gestapomann befahl mir:

„Hände in den Nacken..."

Ich wandte ein wenig den Kopf, um zu sehen, was sich um mich tat. Aus der Höhe schwebte langsam ein riesengroßer

Himmelsluster auf die Stadt nieder. Die Straßen wurden in strahlendes Licht getaucht, heller als die Sonne. Die Verdunkelung hörte auf, irgendeinen Sinn zu haben; jene, die da anflogen, und nun war es wohl schon jedem klar, daß sie anflogen, würden jedes Fleckchen, jedes Haus, jeden Baum, jeden Pflasterstein sehen.

Nun kam das Dröhnen näher, es wurde stärker. Sie flogen nicht nach Berlin, sie kehrten zurück. Sie hatten die Luftabwehr der Stadt getäuscht. Und jetzt war es bereits für alles zu spät, vergeblich, verzweifelt und lang und ununterbrochen heulten die Sirenen Alarm, den sie vor einer kleinen Weile abgeblasen hatten. Aber hier hatten die Menschen Luftalarm nie ernst genommen. Auf diese Stadt waren noch niemals Bomben gefallen. Weshalb sollten ausgerechnet jetzt welche fallen?

Wieder kam diese wahnsinnige Hoffnung über mich. Ich stand da, die Stirn an der Kirchenmauer, die Hände im Nacken verschränkt; hinter mir beobachtete der Gestapomann jede meiner Bewegungen. Wenn er mit mir bis dorthin gelangte, wohin er mich bringen wollte, war das mein Ende, aber damit rechnete ich nun nicht mehr, während des Luftangriffes konnte so vieles geschehen. Die braven Jungen, sie kamen im rechten Augenblick herangeflogen, für mich war es der allerletzte Augenblick — aber was warteten sie noch, warum begannen sie nicht endlich? Wer sollte so eine Spannung aushalten? So werft doch, zerstört, brennt, vernichtet! Worauf wartet ihr denn?

Das Dröhnen war nun ganz, ganz nahe.

Der Totentanz begann.

Er begann schlagartig mit dem Jaulen Hunderter Bomben, die durch die Luft niedersausten. Wohl um den Effekt zu erhöhen, hatte man an ihnen Heulpropeller angebracht, gleich jenen, mit denen die Deutschen seinerzeit in den französischen Städten bei ihren Stukaangriffen Paniken hervorgerufen hatten.

Er begann mit dem Krachen der einstürzenden Gebäude, da, dort, überall.

Er begann damit, daß der Erdball aus seiner Achse gehoben wurde. Die Erde tat sich auf, bebte, stöhnte, zerriß, zitterte.

Hunderttausend Kehlen schrien gleichzeitig auf, in einem Augenblick, im letzten Beben des unvorstellbaren Grauens. Halbnackte Menschen sprangen aus allen Stockwerken auf das Pflaster. Riesengroße Himmelsvögel schwebten über die Stadt, ruhig, in geschlossenen Formationen. Von ihnen strömten feurige Bänder herab, zerbarsten an den Häusern zu Millionen Funken. Damals nannte man das noch nicht Napalm.

Das erste war das Dröhnen.

Das zweite war das Jaulen der Bomben.

Das dritte war die Himmelstrommel.

Das vierte war das Bersten.

Das fünfte war das Feuer.

Das Feuer war überall. Alles brannte.

Dann wurde die Stadt, die keine Stadt mehr war, in beißenden Rauch gehüllt.

Und irgendwo, ganz nahe, rauschte, plätscherte Wasser, das aus den zerfetzten Leitungen drang und die Straßen überflutete.

Der apokalyptische Trommler trommelte unaufhörlich, bumbum, bumbumbum, bumbumbumbum ... Ketten von Bombenteppichen fielen auf die Stadt. Hie und da dröhnte etwas stärker und übertönte alles. Das waren Lufttorpedos. Zehn Tonnen Trinitrotoluol.

Und dann wurde all das Rasen, Stöhnen, Heulen, Dröhnen, Brüllen, Brausen, Zischen, Rauschen von einem Schrei übertönt. Von einem menschlichen Schrei. Muuuteeer! Muuuteeer! Muuuteer!

Ich stand nicht mehr mit der Stirn an der Kirchenmauer. Und der Gestapomann war kein Gestapomann mehr. Er kniete auf dem Boden und murmelte etwas. Er betete. *Vater unser, der du bist*... Neben ihm auf dem Boden lag die Pistole. Es war so hell, daß ich erkennen konnte, daß es eine Mauser war.

Ein Stück Mauerverputz fiel mir auf den Kopf. Die Kirche bebte vor Entsetzen, gleich den Menschen. Und dann das neue Dröhnen einer neuen heranfliegenden Welle, die da näher und näher kam.

„Hier können wir nicht bleiben...", schrie ich dem Gestapomann zu. Er nahm nichts wahr. Er hörte nichts. Ich beutelte ihn.

„Hier können wir nicht bleiben!" schrie ich ihm ins Ohr. Er hörte zu beten auf, sah mich vorwurfsvoll an, er begriff nicht, was ich wollte, weshalb ich ihn störte. Dann dämmerte es ihm, aber er war kein Gestapomann mehr, er war überhaupt nichts mehr, er wollte nur noch beten.

„Hau ab...", sagte er mir, „los..."

Ich lief aus dem Schutz des Kirchenportals auf den hell erleuchteten Platz. Der Bombenteppich hatte das Steinpflaster böse zugerichtet. Ich wollte fliehen, aber in diesem Augenblick fiel mir etwas ein. Ich kehrte zurück. Der Gestapomann betete wieder. Neben ihm auf dem Boden lag die Pistole. Die Mauser. Ich hob sie auf. Entsicherte sie. Legte die Mündung an seinen Kopf. Drückte ab. In dieser Hölle, die wieder mit voller Stärke losgebrochen war, klang es nur wie ein schwaches Baff. Gehirn spritzte heraus. Er fiel mit ausgebreiteten Armen vornüber, schlug mit der Stirn auf den Boden. Er röchelte. Er war tot...

„Du hast ihn getötet?"
„Ich habe ihn getötet."
„Warum hast du das getan?"
„Er war von der Gestapo."
„Er hat dich laufenlassen. Er hat dir gesagt — hau ab."

„Er war ein Gestapomann."

„Er hat gebetet. Er hat gebetet, in dem Augenblick, da du ihn tötetest."

„Er hat gedroht, mir die Blase kaputtzuschießen. Ich habe ihn so getötet, daß er es gar nicht wußte."

„Feige. Von hinten. Durch Genickschuß. Das war Mord."

„Das war kein Mord. Er war von der Gestapo. Er war doch von der Gestapo, begreifst du? Ein Menschenjäger. Er wollte mich in irgendeine Nebenstraße führen und mir dort die Blase kaputtschießen. Ich spürte ihn die ganze Zeit hinter mir, wie er sich auf diesen Augenblick freute."

„Warum hast du das getan? Hattest du Angst, er würde bald wieder seiner Sinne mächtig sein, er würde sich an dich erinnern, er würde dich wieder suchen?"

„Nein. Der wäre hinter niemandem mehr hergewesen."

„Warum hast du das dann getan?"

„Ich weiß nicht. Irgendwie gehörte es zu dieser Nacht. Ich mußte es tun. Es war weder Absicht noch Wille, noch Überlegung, ich dachte dabei an überhaupt nichts. Es ist geschehen."

„Hat er dir später nie leidgetan?"

„Nein. Warum? Er war von der Gestapo. Er hat mir gedroht, daß er mir die Blase kaputtschießen wird."

„Mein Vater hat ein paar englische Flieger getötet, Gefangene. Man stellte ihn vor ein englisches Kriegstribunal und verurteilte ihn zum Tode durch den Strang. Aber du hast das gleiche getan. Du hast durch Genickschuß, von hinten, einen Feind getötet, der betete, der wehrlos war, hilflos. Aber das war natürlich kein Mord, das war, wie du behauptest und wie alle anderen wie du behaupten, fast eine Heldentat, nicht wahr? So eine, für die man ausgezeichnet wird, nicht?"

„Er war ein Gestapomann. Ja begreifst du denn nicht? Er war ein Gestapomann, das ist doch ein Unterschied."

„Es war Krieg. Und er hatte Gesetz und Ordnung zu

231

hüten. Gegen alle, die das Hinterland zersetzten, die die Kraft der Front schwächten, die Wehrfähigkeit der Nation, und du warst auch einer von diesen."

„Ich hatte niemals unter solchen Bedingungen leben wollen, unter denen ich hier lebte. Keiner von jenen Millionen Gefangenen, Eingekerkerten, aus ihrer Heimat, aus ihrem Land nach Deutschland Verschleppten, die aus ihren Gewohnheiten, aus ihrer Arbeit, aus ihren Hobbys, aus ihrem friedlichen Dasein gerissen wurden, wollte jemals in Deutschland leben, wollte von Deutschland etwas wissen. Uns hatte der deutsche Krieg dorthin verschleppt, und er, dieser Mann, war sein Hüter und Verwirklicher, er war sein Verteidiger, Inspirator, er war seine Ursache."

„Er hütete das Gesetz. Du warst nach diesem Gesetz ein Verbrecher. Er tat nur seine Pflicht."

„Du hast recht, Kleine. Er hütete das Gesetz. Das deutsche Gesetz. Aber das deutsche Gesetz war ein verbrecherisches Gesetz. Wer es unterstützte, wer es bestimmte, wer es, wie du das nennst, wahrte, war ein Verbrecher. Ich wollte niemals in meinem Leben irgendeinen Menschen töten, auch einen Deutschen nicht, auch keinen anderen. Er hatte wahrscheinlich das Verderben, den Tod, den schrecklichen Tod, zum Beispiel durch einen Schuß in die Blase, von vielen Menschen herbeigeführt. Und dann betete er..."

„Vielleicht hat er gerade in diesem Augenblick, da du ihm die Pistole an den Kopf setztest, um Vergebung gebetet, vielleicht hat er geflüstert, ich will nie wieder einem Menschen ein Leid antun, vielleicht erlebte er die große innere Wandlung, vielleicht erkannte er..."

„Wenn die Deutschen überhaupt etwas erkannten, so geschah das viel zu spät. Der Großteil von ihnen tat es erst nach der totalen Niederlage. Und du weißt selbst am besten, daß es solche gibt, die bis heute nichts erkannt haben. Wer weiß, ob er nicht heute Fabrikant von Kinderwagen oder Büstenhaltern wäre. Weißt du denn, von wem du deine

BH kaufst? Kannst du das wissen? Hättest du ein gutes Gefühl, wenn du erführest, daß dieser süße, herrliche Teil deines Körpers von einem zarten Produkt umspannt wird, das aus den Händen eines Mannes stammt, der Menschen die Blase kaputtgeschossen hat?"

Sie riß sich von mir los. Sie war ob dieser Vorstellung offenbar entsetzt.

„Hör auf ... hör endlich auf! Wozu bist du hergekommen? Um mich zu quälen?"

Ich stand auf. Tatsächlich, warum war ich überhaupt hergekommen? Wie war ich hierhergelangt? Sie hatte mich zu einem Kaffee eingeladen. Sie hatte mir gesagt — ich mag noch nicht schlafen, komm auf einen Kaffee zu mir ... es war nicht mehr Nacht, es war noch nicht Morgen, aber Nacht war es nicht mehr, und sie hatte keinen Kaffee mehr.

„Du bist ein Mörder! Du bist ein gewöhnlicher, gemeiner Mörder! Du unterscheidest dich in überhaupt nichts von jenen, über die zu urteilen du dir das Recht anmaßt. Überhaupt in nichts!"

Ja, es war Zeit zu gehen. Wozu diese ganze Nacht? Sie begriff ohnehin nichts, sie konnte nichts begreifen, sie war Deutsche. Wie hatte sich alles von dem Augenblick entfernt, da ich sie zum Abendessen einlud! Ich hätte mir ausrechnen können, daß das so oder so ähnlich enden würde. Aber ins Hotel zurück war es ein schönes Stück Weges.

Doch ich konnte nicht gehen. Es war unmöglich. Die Kleine weinte. Sie lag auf der Couch und weinte. Ich kehrte zu ihr zurück, setzte mich an den Rand der Couch, streichelte ihre Schulter. Weine nicht, Kleine, warum weinst du denn? Weine doch nicht ...

„Ich weiß, daß du recht hast ...", schluchzte sie, „ich weiß, daß du recht hast. Nicht nur mit dem Büstenhalter."

Auch sie hatte recht: So konnte man wirklich nicht leben. Wie oft in dieser Nacht und wie oft in ihrem Leben mochte sie sich schon eingeredet haben, daß alles anders werden müsse, für sie war es unbeschreiblich wichtig, daß alles anders werde, aber sie kam aus diesem Teufelskreis nicht heraus, bevor sie sich nicht die Wahrheit einzugestehen vermochte, die bittere, böse, aber reine Wahrheit. Das war der einzige Ausweg, das war der einzige Ausweg aus allem für alle.

„Er war von der Gestapo, Kleine . . .“

„Ich weiß . . .“, sagte sie flau, „ich weiß, . . . aber was soll ich tun? Was soll ich denn tun?“

„Eine Minute später stürzte die Kathedrale ein, Kleine. Das sage ich dir nicht, um mich zu rechtfertigen, da gibt es nichts, wofür ich mich rechtfertigen müßte. Ich handelte in Raserei, in Sinnesverwirrung, aber ich hätte es auch bei klarer Vernunft getan. Eine Minute später stürzte die Kirche ein, Kleine, sie hatte einen Volltreffer abbekommen, aber da lag ich bereits in dem Trichter, den eine Bombe in das Pflaster des Platzes gerissen hatte . . .“

Da lag ich bereits in dem tiefen Trichter, in einem von den fünf, die der Bombenteppich in den Platz geschlagen hatte. Das letzte, was ich sah, ehe ich hineinfiel, war der Kirchturm, der gerade in zwei Teile gespalten wurde. Ein Vorhang aus Staub und Rauch bedeckte den ganzen Platz, es brannte in den Augen, man vermochte nicht zu atmen, ich lag auf dem Grund des Trichters und wünschte mir sehnlichst, daß er tiefer sei, daß er schrecklich tief sei, aber selbst in der Panik und in meiner Angst vor dem grauenhaften Sterben, das da von den Metallvögeln gesät wurde, vermochte ich mich nicht von der Erinnerung an Charly frei zu machen; Charly hatte diese Kirche gehaßt, er hatte sie gehaßt wie sonst nichts in dieser Stadt, nie wollte ihm ihr Name einfallen, immer, wenn wir hier vorübergingen, machte er mich auf die Ungereimtheiten und Fehler ihrer Architektur aufmerksam, aber das war wohl nur deshalb, Kleine, weil Charly eifersüchtig war, diese Kirche machte den Schönheiten seines Prags Konkurrenz, seines erträumten, unwirklichen Prags, sie war alt, sie war grandios, sie war eines der wertvollsten gotischen Juwelen, und damals in diesem Trichter fiel mir ein, daß Charly hier neben mir liegen, hier zugrunde gehen hätte müssen; hier hätte sein Tod irgendeinen Sinn gehabt, hier hätte er in dieser Nacht umkommen müssen, hier, und nicht so sinnlos, so völlig sinnlos, so vergeblich, wie er dann gestorben ist. Nach dem Krieg habe ich ihn gesucht, Kleine, und jene herzensgute, alte Hausbesorgerin, jene ehrliche Seele, jene seine zweite Mutter gestand, als wir sie ins Gebet nahmen, wie alles gewesen war: sie hatte ihn angezeigt! Sie hatte ihn angezeigt, weil ihr seine Eltern vor dem Abtransport nach Theresienstadt ein paar Sachen anvertraut hatten, lächerlichen Krimskrams, Kleine, nicht etwa Juwelen, keinerlei Wertgegenstände, ein paar Kleidungsstücke, etwas Wäsche, ein paar alte Möbel, einen Haufen ausgetretener Schuhe, irgendwelche Teller, irgendwelche Vorhänge, und sie hatte sich an diese Dinge gewöhnt, ihr kamen sie wie ein unermeßlicher Reichtum vor, und als Charly auftauchte, begann sie zu befürchten, er würde es nach dem Krieg von ihr zurückverlangen, sie zeigte ihn an, und auch er starb in Theresienstadt, er starb sinnlos und dumm, an Typhus, vierzehn Tage nach dem Ende des großdeutschen Krieges . . .

„Was haben wir mit der Welt angestellt . . . was haben wir nur angestellt . . .“

„Das habt ihr mit der Welt angestellt, Kleine. Mit ganz Europa. Aber heute behaupten viele, daß diese Stadt hätte am Leben bleiben sollen, weil es unsinnig war, sie zu vernichten. Weshalb sollte ausgerechnet eine deutsche Stadt von den Bomben und vom Krieg unberührt bleiben? Lebten hier etwa andere Deutsche als anderswo? Vielleicht wurde sie tatsächlich deshalb zerstört, damit sie nicht unbeschädigt, intakt den Russen in die Hände falle, vielleicht stimmen alle Abhandlungen, die über diese Nacht geschrieben wurden, vielleicht hast auch du mit Nagasaki recht, aber es ist nicht allein Sache der Deutschen, sich über ihr Los zu empören, die Deutschen haben kein Recht, den anderen etwas, irgend etwas vorzuhalten ..."

„Doch! Sie haben es! Die Deutschen haben ein Recht! Die Deutschen haben das Recht, der ganzen Welt vorzuhalten, daß sie nicht rechtzeitig eingeschritten ist, daß sie diese Bestie nicht erdrosselt hat, die uns zu diesem Ende führte. Man ließ Hitler im Rheinland einmarschieren, man gab ihm die Saar, man ließ ihn aufrüsten, überall wich man vor seinen Forderungen zurück, sie rührten keinen Finger zur Rettung der Tschechoslowakei, und auch diese selbst rührte keinen Finger zu ihrer eigenen Rettung, man ließ ihn in ganz Europa wüten. Freilich, damals war es bereits zu spät, aber eher, bevor er gerüstet hatte, da hätte ein tüchtiger Tritt genügt, und es wäre um die ganze Herrlichkeit geschehen gewesen. Warum hat das niemand getan? Warum hat man das zugelassen? Warum hat man ihn sogar noch unterstützt? Weshalb ist man Schritt um Schritt vor ihm zurückgewichen?

„Dafür haben wir alle zahlen müssen, Kleine, alle, die da versagt hatten. Ganz Europa hat für seine Unentschlossenheit, für seine Kurzsichtigkeit, für seine Illusionen, seine schmutzige Politik gebüßt. Aber das befreit die Deutschen doch nicht von der Verantwortung für alles, was sie getan haben. Du kannst nicht dem Opfer eines Mörders vorwerfen, daß es sich töten ließ. Und noch viel weniger kannst du ihm vorhalten, daß es sich zur Wehr setzte und daß es, wenn es das vermag, den Mörder unschädlich machte. Die Wahl der Mittel ist dabei nicht wesentlich. Nachdem Hitler im Reichstag gebrüllt hatte, er wolle die englischen Städte ausradieren, konnten die Alliierten nicht mit Flugblättern gegen ihn kämpfen."

„Diese Stadt hier haben sie vernichtet, als der Krieg praktisch bereits entschieden war."

„Für die Deutschen war er offenbar noch nicht entschieden. Sie kämpften weiter, sie kämpften bis zum Ende. Es kommt nicht darauf an, was sie zu jenem Zeitpunkt, als diese Stadt starb, vom ganzen Krieg hielten. Es kommt einzig und allein darauf an, daß sie kämpften. Wenn sie das gleiche dachten wie das, was du gerade ausgesprochen hast: desto schlimmer, daß sie kämpften!"

„Blieb ihnen denn eine andere Wahl?"

„Ja. Es blieb ihnen eine andere. Sie konnten die Waffen gegen ihre eigenen Antreiber richten. Während des ganzen Krieges haben das lediglich ein paar naive Generale versucht, und das zu einem Zeitpunkt, da es schon zu spät war, und sie taten es ganz und gar nicht deshalb, weil sie mit dem Krieg nicht einverstanden gewesen wären. Sie führten ihn doch, sie machten mit. Solange sie siegten, war Hitler für sie ein Genie. Sie ließen sich von ihm dekorieren, ließen sich zu Feldmarschällen machen, sie meldeten ihm, ihrem Oberbefehlshaber, ihre herrlichen Siege, sie intrigierten um seine Gunst. Als sich das Blatt dann wendete, wollten sie sich ihrer Mitschuld entledigen. An den Siegen wollten sie ihren Löwenanteil haben, für die Niederlagen machten sie Hitler verantwortlich."

„Waren alle so?"

„Nein, alle nicht. Aber wer weiß das wirklich? Jedenfalls, naiv waren sie alle. Einst hätten sie den Krieg vereiteln können, aber Generale sind nicht die geeignetsten Personen, um einen Krieg zu vereiteln. Ein General ohne Krieg ist eine bedeutungslose Figur. Aber neunzehnhundertvierundvierzig konnte man den Krieg nicht mehr verhindern, da neigte er sich bereits seinem Ende zu. Sie wollten nur seine unabwendbaren Folgen vereiteln. Die totale Niederlage. Gut, damals war es Zeit, damals ging das, Millionen Menschen hätten leben können. Aber für die Deutschen war es doch eine Gelegenheit. Die letzte. Und kein einziges Regiment meuterte. Alles wurde vertan. Und damals stand noch kein einziger alliierter Soldat auf deutschem Boden."

„Sind wir wirklich so? Warum?"

„Ich möchte nicht behaupten, daß ihr so seid. Aus alldem kann man nicht Schlüsse auf so etwas wie den unwandelbaren Charakter einer Nation, einer Gesellschaft ziehen. Ich glaube nicht, daß der sagenhafte deutsche Militarismus so etwas wie ein ewiger Fluch ist. Das allerdings geht schon dich und deine Generation an, Kleine. Ihr habt die Möglichkeit, auch weiterhin so zu sein, oder nicht so zu sein. Und vielleicht waren selbst die von ehedem nicht so. Vielleicht fühlten sie sich schon viel zuviel an allem schuldig, was geschehen war. Vielleicht glaubten sie tatsächlich der Propaganda, sie würden alle vergewaltigt, abgeschlachtet werden. Sie hatten vergewaltigt, sie hatten abgeschlachtet. Hätten sie nun etwa glauben sollen, daß man mit ihnen, wenn sie einmal besiegt waren, anders verfahren würde?"

„Ja, aber . . . wurde mit ihnen denn anders verfahren?"

„Aber selbstverständlich! Anders, ganz anders, Kleine. Wenn man sich allein an die deutschen Prinzipien gehalten hätte, wenn die Sieger genau nach den Grundsätzen gehandelt hätten, die Hitler verkündet hatte, wenn sie nach dem Grundsatz gehandelt hätten: Aug um Auge, Zahn um Zahn, dann gäbe es heute kein Deutschland mehr, Kleine. Weder ein Ostdeutschland noch ein Westdeutschland. Die Alliierten haben nicht den Grundsatz verkündet: Für jeden Ermordeten ein Deutscher; damit meine ich nicht die Opfer der eigentlichen Kämpfe an den Fronten, Kleine, damit meine ich die tatsächlich Ermordeten, die Menschen, die industriell und planmäßig vertilgt wurden, ich denke an sechs Millionen Juden, die mit Deutschland nicht im Kriegszustand waren, an die Millionen Polen, Serben, Ukrainer, Weißrussen, Tschechen, Griechen und nicht zuletzt Franzosen, Holländer, Belgier, Norweger, die sie wie Ungeziefer vertilgten, aus rassischen, nationalistischen, politischen Gründen. Wenn die Alliierten gesagt hätten: Kopf um Kopf — dann gäbe es heute wohl nur halb so viele Deutsche."

„Und damit wäre das Problem wohl gelöst, nicht?"

„Das Problem besteht, man hat mit den Deutschen nicht so verfahren, und das ist eine Tatsache, Kleine, über die du sehr gründlich nachdenken solltest. Aber du kriegst ja einen hysterischen Anfall, wenn du vom Tod irgendeines Gestapomannes erfährst. Du nennst das Mord, weil es dir ins Konzept paßt, weil du den Gedanken nicht erträgst, daß nur die Deutschen gemordet haben und daß alles, was die anderen getan haben, einzig und allein ein Akt der Selbstverteidigung war. Wäre dieser Luftangriff nicht gewesen, ich hätte eine Weile später unter schrecklichen Schmerzen mit kaputtgeschossener Blase sterben können. Und dieser Gestapomann würde heute für dich BH herstellen, ohne Rücksicht darauf, wie der Krieg geendet hat.

Aber wie käme ich dazu, Kleine, in deutscher Erde zu verfaulen, wohin mich der deutsche Krieg verschleppt hatte? Wie kommen jene Hunderttausende, Millionen Erschlagenen, Ermordeten dazu? Was für Werte stellst du da einander gegenüber?"

Zum Teufel, mir gelang überhaupt nichts. Ich hätte ihr das alles so gern ganz anders erklärt, aber ich konnte nicht die richtigen Worte finden. Es war ja doch ein Unterschied, ob man über diese Fragen historisch nachdachte, abstrakt nachdachte, oder ob man mit einer jungen Deutschen darüber diskutierte, die nach dem Krieg zur Welt gekommen war und die einem dann plötzlich sagt — mein Vater war Kriegsverbrecher, die Engländer haben ihn gehenkt. Ihr Vater? Um den ging es nicht. Aber da war sie, sie wollte leben, und es war schwer für sie, so zu leben, und auch in Zukunft würde es schwer für sie sein, mit dieser Bürde zu leben.

„Vielleicht, Kleine, wäre alles ganz anders, wenn man hier

bei euch nicht alle Begriffe krummgebogen hätte, wenn man sich nicht aus alibistischen Gründen einen ganzen Berg von Legenden und Halbwahrheiten ausgedacht hätte. Bei euch bestreitet man ja bereits wieder die alleinige Schuld Deutschlands am Kriegsausbruch. Und schon wieder denkt man an neue ‚Korridore‘, schon wieder ärgert man sich über die festgesetzte Grenze, schon wieder schielen sie nach dem Osten. Aber der Osten, das sind wir, Kleine. Sollen wir vielleicht in Zukunft wieder darauf warten, bis sie gnädigst zu uns kommen, um uns die Kehle zu durchschneiden?"

„Das will niemand."

„Ach, es gibt welche, die das sehr gerne möchten. Wenn sie könnten. Und die alles tun, um es abermals zu können. Auch mein Gestapomann würde unter ihnen sein. Zum Teufel, wer hätte die Welt von solchen Plagen befreien sollen, wenn es die Deutschen nicht selbst zu tun vermochten?"

„Zu diesen Plagen zählst du auch meinen Vater, nicht wahr?"

„Zu diesen Plagen, Kleine, zähle ich auch deinen Vater. Es gibt keinerlei Grund, ausgerechnet bei ihm nach einer Rechtfertigung zu suchen, bei ihm eine Ausnahme zu machen."

„Ich danke dir, das war wenigstens aufrichtig."

„Wolltest du denn etwas anderes von mir hören, Kleine? Hätte ich dich bemitleiden sollen, hätte ich dir einreden sollen — das ist schrecklich, was dir diese böse Welt angetan hat, aber mach dir nichts draus, es gibt Augenblicke, in denen man alles vergessen kann, und so einen Augenblick biete ich dir gerade an — wolltest du etwa das?"

„Du hast es nur deshalb nicht getan, weil ich für dich abstoßend bin. Du würdest nie mit einer Deutschen schlafen, und schon gar nicht mit einer, die für ihr ganzes Leben gezeichnet ist, gleich mir."

„Das sind deine eigenen Worte. Du hast wohl gemeint, mir weiß Gott was zu sagen."

„Ich kann nichts dafür, ich muß es jedem sagen. Ich kann das nicht bei mir behalten. Wie könnte ich?"

„Viele deinesgleichen stört das überhaupt nicht."

„Mich stört es. Und es sollte auch andere stören. Vielleicht ... vielleicht wäre das doch irgendein Ausweg aus diesem Chaos, auch für mich."

„Nicht vielleicht, Kleine. Sicherlich. Zumindest hättest du nicht den Kopf voll ungeheuerlicher Theorien, die dir die neuen Propheten hineingesetzt haben. Ja siehst du denn nicht, daß ihr nur die eine einzige Möglichkeit habt, aus dem Geschehenen die Konsequenzen zu ziehen? Und nicht immer wieder auf jenen Dingen herumzureiten, die keine Parallele zwischen dem Untergang dieser Stadt und dem, was ihr getan habt, darstellen?"

„Dir war das schon damals klar, nicht wahr? In jener Nacht?"

„In jener Nacht war mir gar nichts klar, Kleine. In jener Nacht war alles mögliche andere klar, aber in den Köpfen war es nicht klar. Es war die Nacht des Wahnsinns. Alle waren wahnsinnig geworden, die oben wie die unten. Katastrophen sind stets faszinierend, Kleine. Der Mensch durchlebt und erfaßt sie irgendwie außerhalb des übrigen Lebens."

Von jener Nacht sind mir nur kleine Bruchstücke im Gedächtnis zurückgeblieben, nichts Ganzes, kein zusammenhängendes Bild. Die Welle der Vernichtung jagte über die Stadt dahin, und ich wagte, den Kopf aus meinem Bombentrichter zu stecken. Irgendein nackter Italiener tanzte auf dem Hauptplatz herum, er hüpfte, schrie und sang etwas, eine neue Welle kam, die Bomben fielen hier, dort, überall, und er tanzte auf dem Platz, und mich fesselte das so, daß ich mich um nichts anderes scherte. Der Italiener verwandelte sich in einen Feuerkegel, explodierte, erst viel später dämmerte es mir, daß nicht er explodiert war, sondern die

241

Bombe, die auf ihn fiel. Man kann es nicht so genau sagen, Kleine, aber vielleicht fiel ihm diese Bombe genau auf den Schädel und explodierte darin. Möglich ist das, Kleine, möglich war in jener Nacht alles.

Als mir bewußt wurde, wie er dort getanzt und gesungen hatte und wie es ihn plötzlich nicht mehr gab, packte mich eine Höllenangst, eine Panik, stärker als der Verstand, als alles andere, ich sprang aus dem Trichter, fort, fort, fort von hier, wo nicht nur Bomben, sondern sogar nackte tanzende Italiener explodieren! Aber einen Ausweg gab es nicht, der Platz war nach wie vor da, wenn auch durchlöchert, aber es war der Platz des Feuergottes; Gassen, Wohnblocks, Ruinen, alles brannte mit heller Flamme, Holz brannte, und Eisen brannte, es brannte der Asphalt, und es brannten die Steine und die Ziegel, und das Wasser brannte, alles brannte, und ich fand nicht die kleinste Lücke, durch die ich aus diesem Feuerkreis, aus dieser Umzingelung hätte fliehen können, ich rannte um den Platz herum, nun war es kein Platz mehr, es war eine Insel inmitten glühender Lava, so jäh, binnen weniger Minuten hatte die Stadt aufgehört, eine Stadt zu sein, hatte aufgehört, zu stehen und zu atmen und zu leben. Bei einem Trichter stolperte ich fast über einen Menschen, der einen weißen Stock in der Hand hatte und neben sich einen fast tollwütig gewordenen Wolfshund, der Wolfshund heulte, und der Blinde heulte mit ihm, wuiwuiwuiwui... und ich weiß nicht, weshalb mir gerade in diesem Augenblick Luise in den Sinn kam.

Luise! Luise! Meine geliebte Luise!

Ich mußte zu ihr, ich mußte Luise vor dem Feuer retten, sie durfte nicht in dieser glühenden Lava eingeschmolzen werden!

Wieder lief ich um den Platz herum, und wieder trieb mich diese unerträgliche Glut in die Mitte des Platzes, es war unmöglich, sich dem Feuer zu nähern, alles war unmöglich, nur in einem Trichter liegen konnte man oder um die

Feuerumklammerung herumrennen wie ein Skorpion, wenn man um ihn einen Ring trockenen Grases anzündet.

Auch ich schrie in das Feuer — Luise, Luise, Luise... vielleicht hörte sie mich, vielleicht trat sie aus diesen Flammen, unversehrt, gesund und sagte — hier bin ich, hier bin ich, Liebster, fürchte dich nicht, ich bin die Königin des Feuers, und dir wird nichts zustoßen, denn ich liebe dich, aber du darfst mich nie wieder verlassen, nie mehr allein lassen, denn sehr bald werden böse Soldaten kommen...

Rund um mich, in mir brodelte die Suppe, der Brei des Krieges.

Die Zeit blieb stehen.

Und es war still.

Um mich herum zischte, brüllte, stürzte, trommelte alles, aber es war still. Es war eine totale, absolute Stille, denn über den Köpfen dröhnten nicht mehr die metallenen Engel der Vernichtung. Sie waren fort.

Ich bemerkte, daß ich eine Pistole in der Hand hielt. Ich wußte nicht, wo ich sie herhatte.

Ich steckte sie in die Tasche. Sprang heraus.

Ich war nicht mehr allein auf dem Platz. Von irgendwo krochen Menschen hervor, menschliche Schemen, menschliche Schatten, Menschenreste.

Sie hatten überlebt. Sie wußten bereits, daß sie überlebt hatten. Schon sahen sie sich um. Bettzeug. Schmuck. Hunger. Durst. Hab und Gut. Die Briefmarkensammlung...

In dieser Nacht krochen die Diebe hervor und stahlen sich in die Ruinen. Ohne Risiko.

In dieser Nacht gab es keinen Schmerz. Keinen Willen. Keine Hilfe. Es gab nichts.

Ich stieß auf eine Frau. Sie hielt mir das Bein eines toten Kindes entgegen. Sie sagte nichts, sie bot es mir nur an — Da. Nimm...

Ich nahm ihr das Bein aus der Hand. Ich betrachtete es. Das kleine Kinderbein. Ich begriff nicht, was das war, wo es herkam, warum nur ein Bein, warum gerade ein Bein.

Und dann lief ich Amok. In dieser Glut mußte mein Hirn geschmolzen sein. Mehr weiß ich nicht mehr.

Ich weiß nur, daß ich schließlich auf irgendeinem Damm lag. Im Schnee. Mein Körper brannte, mein Schädel drohte zu zerspringen, die Augen wollten aus den Höhlen treten. Es war schon Tag. Wohl Vormittag.

Ich erhob mich mühsam. Fern, sehr fern ragte etwas Schwarzes in den Himmel empor. Schwarzer Rauch. Wo Rauch ist, ist auch Feuer, wo Feuer ist, ist es warm. Ich machte mich auf den Weg, dem Feuer entgegen, der Wärme entgegen.

Hie und da begegnete ich Menschen. Einzelnen oder Gruppen. Ich wunderte mich, wohin die gingen. In den Frost, in die Kälte, da doch dort, wo diese große, schwarze Rauchwand in den Himmel ragte, Wärme war! Ich sah unterwegs viele Menschen, aber alle gingen in der entgegengesetzten Richtung. Ich ging lange. Die Nacht brach herein. Aber ich konnte mich nicht verirren: dort, wo bei Tag die schwarze Rauchwolke gewesen war, leuchtete es rot in die Nacht. Die Stadt brannte immer noch. Dann erreichte ich den Stadtrand. Ein Gartenviertel. Alle Häuser standen. Alle Häuser, alle Bäume, alle Zäune. In mir dämmerte eine große, absurde Hoffnung, das alles sei nicht wahr, alles sei nur ein Traum gewesen. Luise ist zu Hause, Luise erwartet mich ...

Ich beschleunigte meinen Schritt. Ich gelangte zum Fluß. Gegen den brennenden Himmel hoben sich die Stümpfe der Brücke ab. Auf der anderen Seite, jenseits des Flusses, mußten die Bomben eine große Verheerung angerichtet haben. Hier überhaupt nicht. Luise ist zu Hause, Luise lebt, Luise erwartet mich ...

Ich schloß das Gartentor auf. Wie immer. Ich schloß die Haustür auf. Wie immer. Ich drehte den Lichtschalter um. Nichts. Ich tastete in die Tasche, holte Zündhölzer hervor, strich eines an, fand eine Kerze. In jedem deutschen Haushalt standen damals Kerzen bereit. Ich ging durch das ganze Haus, ich rief, ich schrie — Luise! Luise!

Sie war nicht zu Hause. Sie erwartete mich nicht. Es war nicht nur ein böser Traum gewesen.

Ich ging durch die Wohnung, die Kerze in der Hand.

Luise war nicht da. Luise gab es nicht mehr. Ein schrecklicher Schmerz packte mich. Ich habe nie geglaubt, daß einem das Herz so weh tun kann. Es tat weh, mit einem langgezogenen, unaufhörlichen, stumpfen Schmerz. Luise ist nicht hier, Luise erwartet mich nicht. Luise lebt nicht mehr, meine Luise, meine Liebe, sie lebt nicht mehr, kommt nicht mehr. Es gibt sie nicht mehr, sie kommt nicht mehr, jetzt, da ich wußte, daß sie mir stets alles bedeutet hatte, was ich auf dieser Welt besaß.

Sie war Deutsche.

Was tat es, daß sie Deutsche war? Sie lebte nicht mehr ... die Deutsche lebte nicht mehr, die Luise geheißen hatte, die ich geliebt hatte.

Vergib mir, Luise! Vergib, Luise! Wie soll ich weiterleben? Wie kann ich weiterleben ohne dich?

„Hast du sie geliebt?"

„Ja, ich habe sie geliebt."

„Und du hast ihr das nie gesagt?"

„Nein, ich habe es ihr nie gesagt."

„Warum hast du es ihr nicht gesagt?"

„Ich weiß nicht. Ich dachte, es gehöre sich irgendwie nicht. Ich hatte das Gefühl, daß sehr viel zwischen uns stand."

„Weil sie Deutsche war?"

„Ja, deshalb."

„Eine Frau will wissen, daß sie der Mann liebt, den sie selbst liebt."

„Luise hat gewußt, daß ich sie liebe."

„Eine Frau will das hören. Immer wieder, immer aufs neue. Ständig. Eine Frau muß das von ihrem Geliebten hören, um ganz glücklich zu sein."

„Damals war Krieg. Damals hatten Worte kein sehr großes Gewicht."

„Aber in jener Nacht, in jener zweiten Nacht, als du mit der Kerze durchs Haus gingst und riefst — Luise, meine Luise, meine Geliebte ... damals war etwa nicht Krieg?"

„Doch, Kleine, aber sie war tot, alles war so plötzlich, so unerwartet gekommen ..."

„Heute weißt du, daß sie da noch gar nicht tot war."

„Damals war ich überzeugt, daß sie im Atlantic umgekommen war."

„Alle die im Atlantic waren, sind umgekommen?"

„Alle sind umgekommen, Kleine. Es gab kein Entrinnen."

„Dir hat eigentlich der Gestapomann, den du erschossen hast, das Leben gerettet."

„Das ist sehr wahrscheinlich."

„Nein, das steht fest."

„Du hast recht, es steht fest."

„Später, ich meine nicht in jener Nacht, sondern viel später, als du wieder sehr am Leben hingst, hast du da manchmal in Dankbarkeit an ihn gedacht? Weil er dir doch das Leben gerettet hat?"

„Er wollte mir die Blase kaputtschießen. Nicht er hat mir das Leben gerettet. Die Umstände haben mir das Leben gerettet."

„Die Kriegsumstände, nicht?"

„Die Kriegsumstände. Der Luftangriff."

„Der Angriff, bei dem unzählige Menschen umgekommen sind, hat dir das Leben gerettet."

„Das ist nichts als Zufall, Kleine."

„Aber damals hast du angenommen, daß sie bei dem Angriff umgekommen ist."

246

„Ich konnte nichts anderes annehmen. Alles sprach doch dafür."

„Der Angriff hat dir also nicht nur das Leben gerettet. Er hat dir auch verschiedene Komplikationen erspart. Zum Beispiel — mit der Deutschen? Stimmt das nicht?"

„Du bist dumm, Kleine. So habe ich niemals darüber nachgedacht."

„Vielleicht. Vielleicht hast du das nicht. Aber wenn sie am Leben geblieben wäre, wäre unbedingt ein Zeitpunkt gekommen, da du darüber hättest nachdenken müssen."

„Luise hat mich nie nach diesen Dingen gefragt."

„Vielleicht hat sie gefragt, aber du wolltest es nicht verstehen. Vielleicht fragte sie immer danach, wenn sie darüber sprach, daß böse, rohe Soldaten kommen würden. Vielleicht wollte sie von dir hören — fürchte dich nicht, ich bin bei dir, ich verlasse dich nicht. Hast du ihr das jemals gesagt?"

„Nein. Das alles war noch viel zu fern."

„Aber sie hätte nicht umkommen müssen, sie hätte es überleben können wie du. Auch sie hätte durch den Luftangriff gerettet werden können, heute weißt du, daß sie, als die Bomben fielen, nicht mehr im Atlantic war. Der zweite Gestapomann hat sie abgeführt. Er hätte umkommen und sie hätte es überleben können und du hättest sie finden können, als du in die Villa kamst, du bist doch hingegangen, um sie zu suchen, nicht? Was hättest du getan, wenn du sie dort gefunden hättest?"

„Es ist schwer und sinnlos, über etwas nachzudenken, was nicht geschehen ist. Ich weiß nicht, was ich getan hätte."

„Hättest du sie ... hättest du sie mit nach Hause genommen, hättest du sie mit deinen Freunden bekanntgemacht, hättest du ihnen gesagt, das hier ist Luise, eine Deutsche, ich liebe sie, sie ist meine Frau? Hättest du das getan?"

„Das wäre nicht gut gewesen, Kleine."

„Wärst du hiergeblieben? In Deutschland? Mit ihr?"

„Ich weiß nicht, aber wahrscheinlich nicht."

„Aber solange sie lebte, warst du mit ihr glücklich, nicht wahr?"

„Ich war glücklich mit ihr, Kleine."

„Warst du noch jemals nachher mit irgendeiner anderen Frau so glücklich? So sehr, so ganz vorbehaltlos?"

„Nein, Kleine."

„Warum?"

„Vielleicht nur deshalb, weil ich so einer Frau nie wieder begegnet bin."

„Heute würde es dich nicht mehr stören, daß sie Deutsche ist?"

„Ich glaube nein. Ich weiß es nicht. Aber ich glaube nein."

„Du weißt es nicht? Du weißt es sehr genau. Es war Sonntag, und du hast dich gelangweilt, und in der Rezeption saß ein hübsches, junges Mädchen, eine Deutsche, das einzige weibliche Wesen weit und breit, und du hast sie zum Abendbrot eingeladen. Hast du sie etwa deshalb zum Abendbrot eingeladen, um die ganze Nacht mit ihr über den Krieg zu diskutieren?"

„Sie hatte einladende, kühle, feuchte Lippen, sie schmeckten wie Himbeeren. Sie hat mir gesagt — küß mich. Und dann schrie sie plötzlich, daß ich eine Unreine berührt habe, daß sie die Tochter eines gehenkten Kriegsverbrechers ist."

„Da hast du nur Pech gehabt. Du hättest auch auf eine stoßen können, deren Vater als Kriegsverbrecher nur zu zwanzig Jahren verurteilt worden ist. Heute wäre er bereits wieder ein angesehener Bürger. Du hast schlecht gewählt."

„Und du, Kleine, auch du hast nicht gerade gut gewählt."

„Ach, ich habe recht gut gewählt."

Sie hatte eine sonderbare Eigenschaft, die Kleine, sie wußte zu empören, aufzubringen, zu verletzen, sie wollte stets an die Wurzel aller Dinge vordringen, manchmal konnte man dabei wirklich aus der Haut fahren. Wieder, schon zum x-ten Male, packte mich die Wut auf sie, auf diese ganze sinnlose Nacht.

„Meinst du wirklich?" fragte ich spöttisch.

„Ja, das meine ich wirklich. Ich hätte gar keine bessere Wahl treffen können."

„Du hättest etwas viel Besseres wählen können. Du hättest dir für diese Nacht, sagen wir für so eine Nacht, einen englischen Flieger aussuchen können. Einen von jenen, die nach zwanzig Jahren herkommen, um zu sehen, wie die Stadt aussieht, die sie pulverisiert haben."

So, Kleine. Du denkst wohl, ich weiß keine aufsässigen Fragen zu stellen? Jetzt bist du zusammengezuckt, jetzt reißt du die Augen auf.

„Oder...", fuhr ich fort, „einen von jenen Fliegern, die im deutschen Kriegsgefangenenlager in der Nähe von Hamburg gewesen sind."

Jetzt mache ich dich fertig. Jetzt zahle ich dir alles heim. Jetzt sollst du sehen, ob du nicht doch besser hättest wählen können.

„Er hätte dich zum Abendessen eingeladen. Du hättest ihm deine Lippen geboten. Er hätte dich geküßt. Du hättest ihm ins Gesicht geschrien — ich bin die Tochter eines Kriegsverbrechers, den die Engländer hingerichtet haben, weil er gefangene Flieger mißhandelt hat. Er hätte dir gesagt — na und, Kleine, darum können wir beide doch ruhig miteinander ins Bett gehen."

„Hör auf!"

„Jetzt höre ich nicht auf, Kleine. Oder du hättest ihm nichts gesagt. Ihr wärt miteinander gegangen, sagen wir hierher, oder zu ihm ins Hotel. Ihr hättet Liebe gemacht, und zwischendurch hättest du ihn, wie man das so tut, gefragt — bist du zum erstenmal in Deutschland? Und er hätte dir geantwortet — nein, ich war schon einmal in Deutschland, im Krieg, ich wurde über Hamburg abgeschossen, in jener Nacht, als wir den Großangriff gegen die Stadt flogen. Ich kam dann in ein Kriegsgefangenenlager, dort war ein schrecklicher Kommandant, er hat uns gequält, geschlagen, er hetzte Hunde auf uns, ließ uns an den Händen aufhängen, tötete uns durch Genickschuß."

„Hör auf, bitte, hör auf . . .", stöhnte sie.

„Nach dem Krieg wurde er zum Tode verurteilt, durch unser Kriegstribunal, ich war Kronzeuge, du hättest ihn sehen sollen, wie er vor Gericht stand, wie klein er war, wie er um sein Leben zitterte, wie er herumredete, er erinnere sich an nichts, wie er die Schuld auf seine Vorgesetzten schob, wieso denn er, er habe doch nur Befehle ausgeführt . . . Ich habe sie geliebt, Kleine. Es war Krieg, sie war Deutsche, mit einer Deutschen schlafen war das übliche, daran war nichts Absonderliches, aber der Weg zu der Erkenntnis, daß ich sie, die Deutsche, liebe, daß ich ohne sie nicht leben kann, war lang und verworren. Erst damals, als sie nicht mehr da war, als ich große Angst bekam, ich würde sie nie mehr sehen, da wurde mir bewußt, daß ich ohne sie nicht leben kann. Das ist lange her, Kleine. Mit welchem Recht wühlst du in diesen Wunden herum? Warum läßt du mich nicht in Ruhe? Du kommst mit dir selbst nicht zurecht, aber andere läßt du nicht in Ruhe!"

Ich war zornig, verbittert, ich konnte mich nicht mehr beherrschen, es mußte heraus, alles, jetzt, lange hatte ich das aufgeschoben, in mir erstickt, viel zu lange hatte ich Angst gehabt, an diese Dinge zu rühren. Ich konnte keine Rücksicht mehr auf sie nehmen, sie selbst hatte es so gewollt.

In jener Nacht und in den darauffolgenden Tagen, Kleine, sind nicht nur vierzigtausend oder hunderttausend oder zweihunderttausend Menschen umgekommen, und nicht alle kamen bei den Luftangriffen und danach um . . . ich hatte den Gestapomann getötet, Kleine. Ich hatte ihm die Waffe abgenommen, ich trug sie in der Tasche. Ich trug sie auch noch in der Tasche, als ich nach Mitternacht das Haus verließ, in dem es Luise nicht mehr gab . . .

Ich verließ das Haus irgendwann nach Mitternacht. Ich vermochte nicht zu bleiben. Ich verschloß die Tür nicht hinter mir. Wozu? Als ich auf die Straße trat, warnte mich irgend etwas, wohl mein Instinkt, ich spürte, daß ich nicht allein war. Ich sah niemanden, aber ich fühlte, daß da etwas nicht stimmte.

So war es dann auch.

Hinter mir vernahm ich eine Stimme:

„Halt, Hände hoch . . .“

Ich blieb stehen. Drehte mich um. Ich sah die unklaren Umrisse eines Polizisten, der an einem Baum lehnte.

Ich hob die Arme. Der Polizist leuchtete mich mit seiner blauen Taschenlampe an.

„Was hast du in dem Haus da gemacht?“

„Seit wann sagen wir uns du, Schupo?“

Das brachte ihn für ein Weilchen aus dem Konzept.

„Was haben Sie hier zu suchen?“

„Nichts, außer daß ich in diesem Haus wohne.“

„Können Sie das beweisen?“

„Ja. Ich habe die Schlüssel.“

„Die Schlüssel kann heutzutage ein jeder haben, von überallher. Papiere! Ausweis . . .“

„Ich habe keine Papiere. Ich habe sie beim Bombenangriff verloren.“

„So? Verloren hast du sie?“

Nun sagte er wieder du zu mir.

„Rühr dich nicht von der Stelle, keine Bewegung . . .“

Ich mußte es tun. Ich mußte es riskieren, es wäre doch wirklich zu dumm gewesen, wenn sie mich so erwischt hätten. Ich sprang zur Seite, zog die Pistole aus der Tasche, ehe er sich noch besinnen konnte, stieß sie ihm in den Bauch, mit voller Kraft. Er stöhnte auf.

„Wirf deine Waffe weg. Laß sie auf den Boden fallen!“ befahl ich ihm. Ich hörte, wie etwas leise zu Boden fiel.

„Dreh dich um!“

Gehorsam drehte er sich um.

„Hände in den Nacken!"

Ich tastete seine Taschen, seinen Körper ab. Eine andere Waffe hatte er nicht.

„So. Vorwärts. Los! Und keine Dummheiten, Schupo! Keine Dummheiten, sonst schieße ich dir die Blase kaputt!"

Ich führte ihn zum Fluß. Ich trieb ihn an, ich drückte ihm die Pistole in den Rücken.

„Los, los, Schupo! Und keine Dummheiten! Dalli, dalli . . ."

Ich trieb ihn zum Fluß. Ich hörte, wie er schwer schnaufte. Er hatte Angst. Ich mußte ihn irgendwie loswerden. Wie? Beim Fluß fiel es mir ein.

„Nimm deine Signalpfeife aus der Tasche, Schupo, aber keine Dummheiten!"

Er zog die Pfeife heraus.

„Gib sie mir. Und jetzt zieh die Stiefel aus. 'runter mit ihnen. Dalli!"

Er mußte tierische Angst haben, denn er tat alles, was ich ihm befahl.

„Jetzt den Rock 'runter!"

Er zog den Rock aus. Warf ihn auf den Boden.

„Und die Bluse!"

Er zog die Bluse aus.

„Hör zu, Schupo, ich hätte dich abknallen können wie einen Hund. Es wäre nicht schade um dich gewesen. Du kannst wählen. Entweder du steigst in den Fluß oder Genickschuß."

„Du gemeiner . . .", keuchte er.

„Reize mich nicht, Schupo, ich bin recht übler Laune. Und Zeit habe ich ebenfalls keine. Entschließ dich also. Deine Sachen bleiben hier, nur die Pfeife nehme ich dir weg."

Höchstwahrscheinlich dachte er, ich würde ihn abknallen, sobald er im Wasser war. Aber er stieg hinein, ins kalte Wasser, auf dem Eisschollen trieben.

„Schwimmen! Schwimm bis hinter die Brücke. Dann kannst du herauskommen und deine Sachen holen. Ich habe mich inzwischen längst aus dem Staube gemacht...", rief ich ihm nach. Ich hob die Pfeife vom Boden auf, warf sie in den Fluß. Ich ging. Der würde nun andere Sorgen haben, als hinter mir her zu sein.

Ich ging gegen Süden, Kleine. Gegen Morgen stieß ich auf eine Straße. Ich schloß mich einer großen Gruppe dahinziehender Menschen an. Ich war viel zu sehr mit mir selbst beschäftigt, als daß ich sie beachtet hätte, aber ich fühlte mich in diesem Haufen wohler.

In der Dämmerung stießen wir auf eine Straßensperre. Dahinter SS. Mein erster Gedanke war die Pistole in der Tasche, aber ich konnte sie nicht mehr unauffällig wegwerfen. Die Kerle tauchten plötzlich von allen Seiten auf. Sie sortierten uns. Alte Leute und Kinder in eine Gruppe. Die arbeitsfähigen Männer und Frauen in die andere. In die dritte Gruppe kamen jene, die den Verstand verloren hatten, oder solche, die taten, als hätten sie den Verstand verloren.

„Hör auf... bitte, hör auf... ach, aufhören... aufhören..."

„Man lud uns auf Lastwagen, Kleine. Zuerst die Greise und Kinder. Dann die Arbeitsfähigen. Die dritte Gruppe führten sie in das nahe Wäldchen..."

„Hör auf, um Gottes willen, hör auf..."

„Niemand protestierte auch nur mit einem Wörtchen. Man brachte uns wieder in die Stadt zurück. In ein Barackenlager. Man gab uns zu essen, man gab uns Kleider, man drückte uns Spaten und Spitzhacken in die Hände. Man formierte uns zu einer Marschkolonne, führte uns zu strategischen Arbeiten. Wir bahnten in der erkaltenden Lava einen strategischen Weg durch die Mitte dessen, was einst die Stadt

253

gewesen war. Sie mobilisierten alles, was arbeiten konnte. Als die Russen kamen, waren sie entsetzt, als sie sahen, was hier geschehen war. Und die hatten wahrhaftig so manches gesehen . . ."

Die Kleine saß da, den Kopf auf die Handteller gestützt, die Finger ins Haar vergraben. Ich erhob mich. Ich trat zum Fenster. Ließ die Jalousie hoch. Draußen war ein grauer, nebliger Tag angebrochen. Die Kleine saß noch immer so da. Es war eine seltsame Nacht gewesen, eine der seltsamsten.

Ich fuhr ihr durchs Haar, zerraufte es noch mehr.

„Es ist schon Tag, Kleine."

„Ja, es ist Tag . . .", sagte sie tonlos.

„Du mußt ein bißchen schlafen."

„Ich will nicht schlafen. Ich komme mit."

Es hatte keinen Sinn, sie umstimmen zu wollen.

8

Das Gartentürchen war unverschlossen. Als die Kleine davorstand, zögerte sie ein Weilchen.

„Soll ich wirklich mitkommen?"

„Komm nur. Warum nicht?"

Die Haustür stand sperrangelweit offen. Im Vorraum war eine Frau, die gerade ihren Mantel anzog. Sie stutzte, als sie uns durch den Eingang kommen sah. Gestern abend hatte ich sie nicht genau betrachten können. Bei Tageslicht sah sie recht annehmbar aus, eine gut erhaltene Sechzigerin, recht dick, das Haar schneeweiß, ihr Antlitz war für ihr Alter ungewöhnlich glatt.

„Wen suchen Sie?" fragte sie unsicher.

„Sie, Frau. Wir haben gestern abend miteinander gesprochen. Ich habe Sie nach Fräulein Dekker gefragt."

„Ach so, Sie sind das . . .", antwortete sie. Es kam mir vor, als wäre ihr mein abermaliger Besuch nicht gerade sehr angenehm. Aber was konnte sie tun? Wir waren ja schon fast im Haus.

„Aber bitte nur weiter. Ich weiß nicht sehr viel über Fräulein Dekker. Ich habe sie nie gesehen."

„Wir halten Sie nicht lange auf, Frau."

„Sind . . . sind Sie etwa von der Kommission?"

„Nein, nein", versicherte ich ihr. „Wir haben nichts mit der Kommission zu tun. Mein Interesse ist rein privat."

Sie atmete erleichtert auf. Ich stellte mich vor.

„Und das ist meine Nichte aus Hamburg...", sagte ich und deutete auf die Kleine.

Sie führte uns in die Halle im Erdgeschoß.

„Entschuldigen Sie mich, ich bin gleich wieder da...", sagte sie. Sie verschwand durch die Hintertür. Ich hörte ihre Schritte auf der Treppe. Die Kleine sah sich neugierig in der Wohnung um. Viel hatte sich hier nicht verändert. Wir saßen in den weichen ledernen Klubsesseln am großen runden Tisch. Die Bibliothek war dieselbe, es mochte kaum ein Buch hinzugekommen oder weggekommen sein. Die Vitrine, in der sich die Sammlung der funkelnden Mineralien befunden hatte, war mit Meißener Porzellanfigürchen vollgestopft. An der Wand, an der früher die Couch gestanden hatte, hing an Stelle des Bildes, das eine Meerlandschaft dargestellt hatte, ein großes Porträt eines strengen Mannes und eine Unzahl Familienphotos in Silberrahmen. Über den großen Teppich waren billige Läufer gelegt worden. Beim Fenster stand derselbe Schreibtisch, von der Decke hing der alte, wohlbekannte Luster herab. Es schien mir, als wäre auch die Tapete dieselbe, aber das war doch wohl nicht gut möglich.

Die Kleine sah sich entsetzt um, ihre Blicke blieben an jedem Gegenstand haften. Sie ergriff meine Hand, drückte sie, als wollte sie mich beruhigen. Mir war es sehr sonderbar zumute.

Die Hausfrau kehrte zurück. Ich hatte angenommen, sie würde jemanden mitbringen, aber sie kam allein. Sie nahm mir gegenüber Platz. Dann wartete sie.

Eine Weile schwiegen wir verlegen.

„Wohnen Sie hier allein?"

„Allein? Woher denn, keine Spur", sagte sie rasch, „wir sind eine große Familie. Mein Sohn ... die Tochter ... wir haben kaum alle Platz im Haus."

„Sie haben Fräulein Dekker also nicht gekannt?"

„Nein. Es ist ja so schrecklich, was mit ihr geschehen ist. Wissen Sie, wir wurden ausgebombt, da wies man uns in dieses Haus ein, ursprünglich war es als Provisorium gedacht, aber dann blieb es dabei."

„Wieso wissen Sie, was mit Fräulein Dekker geschehen ist?"

Das war offensichtlich eine Frage, vor der sie aus irgendeinem Grund Angst hatte.

„Darf ich Sie fragen, welches Interesse Sie daran haben?"

„An sich gar keines, Frau. Es ist nur Neugier. Ich habe sie früher einmal gekannt, aber das ist schon lange her."

„Haben Sie sie sehr gut gekannt?"

„Eigentlich nicht", log ich, „sie war etwas absonderlich, nicht? Sie war keine gute Deutsche."

„Ach, ich möchte wirklich nicht... wissen Sie, sie ist tot..."

„Ja, natürlich, ich weiß, aber das ist schon lange her."

„Damals waren die Gesetze eben so. Man hat sie mit einem Polen erwischt. Und es gab da ein Gesetz..."

Ich mußte meine ganze Kraft zusammennehmen, um mir nichts anmerken zu lassen. So also war das gewesen! So war das gewesen! Man hatte sie mit einem Polen erwischt! Auf diese Idee wäre ich niemals gekommen! Mit einem Polen! Man hatte sie im Atlantic erwischt! Mit Wlodek!

„Sie war sonderbar. Die ganze Familie war sonderbar, alle fanden ein böses Ende. Das ist bestimmt eine Tragödie, aber damals gab es eben solche Gesetze. Man erwischte sie in irgendeiner schrecklichen Schenke. Der Pole hat gestanden, sie hat ebenfalls gestanden, vor Gericht hat sie sich auch noch stolz zu ihm bekannt... ja, der Krieg war schrecklich, dieser Verfall der Moral... Und damals gab es eben Gesetze, strenge Gesetze... aber die ganze Familie war eben so... Ihr Bruder wurde an der Front erschossen. Und ihr Vater hat Deutschland an den Feind verraten. Heute sind das keine Feinde mehr, aber damals waren es Feinde, und ihr Vater hat eine hohe Vertrauensstellung in der Diplomatie gehabt, man könnte sagen eine Schlüsselposition. Angeblich soll auch er zu jenen gehört haben, zu jenen Generalen ...“

So also war das gewesen! Papa, Papa kommt! Papa kommt ... er kam, um den Tod zu finden.

„Wurde auch er verurteilt?“

„Nein, dazu war die Zeit schon zu kurz, aber er hat es nicht überlebt. Er kam im Konzentrationslager um. Ach, mein Gott, man mag ja gar nicht glauben, daß es so etwas gegeben hat! Wir wußten rein gar nichts davon.“

So also war es gewesen! Da waren die beiden Geheimen gekommen, aber sie sahen nicht aus, als kämen sie von der Polizei — mit Kurt ist etwas los, ich habe Angst um ihn, sie haben nach ihm gefragt ... und am nächsten Tag — Papa, Papa kommt ... und diese Frau hier, die Fräulein Dekker nie gesehen hatte, die weder verwandt noch bekannt mit ihr gewesen war, die hier zufällig wohnte, wußte über diese Familie viel mehr, als man hätte annehmen können. Ehe ich sie noch etwas fragen konnte, kam mir die Kleine zuvor.

„Ihr Mann ... er war doch Richter, nicht wahr?“

Alle drei blickten wir das Bild des gestrengen Mannes an der Wand an.

„Mein Gatte hatte mit alldem nichts zu tun. Es war nicht sein Fall. Mein Gatte ist schon seit zehn Jahren tot. Er war ein netter, lieber Mann, so gütig ... die Machthaber von damals mochten ihn deshalb nicht recht. Die ganze Zeit wurde er nicht befördert, er starb als Amtsgerichtsrat. Wir kümmerten uns nicht um die Politik. Bis zum Ende wußten wir nicht, was für schreckliche Dinge geschahen. Ich habe diese Wohnung nie gemocht, aber nach dem Krieg war alles so schwierig, wir versuchten vergeblich, etwas anderes zu finden. Fräulein Dekker wurde von Landesgerichtsrat Niemeier verurteilt. Ich möchte über niemanden etwas Böses sagen, aber der war wirklich ein fanatischer Nationalsozialist, wer in seine Hände geriet, der war verloren. Mein Gatte war nicht so. Deshalb wurde er auch nicht befördert, obwohl er Anspruch auf Beförderung gehabt hätte.“

Ich überlegte, wie oft sie das schon mit diesen Worten erklärt haben mochte. Sicherlich hatte man sie danach gefragt. Ich wunderte mich, daß ich so ruhig blieb. Die Kleine rutschte auf ihrem Sessel hin und her, ich glaubte, sie würde jeden Augenblick explodieren. Ich mußte ihre Hand fassen.

„Ich will über niemanden etwas Böses sagen, aber Landesgerichtsrat Niemeier hat es sich fein zu richten gewußt, er ist auch heute wieder Richter, in Westdeutschland. Meinen Gatten haben die Russen verschleppt. Er kam als gebrochener Mann zurück. Kurz darauf starb er, der Arme."

Die Frau wischte sich mit dem Taschentuch die Tränen fort, von den jähen Erinnerungen überwältigt. Er war ein so gütiger, netter, lieber Mensch gewesen!

Ich wußte alles. So also war das gewesen. Jetzt hätte ich sagen sollen — Frau, dieser Pole, wegen dem Fräulein Dekker geköpft wurde, der bin ich, nur mit dem Unterschied, daß ich gar kein Pole bin. Aber hatte das einen Sinn? Was hätte ich der da klarmachen können? Was würde sie von alldem begreifen?

Ich stand auf.

„Komm, Kleine . . ."

Grußlos gingen wir. Mochte sie sich denken, was sie wollte.

„So also . . .", sagte ich, als wir wieder auf der Straße waren.

„Ja, so . . .", sagte die Kleine leise.

Sie schritt neben mir her, wir überquerten die ganze weite, öde Fläche inmitten der Stadt. Vor der schwarzen, ausgebrannten Ruine blieben wir stehen.

Ich brauchte kein Wort zu sagen.

Vor dem Hotel verabschiedete ich mich von ihr.

„Sag meinem Bekannten, wenn er nach mir fragt, daß ich plötzlich abreisen mußte. Er soll mich anrufen, damit wir vereinbaren, wann wir uns treffen."

Sie versuchte nicht, mich umzustimmen. Sie bot mir ihre

Lippen. Feucht, kalt, sie schmeckten wie Himbeeren. Ich war neugierig, was sie sagen würde. Sie sagte nichts.

„Auf Wiedersehen, Kleine."

„Auf Wiedersehen. Du, sag — du bist mir doch nicht böse?"

„Du bist ein kleiner Dummkopf. Es war gut so."

„Für mich war es sehr gut. Wenn du wiederkommst, wohnst du doch wieder bei uns, abgemacht?"

Ich nickte. Sie machte kehrt, entfernte sich. Ich ging in mein Zimmer, packte. Ich startete, legte den Gang ein, fuhr los.

Ein andermal, Max!

Heute wollte ich weit, weit von hier fort sein. So weit wie möglich . . .

Die Jubiläumsbibliothek

Nicolas Born
Gedichte
240 Seiten. Gebunden

Albert Camus
Der Fall
128 Seiten. Gebunden

Ernest Hemingway
Fiesta
128 Seiten. Gebunden

Rolf Hochhuth
Eine Liebe in Deutschland
320 Seiten. Gebunden

Robert Musil
Die Verwirrungen des Zöglings Törleß
144 Seiten. Gebunden

Vladimir Nabokov
Ada oder Das Verlangen
Aus den Annalen einer Familie
580 Seiten. Gebunden

Jean-Paul Sartre
Die Wörter
224 Seiten. Gebunden

Italo Svevo
**Die Geschichte vom guten alten Herrn
und vom schönen Mädchen**
96 Seiten. Gebunden

Kurt Tucholsky
Gesammelte Gedichte
832 Seiten. Gebunden

Otto F. Walter
Der Stumme
288 Seiten. Gebunden

C 2150/1

Klaus Mann

ro
ro
ro

C 1048/7

Joseph Roth

Der stumme Prophet
Roman
rororo 1033

Hiob
Roman eines einfachen Mannes
rororo 1933

Perlefter
Die Geschichte eines Bürgers
rororo 4585

Das falsche Gewicht
rororo 4681

Robert Musil

Gesammelte Werke
Herausgegeben von Adolf Frisé.
Taschenbuchausgabe in 9 Bänden.
Zweite verbesserte Auflage.

Bände 1-5:
Der Mann ohne Eigenschaften
(Anhang: Anmerkungen/Abkürzungen/
Register) 2160 Seiten
«Der Mann ohne Eigenschaften» liegt auch
als Sonderausgabe in 2 Dünndruckbänden
vor.

Band 6: **Prosa und Stücke**
Band 7: **Kleine Prosa – Aphorismen**
Autobiographisches
Band 8: **Essays und Reden**
Band 9: **Kritik**
(Anmerkungen/Abkürzungen/Register
zu den Bänden 6-9/Nachwort des
Herausgebers)
Bände 6-9 zusammen 1694 Seiten
«Essays und Reden/Kritik» liegt auch
als Dünndruckband vor.

Briefe 1901–1942
Mit Briefen von Martha Musil, Alfred
Döblin, Efraim Frisch, Hugo von
Hofmannsthal, Robert Lejeune, Thomas
Mann, Dorothy Norman, Viktor Zucker-
kandl und anderen.
Herausgegeben von Adolf Frisé
Band 1: 1458 Seiten. Gebunden
Band 2: Kommentar, Register.
832 Seiten. Gebunden

Tagebücher
Herausgegeben von Adolf Frisé
Band 1 und 2 im Schuber
(Band 2: Anmerkungen, Anhang,
Register) zusammen
2460 Seiten. Gebunden

Robert Musil

Beitrag zur Beurteilung der Lehren Machs
und Studien zur Technik und Psychotechnik. Mit einer Vorbemerkung von Adolf Frisé.
200 Seiten. Kartoniert

Drei Frauen
Novellen – Sonderausgabe
126 Seiten. Gebunden und als rororo 64

Die Verwirrungen des Zöglings Törleß
Sonderausgabe
144 Seiten. Gebunden und als rororo 300

Nachlaß zu Lebzeiten
rororo 500

Die Schwärmer
Schauspiel. rororo 5028

Frühe Prosa und aus dem Nachlaß zu Lebzeiten
Sämtliche Erzählungen. Sonderausgabe.
380 Seiten. Gebunden

Adolf Frisé
Plädoyer für Robert Musil
Hinweise und Essays 1931 bis 1980
das neue buch 147

Robert Musil
in Selbstzeugnissen und Bilddokumenten dargestellt von Wilfried Berghahn.
Mit Zeittafel, Bibliographie und Namenregister
rowohlts monographien 81

C 2094/2a

Edlef Köppen

Heeres-
bericht

Dieser Roman um den Ersten Weltkrieg
stand lange im Schatten des Erfolgs von
Remarques «Im Westen nichts Neues». 1930
zuerst erschienen, 1935 verboten, erfuhr
er erst jetzt eine Neuentdeckung.
Köppen schildert distanziert und engagiert
unter Zuhilfenahme von Dokumenten und
Montagen den Weg des Freiwilligen Adolf
Reisiger von jugendlicher Kriegsbegeisterung
bis zu der Erkenntnis, daß Krieg nichts anderes als von Menschen befohlener Mord ist.

Das klassische Buch der deutschen Anti-
kriegsliteratur, das «Hunderttausende Leser
finden müßte – in Deutschland und in allen
anderen Ländern».   Ernst Toller

rororo 4318

Hans Fallada

ro
ro
ro

C 46/21

Hans Fallada

ro
ro
ro

C 46/21-21a

Alfred Döblin

Pardon wird nicht gegeben
rororo 4243

Döblin erzählt von den harten Jahren im Berlin der Jahrhundertwende und der großen Wirtschaftskrise. Die reife Kunst der Menschendarstellung, die Fülle und Schönheit des epischen Details und die mitreißende Schilderung des brausenden Großstadtlebens geben diesem Roman seine zeitlose Aktualität.

Die beiden Freundinnen und ihr Giftmord
rororo 4285

Eine junge Frau vergiftet ihren Mann, weil er ihrer Verbindung mit einer anderen Frau im Wege stand. Alfred Döblin, als Nervenarzt mit der Analyse seelischer Vorgänge vertraut, verarbeitete seine Prozeßnotizen zu einer der einfühlsamsten Erzählungen der deutschen Literatur über die Beziehung zwischen zwei Frauen.

Klaus Schröter

Alfred Döblin
rowohlt monographien 266